*Consciência moral
e ação comunicativa*

FUNDAÇÃO EDITORA DA UNESP

Presidente do Conselho Curador
Mário Sérgio Vasconcelos

Diretor-Presidente / Publisher
Jézio Hernani Bomfim Gutierre

Superintendente Administrativo e Financeiro
William de Souza Agostinho

Conselho Editorial Acadêmico
Divino José da Silva
Luís Antônio Francisco de Souza
Marcelo dos Santos Pereira
Patricia Porchat Pereira da Silva Knudsen
Paulo Celso Moura
Ricardo D'Elia Matheus
Sandra Aparecida Ferreira
Tatiana Noronha de Souza
Trajano Sardenberg
Valéria dos Santos Guimarães

Editores-Adjuntos
Anderson Nobara
Leandro Rodrigues

JÜRGEN HABERMAS

Consciência moral e ação comunicativa

Tradução

Rúrion Melo

© 1983 Suhrkamp Verlag Frankfurt am Main
Todos os direitos reservados e controlados pela Suhrkamp Verlag Berlin
© 2023 Editora Unesp

Título original: *Moralbewußtsein und kommunikatives Handeln*

Direitos de publicação reservados à:
Fundação Editora da Unesp (FEU)
Praça da Sé, 108
01001-900 – São Paulo – SP
Tel.: (0xx11) 3242-7171
Fax: (0xx11) 3242-7172
www.editoraunesp.com.br
www.livrariaunesp.com.br
atendimento.editora@unesp.br

Dados Internacionais de Catalogação na Publicação (CIP)
de acordo com ISBD
Elaborado por Odilio Hilario Moreira Junior – CRB-8/9949

H114c

Habermas, Jürgen
  Consciência moral e ação comunicativa / Jürgen Habermas; traduzido por Rúrion Melo. – São Paulo: Editora Unesp, 2023.

  Tradução de: *Moralbewußtsein und kommunikatives Handeln*

  Inclui bibliografia.
  ISBN: 978-65-5711-101-7

  1. Antropologia. 2. Psicologia do desenvolvimento. 3. Teoria da ação comunicativa. I. Melo, Rúrion. II. Título.

2022-510   CDD 301
                                            CDU 572

Editora afiliada:

Asociación de Editoriales Universitarias
de América Latina y el Caribe

Associação Brasileira de
Editoras Universitárias

*Em comemoração aos setenta anos de vida
de Karl-Otto Apel e como agradecimento
pelas três décadas de ensinamento*

Sumário

Introdução à Coleção . 9

Apresentação à edição brasileira . *13*

Prefácio . *27*

1 A filosofia como guardador de lugar e intérprete . *29*

2 Ciências sociais reconstrutivas *versus* compreensivas . *55*

3 Ética do discurso – Notas para um programa de fundamentação . *87*

4 Consciência moral e ação comunicativa . *193*

Referências bibliográficas . *299*

Índice onomástico . *309*

Introdução à Coleção

Se desde muito tempo são raros os pensadores capazes de criar passagens entre as áreas mais especializadas das ciências humanas e da filosofia, ainda mais raros são aqueles que, ao fazê-lo, podem reconstruir a fundo as contribuições de cada uma delas, rearticulá-las com um propósito sistemático e, ao mesmo tempo, fazer jus às suas especificidades. Jürgen Habermas consta entre estes últimos.

Não se trata de um simples fôlego enciclopédico, de resto nada desprezível em tempos de especialização extrema do conhecimento. A cada passagem que Habermas opera, procurando unidade na multiplicidade das vozes das ciências particulares, corresponde, direta ou indiretamente, um passo na elaboração de uma teoria da sociedade capaz de apresentar, com qualificação conceitual, um diagnóstico crítico do tempo presente. No decorrer de sua obra, o diagnóstico se altera, às vezes incisiva e mesmo abruptamente, com frequência por deslocamentos de ênfase; porém, o seu propósito é sempre o mesmo: reconhecer na realidade das sociedades modernas os potenciais de emancipação e seus obstáculos, buscando apoio em pesquisas empíricas e nunca deixando de justificar os seus próprios critérios.

Certamente, o propósito de realizar um diagnóstico crítico do tempo presente e de sempre atualizá-lo em virtude das transformações históricas não é, em si, uma invenção de Habermas. Basta se reportar ao ensaio de Max Horkheimer sobre "Teoria Tradicional e Teoria Crítica", de 1937, para dar-se conta de que essa é a maneira mais fecunda pela qual se segue com a Teoria Crítica. Contudo, se em cada diagnóstico atualizado é possível entrever uma crítica ao modelo teórico anterior, não se pode deixar de reconhecer que Habermas elaborou a crítica interna mais dura e compenetrada de quase toda a Teoria Crítica que lhe antecedeu – especialmente Marx, Horkheimer, Adorno e Marcuse. Entre os diversos aspectos dessa crítica, particularmente um é decisivo para compreender o projeto habermasiano: o fato de a Teoria Crítica anterior não ter dado a devida atenção à política democrática. Isso significa que, para ele, não somente os procedimentos democráticos trazem consigo, em seu sentido mais amplo, um potencial de emancipação, como nenhuma forma de emancipação pode se justificar normativamente em detrimento da democracia. É em virtude disso que ele é também um ativo participante da esfera pública política, como mostra boa parte de seus escritos de intervenção.

A presente Coleção surge como resultado da maturidade dos estudos habermasianos no Brasil em suas diferentes correntes e das mais ricas interlocuções que sua obra é capaz de suscitar. Em seu conjunto, a produção de Habermas tem sido objeto de adesões entusiasmadas, críticas transformadoras, frustrações comedidas ou rejeições virulentas – dificilmente ela se depara com a indiferença. Porém, na recepção dessa obra, o público

Consciência moral e ação comunicativa

brasileiro tem enfrentado algumas dificuldades que esta Coleção pretende sanar. As dificuldades se referem principalmente à ausência de tradução de textos importantes e à falta de uma padronização terminológica nas traduções existentes, o que, no mínimo, faz obscurecer os laços teóricos entre os diversos momentos da obra.

Incluímos na Coleção praticamente a integralidade dos títulos de Habermas publicados pela editora Suhrkamp. São cerca de quarenta volumes, contendo desde as primeiras até as mais recentes publicações do autor. A ordem de publicação evitará um fio cronológico, procurando atender simultaneamente o interesse pela discussão dos textos mais recentes e o interesse pelas obras cujas traduções ou não satisfazem os padrões já alcançados pela pesquisa acadêmica ou simplesmente inexistem em português. Optamos por não adicionar à Coleção livros apenas organizados por Habermas ou, para evitar possíveis repetições, textos mais antigos que foram posteriormente incorporados pelo próprio autor em volumes mais recentes. Notas de tradução e de edição serão utilizadas de maneira muito pontual e parcimoniosa, limitando-se, sobretudo, a esclarecimentos conceituais considerados fundamentais para o leitor brasileiro. Além disso, cada volume conterá uma apresentação, escrita por um especialista no pensamento habermasiano, e um índice onomástico.

Os editores da Coleção supõem que já estão dadas as condições para sedimentar um vocabulário comum em português, a partir do qual o pensamento habermasiano pode ser mais bem compreendido e, eventualmente, mais bem criticado. Essa suposição anima o projeto editorial desta Coleção, bem como a convicção de que ela irá contribuir para uma discussão de

Jürgen Habermas

qualidade, entre o público brasileiro, sobre um dos pensadores mais inovadores e instigantes do nosso tempo.

Comissão Editorial

Antonio Ianni Segatto
Denilson Luís Werle
Luiz Repa
Rúrion Melo

Apresentação à edição brasileira

Marina Velasco [*]

Publicado em 1983, pouco depois da *Teoria da ação comunicativa*, o presente livro de Habermas, *Consciência moral e ação comunicativa*, contém, além de artigos que defendem e ilustram o trabalho das ciências reconstrutivas, o importante texto que assenta as bases teóricas da ética do discurso. Dedicado a Karl-Otto Apel, o livro é composto de quatro artigos. Os dois primeiros, mais breves, baseiam-se em palestras proferidas nos dois anos anteriores: o primeiro deles, "A filosofia como guardador de lugar e intérprete", expõe a proposta de uma divisão de trabalho entre pesquisas empíricas e filosóficas inspiradas na epistemologia genética de Jean Piaget; o segundo, "Ciências sociais reconstrutivas *versus* compreensivas", toma como modelo a teoria moral de Lawrence Kohlberg para esclarecer a interpenetração entre as explicações causais e as hipóteses

---

[*] Professora do Departamento de Filosofia da Universidade Federal do Rio de Janeiro.

reconstrutivas. Os artigos terceiro e quarto são os mais ambiciosos, e volumosos, do livro: o longo ensaio no qual expõe o programa de fundamentação da ética do discurso, "Ética do discurso: notas para um programa de fundamentação", e o outro extenso ensaio, que dá título ao livro, "Consciência moral e ação comunicativa", no qual Habermas tenta levar à prática a divisão de trabalho recomendada entre pesquisa empírica e filosófica com a teoria do desenvolvimento da consciência moral de Kohlberg. Assim, as duas tarefas centrais do livro consistem em, de um lado, caracterizar e encaminhar o trabalho a ser realizado pelas ciências reconstrutivas e, de outro, sentar as bases de uma nova ciência reconstrutiva muito importante: a ética do discurso.

A ética do discurso – afirma Habermas neste livro que estamos apresentando – "remete a (e é ela própria dependente de) uma teoria da ação comunicativa" (neste volume, p.214). O mesmo acontece com as mais importantes ciências reconstrutivas que tentam desvendar as estruturas universais da comunicação linguística ou de outras competências humanas. Contudo, embora as ciências reconstrutivas estejam especialmente ligadas ao conceito de ação comunicativa, o papel delas não foi explicitamente desenvolvido na *Teoria da ação comunicativa* publicada dois anos antes. Nela aparecem, sim, desenvolvimentos da ciência reconstrutiva mais importante até então, a pragmática universal, mas estão intercalados nas partes do livro chamadas de "Considerações intermediárias", sempre em forma de esboço e sob reserva de análises mais aprofundadas. De certo modo, Habermas constrói a teoria da ação comunicativa pressupondo desenvolvimentos a serem realizados pelas ciências reconstrutivas, desenvolvimentos estes que acabaram não sen-

Consciência moral e ação comunicativa

do realizados de forma completa nem por Habermas nem por outros autores.[1] Temos que reconhecer, nesse sentido, a admirável capacidade de nosso autor de construir teoria pressupondo programas inteiros de pesquisa ainda a ser desenvolvidos.

O fato é que, nessa coletânea de 1983, e ainda na esteira da *Teoria da ação comunicativa*, aparecem as teses mais fortes e ambiciosas sobre o papel que devem desempenhar as ciências reconstrutivas, visto ainda como promissor. Sabemos hoje que o destino dessas ciências não foi o esperado.[2] Há, contudo, uma exceção. A ética do discurso foi a única parte do amplo projeto das ciências reconstrutivas na qual Habermas continuou trabalhando, e foi a revisão das teses ali originalmente defendidas que levou o autor à nova etapa que se inicia com a publicação de *Facticidade e validade*.[3] Não por acaso, o livro *Consciência moral*

---

1 Isto é bem mostrado por Marcos Nobre e Luiz Repa na Introdução ao livro *Habermas e a reconstrução: sobre a categoria central da teoria crítica habermasiana.*

2 Não é fácil determinar a razão pela qual as ciências reconstrutivas não prosperaram. Se não houvesse razões de princípio, nada impediria que em algum momento pudessem ser retomadas. Contudo, o *status* epistemológico das ciências reconstrutivas continua sendo controverso. De minha parte, tenho defendido que o argumento pragmático-transcendental por meio de autocontradição performativa usado para fundamentar a ética do discurso tem que ser entendido como um argumento conceitual ou lógico, não como uma reconstrução empírica, segundo pretende Habermas. (Velasco, *Ética do discurso: Apel ou Habermas?* Também em "O debate Habermas *versus* Apel sobre a ética do discurso: reconsideração das razões da divergência", *Éthic@*, Florianópolis, v.19, n.3, p.678-97, dez. 2020.)

3 Ver Habermas, Prefácio, *Facticidade e validade*, p.26, no qual Habermas afirma que os capítulos centrais do livro, sobre a reconstrução do direito, se baseiam em supostos básicos da ética do discurso.

e ação comunicativa costuma ser lembrado pelo ensaio seminal dedicado ao programa de fundamentação da ética do discurso. Em certo sentido, as vicissitudes da ética do discurso nos fornecem o fio condutor para entender o desenvolvimento de toda a teoria posterior de Habermas sobre o direito e a democracia. Parece oportuno lembrar as teses originais e algumas balizas do longo percurso iniciado nesse livro de 1983.

A ética do discurso

Vale lembrar os principais passos teóricos que conduzem à fundamentação da ética do discurso, tal como exposta no livro de 1983:

— A investigação que conduz à ética do discurso tem como ponto de partida uma análise de tipos de ações sociais na qual se mostra que o agir social não pode ser concebido como uma interação estratégica, sendo, na verdade, uma ação orientada para o entendimento, ou comunicativa, em que os atores se orientam por pretensões de validade ligadas aos atos de fala. Esse passo depende, por sua vez, de uma análise do uso comunicativo da linguagem. A ideia central é que a comunicação linguística não pode ser modelada instrumentalmente. A linguagem não pode ser entendida apenas como um instrumento. A linguagem usada comunicativamente impõe-nos obrigações que não seriam apenas ilocucionárias, mas vinculadas à ação (neste volume, p.59 *ss.*).

— Nesse passo, uma ciência reconstrutiva, a pragmática universal (ou "teoria do significado pragmático-formal"), de-

Consciência moral e ação comunicativa

sempenha a tarefa de explicar o significado das pretensões de validade normativas (em analogia com as pretensões de verdade), apelando para seu resgate ou resolução discursiva. As pretensões de validade normativa erguidas na ação comunicativa, quando questionadas, levam a um tipo de interação mais exigente, que consiste exclusivamente na troca de argumentos: o discurso prático (neste volume, p.68 *ss.*).

— Chega-se assim à teoria da argumentação moral – ou *lógica do discurso prático*. Por "discurso prático", no singular, entende-se, neste momento, uma forma de argumentação moral que visa provar a validade de normas em geral, sejam morais ou jurídicas. Habermas ainda não havia elaborado uma distinção entre diferentes tipos de discurso. Nesse contexto, postula-se o princípio de universalização ("U"),[4] entendido como uma regra da argumentação que permite chegar a um acordo simétrico sobre a validade moral das normas. O ponto de vista moral é algo que está incorporado no procedimento de uma argumentação conduzida intersubjetivamente (neste volume, p.112 *ss.*).

— O passo seguinte é a prova de "U". É nesse ponto que Habermas usa o argumento pragmático-transcendental baseado em contradições performativas, interpretando-o

---

4 A formulação do princípio de universalização ("U") é apresentada por Habermas como se segue: "Toda norma tem de satisfazer a condição de que consequências e efeitos colaterais, que resultarem previsivelmente de sua observância universal para a satisfação dos interesses de cada indivíduo, podem ser aceitos sem coerção por todos os concernidos" (neste volume, p.199.).

como uma prova empírica no sentido das ciências reconstrutivas.[5] Todos os que entram em argumentações têm que fazer pressuposições pragmáticas gerais (iguais direitos de participação, veracidade, ausência de coerção etc.). Além do mais, todos têm um saber intuitivo a respeito de como justificamos maneiras de agir (ou normas que a elas subjazem). Disso se segue que todos os que entram em argumentações aceitam "U" (neste volume, p.167 *ss.*).

A ética do discurso é, sem dúvida, uma teoria moral muito peculiar. Além de se autocompreender como uma ciência reconstrutiva, nela desempenha um papel central a teoria da ação comunicativa. O ponto de partida para sua fundamentação é uma teoria da ação social, e o ponto de chegada, uma teoria da argumentação moral. Como vimos, o primeiro passo é mostrar que a ação social não é apropriadamente concebida como uma interação estratégica, mas como uma ação orientada por pretensões de validade, que as pretensões de validade *normativas* estão implícitas nas ações sociais e necessariamente apontam para uma resolução discursiva; depois, o argumento pragmático-transcendental pode "provar" "U" como uma regra da argumentação dos discursos práticos. Mas não pode prová-lo apenas pressupondo regras argumentativas. É necessário que o destinatário do argumento já tenha sido socializado, saiba o que significa ter obrigações morais e possa vincular esse saber às obrigações argumentativas. Apenas se essas condições estive-

---

5 A afirmação de que não existem alternativas para os pressupostos inevitáveis das argumentações, afirma Habermas, "tem de ser examinada como uma hipótese de lei a partir dos casos" (neste volume, p.174).

Consciência moral e ação comunicativa

rem dadas, ao participar em um discurso moral, poderá aceitar a exigência de considerar imparcialmente os interesses de todos e adotar uma atitude autocrítica com respeito a seus próprios interesses. Nessa concepção de ética, a força da obrigação moral provém das normas que são introduzidas nos discursos prático-morais pelo fato de elas terem se tornado problemáticas. O dever moral está, para Habermas, nas normas moralmente vinculantes que operam como mecanismo para coordenar as interações no mundo da vida. São essas normas sociais que podemos examinar criticamente e justificar do ponto de vista moral no discurso prático.

A ética do discurso é uma teoria moral baseada numa concepção fortemente "normativista" da justificação moral. Nela se pressupõe que nas controvérsias morais cotidianas as pessoas discutem – no chamado "discurso prático – primariamente sobre a validade de normas, e não sobre a validade de maneiras de agir na situação à luz de normas. Trata-se de uma teoria moral não substantiva, mas sim *procedimental*, centrada na questão da justiça das normas sociais, uma teoria que, no que concerne à fundamentação moral, coloca em segundo plano, portanto, qualquer questão sobre a "vida boa". Nas palavras de Habermas: "o princípio de universalização funciona como uma lâmina que faz um corte entre 'o bom' e 'o justo' [...]" (neste volume, p.185).

O projeto reconstrutivo que ilumina a fundamentação de uma ética do discurso também inclui a tentativa de exposição e análise da gênese do ponto de vista moral explicitado na forma do princípio moral "U". Ou seja, segundo Habermas, "o princípio de universalização [...] deixa-se compreender como uma reconstrução daquelas intuições cotidianas que são subjacentes à avaliação imparcial de conflitos de ação morais" (neste volume, p.193). A reconstrução dessas intuições cotidianas é investigada por Habermas com base na teoria do desenvolvimento moral de Lawrence Kohlberg. Trata-se de entender que o ponto de vista moral universalista, pressuposto em sociedades pós-tradicionais, é na verdade resultado de um processo individual e coletivo da consciência moral. Habermas se interessa em compreender os diferentes "estágios da consciência moral" estudados por Kohlberg que conduzem de uma perspectiva mais particularizada e contextualizada em direção a uma perspectiva (moral) descentrada e universal, na qual os indivíduos adquirem a capacidade de agir moralmente, isto é, agir levando em consideração os interesses simétricos de todos os outros concernidos.

Nesse sentido, pode-se dizer que os dois últimos ensaios do livro se complementam de maneira bastante estreita: no primeiro deles, a ética do discurso é fundamentada a partir das pressuposições pragmáticas da argumentação em geral; no texto final, o princípio moral "U" é investigado como ponto de chegada, por assim dizer, de um complexo processo de formação da consciência moral. Importa a Habermas apresentar, assim, a lógica de desenvolvimento pressuposta na teoria moral universalista, ou seja, elaborar uma reconstrução dos estágios da consciência moral.[6]

Como foi dito, várias das teses dessa versão da ética do discurso de 1983 tiveram que ser atenuadas ou modificadas.

---

6 Dando continuidade às investigações iniciadas em Habermas, "Desenvolvimento moral e identidade do Eu", em *Para a reconstrução do materialismo histórico*, p.97-132.

Consciência moral e ação comunicativa

Foram essas modificações que levaram a uma *teoria do discurso* voltada a incorporar a dimensão do direito e da democracia, teoria que foi fundamentada em seu livro *Facticidade e validade*, e que exerce grande influência até hoje.

Da ética do discurso à teoria do discurso

Em 1989, Habermas visitou o Brasil, dando conferências em Porto Alegre, São Paulo e no Rio de Janeiro. Uma das conferências proferidas tinha por título "Sobre o uso pragmático, ético e moral da razão prática". Nela é introduzida uma grande mudança. Habermas já não fala em "discurso prático", no singular, mas em três diferentes discursos ou usos da razão prática. A pergunta "o que devo (racionalmente) fazer?" pode ter diferentes sentidos. Um é o sentido básico de dever escolher o melhor meio para um fim. Esse uso da razão é chamado por Habermas de *pragmático*. A pergunta pelo que devo fazer adquire um outro sentido quando está ligada à compreensão que uma pessoa tem de sua própria vida. Que eu deva ou não fazer algo, nesse sentido, depende dos valores aos quais adiro. Esse uso da razão, que compreende a identidade da pessoa, e por isso aparece gramaticalmente apenas em primeira pessoa, é chamado de discurso *ético*. Quando usado na primeira pessoa do plural, trata-se de um discurso *ético-político*. O terceiro uso é o *moral*. Quando a pergunta pelo que devo fazer adquire um sentido moral, ela já não pode ser associada a nenhum dos sentidos de *bom*. Não se trata de dever fazer algo porque é *bom para um fim*, nem de dever fazer algo porque é *bom para mim* ou *para nós*. Trata-se de dever fazer algo porque é *justo*. As questões de justiça, por seu próprio sentido, nos levam além do horizonte de uma forma de vida.

Nessa diferenciação de discursos, a razão prática se desagrega nos aspectos do adequado para um fim, do bom e do justo. Dada a existência de discursos, no plural, a grande questão que se coloca é se existe alguma hierarquia entre eles. Há uma primazia do discurso moral? Pode ainda se falar em razão prática no singular? A resposta de Habermas, que fica mais clara no último parágrafo da palestra quando esta foi publicada, é a seguinte:

> A teoria moral deve deixar esta pergunta em aberto para a filosofia do direito. A unidade da razão prática só pode ser realizada de maneira inequívoca em uma rede em que se façam valer formas públicas de comunicação e práticas nas quais as condições de uma formação da vontade coletiva tenham adquirido solidez institucional.[7]

Essa grande mudança na concepção da razão prática, essa passagem do que era "o" discurso prático para discursos, no plural, e essa abertura a reconsiderar o papel do direito e da política nas sociedades modernas foi, sem dúvida, influenciada por inúmeras críticas que recebeu. Em minha opinião, foi Albrecht Wellmer quem melhor apontou para o problema central que apresentava a versão da ética do discurso de 1983. Segundo Wellmer, nela se defendia uma concepção implausível de moral,

---

7 Habermas, Vom pragmatischen, ethischen und moralischen Gebrauch der praktischen Vernunft, em *Erläuterungen zur Diskursethik*, p.118.

Consciência moral e ação comunicativa

porque confundia questões de justiça com questões de legitimidade democrática. A ética do discurso, apontava Wellmer, não distinguia adequadamente moral e direito:

> A ligação do direito com a moral no princípio U consegue-se ao preço de uma assimilação conceitual dos problemas morais aos problemas jurídicos. No princípio U "misturam-se" um princípio moral universalista com um princípio de legitimidade democrática, e isso ocorre de uma maneira tão confusa que, no final das contas, não fica convincente nem como princípio moral nem como princípio de legitimidade.[8]

Em 1992, Habermas publica *Facticidade e validade*, o livro no qual redefine por completo a arquitetura da teoria. O princípio moral de universalização "U" já não aparece no topo da construção teórica, e também não mais pretende ser um princípio de legitimidade. No topo da construção temos o chamado princípio do discurso (D), que exprime a ideia de imparcialidade nos juízos práticos, mas de maneira neutra, ainda indiferente à distinção entre moral e direito.[9] Ele tem de ser especificado em cada caso para que possa servir de critério de correção, respectivamente, para as normas morais ou para as normas jurídicas: no primeiro caso, adota a forma do princípio moral de universalização "U"; no segundo, adota a forma do princípio da democracia.

---

8 Wellmer, *Ethik und Dialog*, p.154.

9 A nova formulação do princípio "D" é apresentada do seguinte modo: "São válidas apenas as normas de ação com as quais todos os possíveis concernidos poderiam consentir enquanto participantes de discursos racionais" (Habermas, *Facticidade e validade*, p.696).

Jürgen Habermas

Na passagem da ética do discurso para a teoria do discurso, a razão prática, que na versão de 1983 já tinha deixado de ser entendida como uma faculdade subjetiva para se tornar razão comunicativa, encarna-se agora em instituições e processos políticos. Nessa nova configuração, há uma nova compreensão da relação entre moral e direito. Não apenas se evita a subordinação jusnaturalista do direito à moral, mas também se recusa a tese positivista da separação completa entre direito e moral. Uma compreensão adequada das condições da vida social no Estado moderno exige levar a sério a separação entre moral e direito como diferentes domínios de normas de ação, mas ao mesmo tempo dar conta da relação que existe entre ambos os domínios. Não existe uma hierarquia entre os discursos. As normas jurídicas podem ser justificadas por razões pragmáticas, ético-políticas ou morais, em discursos ou negociações que possamos presumir racionais.

Nesse livro de Habermas de 1983, há ideias instigantes e poderosas. Algumas deram lugar a desdobramentos teóricos da maior relevância para a discussão atual na filosofia moral e política, no direito e nas ciências sociais, nas controvérsias acerca da justiça e da democracia ou nos ricos debates levados a cabo pelo feminismo; outras, como apontamos aqui, perderam força depois, sendo reatualizadas. Certamente a publicação desta tradução de *Consciência moral e ação comunicativa* estimulará uma retomada de pesquisas que permitam resgatar a intenção das ciências reconstrutivas e, mais especificamente, a própria ética do discurso.

Cabe concluir esta brevíssima apresentação com um duplo agradecimento. Aos editores desta Coleção Habermas da Editora Unesp, que tanto contribui para o estudo sério do pensa-

Consciência moral e ação comunicativa

mento de Habermas no Brasil, e ao tradutor, Rúrion Melo, por nos oferecer um texto tão preciso, fluido e amigável.

Referências bibliográficas

HABERMAS, Jürgen. *Facticidade e validade*. São Paulo: Editora Unesp, 2020.

_____. Desenvolvimento moral e identidade do Eu. In: *Para a reconstrução do materialismo histórico*. São Paulo: Editora Unesp, 2016.

_____. Vom pragmatischen, ethischen und moralischen Gebrauch der praktischen Vernunft. In: *Erläuterungen zur Diskursethik*. Frankfurt am Main: Suhrkamp, 1991.

NOBRE, Marcos; REPA, Luiz (Orgs.). *Habermas e a reconstrução*: sobre a categoria central da teoria crítica habermasiana. Campinas, SP: Papirus, 2012.

VELASCO, Marina. O debate Habermas *versus* Apel sobre a ética do discurso: reconsideração das razões da divergência. *Éthic@*, Florianópolis, v.19, n.3, p.678-97, 2020.

_____. *Ética do discurso*: Apel ou Habermas? Rio de Janeiro: Mauad; Faperj, 2001.

WELLMER, Albrecht. *Ethik und Dialog*. Frankfurt: Suhrkamp, 1986.

Prefácio

As quatro contribuições deste volume surgiram em diferentes ocasiões, porém apresentam uma conexão objetiva.

Na primeira contribuição, eu desenvolvo teses sobre uma divisão de trabalho entre investigações filosóficas e empíricas, as quais foram incentivadas pelo exemplo da epistemologia genética de Jean Piaget. Na segunda, a teoria do desenvolvimento moral, de Lawrence Kohlberg, serve de caso-modelo para eu tentar esclarecer o entrosamento de explicações causais e reconstruções hipotéticas. A terceira contribuição foi originalmente concebida para a publicação comemorativa em homenagem a Karl-Otto Apel; ela deve ajudar a explicar melhor minha abordagem da ética do discurso. Finalmente, eu ficaria agradecido se o ensaio que dá título ao livro fosse compreendido como expressão da boa vontade de praticar (por um dos lados) a divisão de trabalho sugerida.

A dedicatória se explica por si mesma: entre os filósofos vivos, ninguém determinou de maneira tão duradoura a orientação dos meus pensamentos quanto Karl-Otto Apel.

Frankfurt am Main, maio de 1983

J. H.

1
A filosofia como guardador de lugar e intérprete*

Os mestres pensadores caíram em descrédito. Isso há muito tempo já vale para Hegel. Nos anos 1940, Popper o expôs como inimigo da sociedade aberta. O mesmo continua valendo, reiteradamente, para Marx. Em última instância, na década de 1970, os Novos Filósofos desdenharam dele como um falso profeta. Hoje em dia, até Kant foi surpreendido por esse destino. Se vejo corretamente, pela primeira vez ele foi tratado como mestre pensador, ou seja, como o mago de um paradigma falso, de cuja coerção intelectual temos de nos libertar. Entre nós, prevalece o número daqueles para quem Kant continua sendo Kant. Contudo, o olhar para além dos muros nos mostra que a reputação de Kant diminui – e passa, mais uma vez, para Nietzsche.

De fato, Kant introduziu na filosofia um novo modo de fundamentação. Kant observou o progresso do conhecimento

---

* Conferência proferida por ocasião de um congresso organizado pela Associação Hegel Internacional tendo em vista a comparação entre modos de fundamentação transcendental e dialético, o qual ocorreu em Stuttgart em junho de 1981.

alcançado pela física contemporânea como um fato significativo que interessou aos filósofos não por ser algo meramente dado no mundo, mas enquanto confirmação das possibilidades do conhecimento humano. A física de Newton não precisava, em primeiro lugar, de uma explicação empírica, mas de uma explicação no sentido de uma resposta transcendental à questão de saber como é possível o conhecimento empírico em geral. Kant denominou *transcendental* uma investigação que se orienta pelas condições *a priori* de possibilidade da experiência. Para ele, tratava-se, assim, de comprovar que as condições da experiência possível são idênticas às condições de possibilidade do objeto da experiência. A primeira tarefa, portanto, consiste na análise de nossos conceitos, empregados sempre intuitivamente, acerca dos objetos em geral. Esse tipo de explicação possui o caráter de uma reconstrução não empírica daquelas operações prévias de um sujeito cognoscente, para as quais não existe alternativa: nenhuma experiência poderia ser pensada como possível sob *outros* pressupostos. Logo, à fundamentação transcendental não subjaz a ideia de uma dedução de princípios, mas sim a ideia de que não podemos nos certificar do caráter insubstituível de determinadas operações sempre intuitivamente efetuadas de acordo com regras.

Ora, a título de mestre pensador, Kant caiu em descrédito porque, com a ajuda de fundamentações transcendentais, criou uma nova disciplina, a teoria do conhecimento. Pois, com isso, ele definiu a tarefa, ou melhor, a profissão da filosofia de um modo novo, mais precisamente de um modo pretensioso. São, sobretudo, dois os aspectos que, aos nossos olhos, tornaram suspeita essa vocação do filósofo.

A dúvida está diretamente relacionada ao fundamentalismo da teoria do conhecimento. Se a filosofia confia em um conhe-

Consciência moral e ação comunicativa

cimento *que antecede* o conhecimento, então estabelece-se entre ela e a ciência um domínio próprio, no qual ela acaba exercendo funções de dominação. Ao pretender esclarecer de uma vez por todas os fundamentos das ciências e definir de uma vez por todas os limites do que é passível de experiência, a filosofia indica para as ciências onde é o seu lugar. É como se ela fosse sobrecarregada com esse papel de indicador de lugar [*Platzanweiser*].

Mas isso ainda não é tudo. A filosofia transcendental não se esgota na teoria do conhecimento. Com a análise do fundamento do conhecimento, a crítica da razão pura também assume a tarefa de criticar o uso indevido de nossa faculdade do conhecimento talhada para fenômenos. No lugar do conceito substancial de razão da tradição metafísica, Kant põe o conceito de uma razão separada em seus momentos, cuja unidade possui apenas caráter formal. Com isso, ele atribui à filosofia o papel de um juiz supremo também em face da cultura em seu todo. Na medida em que a filosofia, como dirá mais tarde Max Weber, foi delimitada em relação às esferas culturais de valor ciência e técnica, direito e moral, arte e crítica de arte unicamente segundo critérios formais, ao mesmo tempo se legitimando dentro de seus próprios limites, ela se comporta como instância judicial suprema não somente diante das ciências, mas em detrimento da cultura em seu todo.[1]

Há uma conexão entre a teoria do conhecimento *fundamentalista*, que reserva à filosofia o papel de um *indicador de lugar*

---

1 "A crítica [...] que extrai todas as decisões das regras fundamentais de sua própria, cuja reputação não pode ser questionada, nos proporciona a tranquilidade de um estado sob leis, em que só podemos levar nossa controvérsia adiante mediante processo" (Kant, *Kritik der reinen Vernunft*, B 779).

para as ciências, e um sistema conceitual *a-histórico*, que cobre a totalidade da cultura, graças ao qual a filosofia deve o seu papel não menos suspeito de um *juiz* que julga os territórios soberanos da ciência, da moral e da arte. Sem a certificação filosófico-transcendental dos fundamentos do conhecimento, também se desmancha no ar a ideia de que

> o filósofo podia decidir *quaestiones juris* a respeito do restante da cultura [...]. Se deixarmos de pensar que o filósofo pode conhecer algo sobre o conhecimento que ninguém mais seria capaz de conhecer tão bem, isso significa que não aceitamos que sua voz possa pretender ser a primeira e a última a ser ouvida pelos outros participantes do diálogo. Significaria igualmente que não acreditamos mais que existe um "método filosófico" que permite *ex officio* aos filósofos profissionais, por exemplo, emitir pareceres interessantes sobre a respeitabilidade da psicanálise, a legitimidade de leis duvidosas, a solução de conflitos morais, a "fundamentação" das contribuições de escolas historiográficas e críticas literárias, entre outras coisas parecidas.[2]

Em sua impressionante "crítica da filosofia", R. Rorty propagou argumentos metafilosóficos que nos fizeram duvidar se a filosofia pode de fato satisfazer os papéis de indicador de lugar e de juiz que lhe foram destinados pelo mestre pensador Kant. O que menos me convence é a consequência que Rorty tira disso: a afirmação segundo a qual, ao renunciar a esses dois papéis, a filosofia também precisa se livrar da tarefa de "guardiã da racionalidade". Se entendo Rorty corretamente, a filosofia

---

2 Rorty, *Der Spiegel der Natur*, p.424 *ss.*

Consciência moral e ação comunicativa

deve pagar por sua nova modéstia com a pretensão de razão pela qual a própria filosofia veio ao mundo. Com a morte da filosofia, também deve se dissipar a convicção de que a força transcendente, que vinculamos à ideia do verdadeiro ou do incondicional, é uma condição necessária para as formas humanas da vida em comum.

No conceito formulado por Kant de uma razão formal e em si diferenciada está inscrita uma teoria da modernidade. Esta se caracteriza pela renúncia à racionalidade substancial de interpretações de mundo tradicionais, religiosas e metafísicas, de um lado, e, de outro, pela confiança em uma racionalidade procedimental, que emprestam às nossas concepções justificadas, seja no terreno do conhecimento objetivo, do discernimento prático-moral ou do juízo estético, sua pretensão de validade. Eu me pergunto, então: esse ou algum outro conceito semelhante de modernidade deveria realmente vigorar ou perecer em virtude das exigências de fundamentação da teoria do conhecimento de cunho fundamentalista?

No que se segue, gostaria de me limitar a contar uma história na qual a crítica da filosofia de Rorty encontra seu lugar. Por esse caminho, certamente não é possível resolver a controvérsia, mas talvez elucidar alguns de seus pressupostos. Começo com a crítica de Hegel ao fundamentalismo kantiano; no lugar do modo de fundamentação transcendental ele coloca um outro, o dialético (1). Em seguida, acompanharei a crítica a esses dois modos de fundamentação; mais precisamente, primeiro a autocrítica que segue uma linha kantiana e uma hegeliana (2); depois, aquela crítica mais radical que foi dirigida simultaneamente contra Kant *e* Hegel, tal como representada pelo pragmatismo e pela filosofia hermenêutica (3). Alguns filósofos, e não os mais insignificantes, respondem a essa situação afirmando liquidar a pretensão de razão conservada até hoje pela filosofia (4). Em oposição a isso, eu gostaria finalmente de defender a tese de que a filosofia, mesmo quando se retira dos papéis problemáticos de indicador de lugar e de juiz, pode – e deveria – salvaguardar sua pretensão de razão nas funções de guardador de lugar [*Platzhalter*] e intérprete (5).

(I) O modo de fundamentação dialético é tributário do confronto de Hegel com o modo de fundamentação transcendental. Para essa minha rápida consideração, deve ser suficiente relembrar que, de início, Hegel concordou com a acusação de que Kant teria meramente encontrado e "colhido historicamente" os conceitos puros do entendimento na tábua das formas do juízo, sem fundamentá-los. Ele ainda tinha de provar que as condições *a priori* de possibilidade da experiência eram "necessárias". O Hegel da *Fenomenologia do espírito* quer corrigir esse erro com o auxílio de uma abordagem genética. Descobre, na reflexão transcendental, que apareceu a Kant como virada copernicana única, o mecanismo de uma reversão da consciência que sempre atua na história de surgimento do espírito. No sujeito que é consciente de si e, por conta disso, rompe uma figura da consciência após a outra, efetua-se a experiência na qual o que ele confronta de início como em-si-essente [*An-sich-Seiendes*] só pode se tornar um conteúdo nas formas que ele mesmo antes comunicou ao objeto. A experiência do filósofo transcendental repete-se de maneira naturalizada no vir-a-ser para a consciência do em-si [*Für-Es-Werden des Ansich*]. Hegel chama de dialética a reconstrução da elaboração dessa experiência repetida, da qual procedem estruturas sempre mais complexas – e que gera, ao

Consciência moral e ação comunicativa

final, não somente *a* figura da consciência que Kant havia investigado, mas o saber que se tornou autônomo, ou seja, absoluto, permitindo ao fenomenólogo Hegel realizar a gênese das estruturas da consciência meramente encontradas por Kant.

Contudo, Hegel se depara com uma objeção semelhante àquela que ele mesmo havia levantado contra Kant. Com efeito, a reconstrução da série de figuras da consciência não é prova da necessidade imanente com que *supostamente* uma figura procede da outra. Hegel tem de satisfazer esse desiderato com outros meios, precisamente na forma de uma lógica. Contudo, ele fundamenta assim um absolutismo que permite suplantar as presunções kantianas da filosofia. O Hegel da *Lógica* coloca a filosofia perante a tarefa de trazer enciclopedicamente ao conceito os conteúdos difundidos nas ciências. Ao mesmo tempo, Hegel explicita a teoria da modernidade que estava somente indicada no conceito kantiano de razão e a desenvolve nos termos de uma crítica das cisões de uma modernidade decadente. Isso volta a conferir à filosofia em relação à totalidade da cultura um papel com significado atual e de muita importância para a história universal. Portanto, Hegel, e principalmente seus discípulos, atraem para si aquela suspeita da qual se formou antes de tudo a imagem do mestre pensador.[3]

---

3 Rorty parafraseia com tom aprobativo um juízo de Eduard Zeller: "O hegelianismo apresentou a filosofia como uma disciplina que, de alguma forma, tanto completou quanto tragou as outras disciplinas, em vez de *fundamentá-las*. Além disso, ele fez da filosofia algo demasiado popular, importante, interessante, para assim realmente torná-la profissional; ele exigiu que os professores de filosofia incorporassem não simplesmente o trabalho, mas o espírito do mundo em sua *área de especialização*" (ibid., p.153).

Jürgen Habermas

Mas a crítica metafilosófica aos mestres pensadores, seja dirigida ao absolutismo de Hegel ou ao fundamentalismo de Kant, é um produto tardio. Ela se encontra nos vestígios de uma autocrítica exercida há muito tempo pelos sucessores de Kant e Hegel. Gostaria de relembrar rapidamente duas linhas dessa autocrítica, pois me parece que ambas se complementam de um modo produtivo.

(2) A linha da crítica ao transcendentalismo kantiano pode ser caracterizada de maneira bastante rudimentar pela posição analítica de Strawson, pela posição construtivista de Lorenzen e pela posição criticista de Popper. A *recepção analítica* da abordagem kantiana se desembaraça da pretensão de fundamentação última. Ela renuncia desde o início ao objetivo que Kant esperava alcançar com a dedução dos conceitos puros do entendimento a partir da unidade da consciência de si, restringindo-se assim a apreender os conceitos e as regras que seriam subjacentes a toda experiência passível de ser apresentada em enunciados elementares. A análise se volta para as condições universais e conceitualmente indispensáveis da experiência possível. Sem aspirar comprovar a validade objetiva desses conceitos fundamentais e suas pressuposições, esse tipo de análise conserva, no entanto, uma pretensão universalista. Com isso, para que essa pretensão possa ser resgatada, a estratégia transcendental de fundamentação é refuncionalizada no sentido de um procedimento de teste. Para o sistema conceitual hipoteticamente reconstruído, e que seria subjacente à experiência em geral, não pode haver, caso pretenda ser válido, nenhuma alternativa compreensível. Mas, então, sempre que uma proposta alternativa for apresentada, é possível mostrar que esta já lança mão de partes das hipóteses que ela havia

Consciência moral e ação comunicativa

contestado. Tal procedimento argumentativo visa comprovar o caráter irrecusável de conceitos e pressuposições considerados fundamentais. Nessa versão, o filósofo transcendental que se tornou modesto assume, ao mesmo tempo, o papel do cético que tenta produzir contraexemplos falsificadores;[4] em outras palavras, ele se comporta como um cientista que procura comprovar suas hipóteses.

A *posição construtivista* tenta compensar de outra maneira o déficit de fundamentação que surge agora da perspectiva da filosofia transcendental. Ela aceita de antemão o caráter convencional da organização de nossa experiência a partir de conceitos fundamentais, mas se aproveita do meio de uma crítica construtivista da linguagem para elaborar uma crítica do conhecimento.[5] Assim, valem como fundamentadas as convenções que são produzidas de modo transparente; logo, os fundamentos do conhecimento são antes postos do que meramente descobertos.

A *posição criticista* parece romper totalmente com o transcendentalismo. Com base no trilema de Münchhausen entre círculo, regresso infinito e recurso a certezas últimas,[6] poder-se-ia seguir a renúncia a todos os alicerces de fundamentação. A ideia de fundamentação é substituída pela ideia de um exame crítico. Ora, mas a crítica que se elevou a um equivalente de funda-

---

4 Schönrich, *Kategorien und transzendentale Argumentation*, cap.IV, p.182 *ss.*; Bittner, Transzendental, em *Handbuch philosophischer Grundbegriffe*, v.5, p.1.524 *ss.*

5 Gethmann; Hegselmann, Das Problem der Begründung zwischen Dezisionismus und Fundamentalismus, *Zeitschrift für allgemeine Wissenschaftstheorie*, v.VIII, p.342 *ss.*

6 Albert, *Traktat über kritische Vernunft.*

mentação também é um procedimento do qual não podemos nos servir sem pressupostos. Por essa razão, com a discussão acerca das regras da crítica, uma versão fraca do modo kantiano de fundamentação retorna ao foro interno do criticismo.[7]

Na linha do hegelianismo, os impulsos da autocrítica seguem, em certo aspecto, paralelamente. Poderíamos esclarecer essas posições com base na crítica materialista do conhecimento do jovem Lukács, que retira da pretensão de fundamentação da dialética o domínio da natureza, limitando-se ao mundo criado pelos seres humanos; no praticismo de Karl Korsch ou Hans Freyer, que colocam de cabeça para baixo a clássica relação entre teoria e práxis e ligam a reconstrução do desenvolvimento social à perspectiva interessada de produção de um estado de sociedade futuro; ou, por fim, no negativismo de Adorno, que em um contexto abrangente em termos de lógica evolutiva tão somente constata que a magia de uma razão instrumental convertida em totalidade social não pode mais ser desfeita.

Não pretendo discutir aqui essas posições. Mas é curioso que *ambas* as linhas da crítica andem paralelamente em muitos trechos. Pois bem, seja a autocrítica assentada na dúvida em relação à dedução transcendental de Kant ou aquela que duvida da passagem de Hegel rumo ao saber absoluto, as duas se dirigem, ambas as vezes, contra a pretensão de que a constituição categorial ou o padrão de desenvolvimento de formação do espírito humano possam provar-se *necessários*. Em seguida, o construtivismo, de um lado, e o praticismo, de outro, efetuam

---

7 Lenk, Philosophische Logikbegründung und rationaler Kritizismus, *Zeitschrift für philosophische Forschung*, v.24, p.183 *ss*.

Consciência moral e ação comunicativa

a mesma virada de uma reconstrução racional para uma práxis constituinte, possibilitando assim a reprodução teórica dessa práxis. Finalmente, o criticismo e o negativismo se tocam porque, apesar de repelir os meios transcendentais e dialéticos do conhecimento, ainda assim se servem deles de maneira paradoxal. É possível compreender também essas duas tentativas críticas de negação pelo fato de ambos os modos de fundamentação não se deixarem abolir sem autocontradição.

Essa comparação entre as tentativas paralelas de restringir de maneira autocrítica as pretensões transcendentais e dialéticas de fundamentação levanta a seguinte questão: é preciso saber se os descontos para ambos os programas de fundamentação são meramente adicionados, visto que apenas reforçam as já existentes reservas céticas quanto à fundamentação, ou se precisamente a reposição das demonstrações por ambos os lados não é uma condição para que as estratégias reduzidas de fundamentação possam ser complementadas entre si, ao invés de se contraporem, como ocorreu até este momento. Para tanto, parece-me que o estruturalismo genético de Jean Piaget oferece um modelo instrutivo, inclusive para filósofos e para aqueles que gostariam de continuar a sê-lo. Piaget concebe a "abstração reflexionante" como o mecanismo de aprendizagem que pode explicar em termos ontogenéticos a passagem de um estágio cognitivo para o próximo, mediante a qual o desenvolvimento cognitivo caminha em direção a uma compreensão descentrada de mundo. A abstração reflexionante se assemelha à reflexão transcendental por tornar consciente os elementos *formais* que se ocultam inicialmente no *conteúdo* do conhecimento, por diferenciar e reconstruir o estágio superior seguinte de reflexão como esquema de ação do sujeito cognoscente.

Ao mesmo tempo, esse mecanismo de aprendizagem possui uma função análoga àquela que Hegel atribui à força da negação, que é responsável por superar dialeticamente as figuras da consciência tão logo entrem em contradição consigo mesmas.[8]

(3) Ora, essas seis posições, que abordei partindo dos sucessores de Kant e Hegel, retêm uma pretensão de razão, ainda que medida de maneira cuidadosa — isso distingue Popper e Lakatos de Feyerabend; Horkheimer e Adorno de Foucault. Eles ainda *dizem* algo sobre as condições inevitáveis de uma pretensão de validade ligada a opiniões que consideramos justificadas — pretensão que transcende e aponta para além de *todas* as restrições locais e temporais. É essa pretensão de razão que agora coloca em questão a crítica aos mestres pensadores. Pois tal crítica é, na verdade, um discurso em prol da despedida da filosofia. Com a finalidade de melhor compreender essa guinada radical, tenho de discutir ainda uma outra crítica, que no mesmo átimo se volta contra Kant *e* Hegel.

A *filosofia pragmatista* e a *hermenêutica* de fato colocam em dúvida as pretensões de fundamentação e de autofundamentação do pensamento filosófico de maneira mais aprofundada do que aqueles críticos que sucederam a Kant e Hegel. Pois elas abandonam o horizonte em que a filosofia da consciência se move com seu modelo de conhecimento orientado à percepção e à representação de objetos. No lugar do sujeito solitário, que se dirige aos objetos e que, pela reflexão, acaba fazendo de si mesmo um objeto, entra não somente a ideia de um conhecimento linguisticamente mediado e relacionado à ação, mas o

---

8 Kesselring, *Entwicklung und Widerspruch. Ein Vergleich zwischen Piagets genetischer Erkenntnistheorie und Hegels Dialektik.*

Consciência moral e ação comunicativa

nexo entre práxis cotidiana e comunicação cotidiana, no qual as operações intersubjetivas e, ao mesmo tempo, cooperativas do conhecimento estão originalmente inseridas. Não importa se esse nexo é tematizado a título de forma de vida ou mundo da vida, de práxis ou interação linguisticamente mediada, de jogo de linguagem ou diálogo, de pano de fundo cultural, tradição ou história da recepção, pois o decisivo é que todos esses conceitos do senso comum conservam uma reputação que até agora havia sido reservada aos conceitos epistemológicos fundamentais sem que, no entanto, aqueles tivessem de funcionar do mesmo modo que estes. As dimensões da ação e da linguagem simplesmente não devem ser precedidas pela cognição. Pelo contrário, do ponto de vista da estratégia conceitual, a práxis dirigida a objetivos e a comunicação linguística assumem um papel *diferente* em comparação àquele da autorreflexão na filosofia da consciência. Elas têm funções de fundamentação somente na medida em que, com sua ajuda, descarta-se como algo injustificável a necessidade de conhecer os fundamentos.

C. S. Peirce duvida da possibilidade de uma dúvida radical no mesmo sentido de Dilthey em relação à possibilidade de uma compreensão neutra. Os problemas sempre se impõem em uma situação determinada; eles nos surgem como algo em certa medida objetivo porque não podemos dispor a bel-prazer da totalidade dos nossos contextos práticos de vida. Semelhante em Dilthey. Não compreendemos uma expressão simbólica sem a pré-compreensão intuitiva de seu contexto, porque o saber de fundo de nossa cultura, que está presente sem questionamento, não pode ser livremente convertido em saber explícito. Toda solução de problemas e toda interpretação depende de uma rede opaca de pressuposições; e essa rede, em virtude de sua característica ao mesmo tempo holista e particularista, não pode ser recolhida por uma análise voltada ao universal. Essa é a linha de argumentação na qual também recaem tanto o mito do dado, ou seja, as distinções entre sensibilidade e entendimento, intuição e conceito, forma e conteúdo, quanto uma crítica que atua com base nas distinções entre juízos analíticos e sintéticos, entre *a priori* e *a posteriori*. A fluidificação do dualismo kantiano relembra ainda a metacrítica de Hegel; mas o contextualismo e o historicismo que estariam vinculados a ela também cortam o caminho de volta a Hegel.

O ganho dos discernimentos pragmatistas e hermenêuticos é inegável. A orientação às operações da consciência é abandonada em favor de uma orientação às objetivações da ação e da linguagem. A fixação na função cognitiva da consciência e na função representativa da linguagem, na metáfora visual do "espelho da natureza", é abandonada em favor de um conceito de opiniões justificadas que, de acordo com Wittgenstein e Austin, estende-se por todo o espectro das forças ilocucionárias, ou seja, por tudo o que pode ser dito – e não se limita ao conteúdo de discursos que constatam fatos. Com isso, "dizer como algo se passa" torna-se um caso especial do "dizer algo".[9]

Mas esses discernimentos são compatíveis somente com uma interpretação do pragmatismo e da filosofia hermenêutica que sugere a renúncia da pretensão de razão do pensamento filosófico e, com isso, a própria despedida da filosofia? Ou tais dis-

---

9 Rorty, *Der Spiegel der Natur*, op. cit., p.402. No original, lê-se: "saying something [...] is not always saying how things are" [dizer algo [...] nem sempre é dizer como as coisas são] (*Philosophy and the Mirror of Nature*, p.371).

Consciência moral e ação comunicativa

cernimentos assinalam antes um novo paradigma, que substitui o jogo de linguagem mental da filosofia da consciência, mas não anula o modo de fundamentação da filosofia da consciência, mesmo que atenuado e apropriado de maneira autocrítica? Por falta de argumentos convincentes e, sobretudo, simples, não posso responder diretamente a essas questões; desviarei mais uma vez minha exposição narrativa.

(4) Marx quis *superar* a filosofia para realizá-la – ele estava tão convencido do teor de verdade da filosofia hegeliana que não pôde suportar a discrepância evidente, negada por Hegel, entre conceito e realidade. Algo totalmente diferente se liga hoje ao gesto da *despedida* da filosofia.

A despedida da filosofia se efetua hoje em dia de três formas mais ou menos chamativas. Para simplificar, quero denominá-las formas terapêuticas, heroicas e salvadoras de despedida.

Wittgenstein nos instruiu no conceito de uma filosofia *terapeuticamente* voltada contra si. A própria filosofia é a enfermidade que ela uma vez deveria curar. Os filósofos confundiram os jogos de linguagem que funcionam no cotidiano. Uma filosofia que provoca o seu próprio desaparecimento no final deixa tudo como está; pois ela retira os critérios de sua crítica das formas de vida em que ela já se encontra, as quais são autossuficientes e aprendidas de maneira prática. Se tivéssemos que encontrar um sucessor para a filosofia despedida, então a pesquisa de campo da antropologia cultural seria a candidata mais promissora: a história da filosofia um dia lhe seria apresentada como uma prática difícil de compreender dos chamados filósofos – uma linhagem estranha e felizmente extinta. (Talvez um dia R. Rorty venha a ser festejado como o Tucídides de

Jürgen Habermas

uma tal tradição de pesquisa, que só teria início depois que a terapia de Wittgenstein fizesse efeito.)

Em comparação à despedida quietista de filósofos com postura terapêutica, a destruição da história da filosofia e do espírito, que George Bataille e Heidegger colocaram em andamento, tem aparência *heroica*. Também nessa perspectiva, falsos hábitos de pensamento e de vida se concentram nas formas superiores de reflexão filosófica; mas as aberrações da metafísica e do pensamento que dispõe dela, as quais hoje precisam ser desconstruídas, não se esgotam em erros categoriais convencionais, em perturbações da práxis cotidiana, pois possuem antes um caráter epocal. Essa despedida ainda mais dramática da filosofia não promete simplesmente cura, mas preserva algo do *páthos* hölderliano de uma salvação perante o maior dos perigos. O modo filosófico de pensar, que foi desvalorizado, não deve ser *barateado*; ele deve dar lugar a um *outro medium*, que possibilita o retorno não discursivo no imemorial [*Unvordenkliche*] da soberania ou do ser.

A maneira mais discreta de se despedir da filosofia é efetuada em sua forma *salvadora*, da qual dão exemplos interpretações significativas de um neoaristotelismo hermeneuticamente refratado. Contudo, tais exemplos não são óbvios, pois o propósito explicativo visa aqui ao resgate de antigas verdades. A filosofia é despedida às escondidas, mais precisamente em nome de sua conservação, o que significa: é aliviada de pretensões sistemáticas. As doutrinas dos clássicos não são atualizadas nem como contribuição para uma discussão sobre coisas nem como patrimônio cultural constituído em termos histórico-filológicos. Pelo contrário, uma apropriação assimiladora trata textos que

Consciência moral e ação comunicativa

deveriam expor conhecimentos como fontes de iluminação e de despertar.

Enquanto se reflete nessas formas, a filosofia contemporânea cumpre uma exigência que havia resultado da crítica ao mestre pensador Kant, principalmente ao fundamentalismo de sua teoria do conhecimento: ela certamente não pretende mais assumir diante das ciências o papel que se tornou dúbio de indicador de lugar. As orientações do pós-estruturalismo, do pragmatismo tardio e do neo-historicismo tendem a uma concepção muito restrita, objetivista, de ciência. Em face de um conhecimento que está sujeito aos ideais de objetividade da ciência, elas gostariam ao menos de obter algum espaço para a esfera de um pensamento iluminador ou inspirador, em todo caso não objetivante, que deixa de se orientar por pretensões de validade universais e passíveis de crítica, não almeja mais a formação de consenso no sentido de resultados incontroversos e rompe com o universo de concepções fundamentadas sem querer abdicar da autoridade de discernimentos superiores. A posição que a filosofia que se despede assume diante das ciências coincide com a divisão de trabalho existencialista, tal como foi propagada desde Jaspers e Sartre até Kolakowski: contrapõem-se à esfera da ciência a fé filosófica, a vida, a liberdade existencial, o mito, a cultura etc. Todas essas contraposições possuem a mesma estrutura, embora o que Max Weber chamou de significado cultural da ciência tenha conotações ora negativas, ora positivas. Sabe-se que os filósofos do continente tendem a dramatizar os riscos do objetivismo, ao passo que o mundo anglo-saxão mantém uma relação moderada com a razão instrumental.

Richard Rorty introduz uma variante interessante na medida em que coloca o discurso normal em oposição ao discurso não normal. As ciências estabelecidas alcançam normalidade nas fases de progressos teóricos reconhecíveis; assim, tomamos conhecimento dos procedimentos com os quais problemas são solucionados e questões controversas podem ser resolvidas. Rorty chama tais discursos de comensuráveis – pode-se contar com critérios que asseguram consensos. Discursos permanecem incomensuráveis ou não normais enquanto as orientações fundamentais ainda são discutíveis. Pois bem, se esses diálogos incomensuráveis não são mais conduzidos tendo em vista a passagem para a normalidade, mas com o objetivo de desviar da concordância universal e contentar-se com a expectativa de "discordância interessante e frutífera", já que os discursos não normais *bastam a si mesmos*, então eles podem obter as qualidades que Rorty caracteriza com a palavra *edifying* [edificante]. A filosofia também desemboca nesses diálogos edificantes na medida em que abdicou de seu interesse em solucionar problemas. Na versão de Rorty, portanto, reúnem-se simultaneamente todas as virtudes que a filosofia havia adquirido de uma despedida que liberta terapeuticamente, de uma que é heroicamente vencedora e de uma que inspira possibilidades hermenêuticas: a força discretamente subversiva do ócio se vincula então à fantasia mais elitista de criar linguagens e à sabedoria da tradição. No entanto, o desejo pela formação é satisfeito à custa do desejo pela verdade: "Filósofos edificantes não poderão levar a filosofia a termo, embora possam evitar que ela comece a pegar a trilha segura da ciência".[10] Essa divisão de papéis certamente pode angariar *simpatia* na medida em que a filosofia se liberta das injunções de uma magistra-

---

10 Rorty, *Der Spiegel der Natur*, op. cit., p.418.

Consciência moral e ação comunicativa

tura suprema nas questões da ciência e da cultura. Porém, não a acho *convincente*, porque mesmo uma filosofia que instrui de maneira pragmática e hermenêutica acerca de seus limites não pode absolutamente se deter em diálogos edificantes *além* das ciências sem que logo recaia na esteira da argumentação, isto é, dos discursos de fundamentação.

Que uma divisão de trabalho existencialista, ou, digamos, exclusiva entre filosofia e ciência não possa funcionar é algo que se deixa mostrar precisamente na abordagem que Rorty faz da teoria do discurso. Se a validez das concepções, em última instância, só pode ser medida com base em um acordo alcançado argumentativamente, então *tudo* o que em geral podemos discutir acerca dessa validez se encontra, na verdade, sobre um fundamento instável. Mas saber se o solo do acordo racionalmente motivado sob os pés dos participantes da argumentação treme menos nas disputas de opinião que envolvem a física do que naquelas que concernem à moral e à estética é de tal modo uma questão de grau, como mostra a teoria pós-empirista da ciência, que a normalização dos discursos não se oferece como critério seletivo para a diferenciação entre ciência e diálogo filosófico de formação.

(5) Para os defensores de uma divisão de trabalho exclusiva, sempre foram chocantes aquelas tradições de pesquisa que incorporam o elemento filosófico *dentro* das ciências de maneira particularmente clara. Por isso, marxismo e psicanálise seriam pseudociências que se responsabilizam por uma mistura híbrida de discursos normais e não normais, porque não dispõem da divisão de trabalho postulada – isso em Rorty não é diferente do que em Jaspers. Porém, segundo o meu conhecimento da história das ciências sociais e da psicologia, essas duas abor-

Jürgen Habermas

dagens não são atípicas; elas descrevem muito bem o tipo de teoria com a qual novas tradições de pesquisa são fundamentadas a cada vez.

O que vale para Freud vale nessas disciplinas para todo teórico que abre novos caminhos, por exemplo, para Durkheim, para G. H. Mead, para Max Weber, para Piaget e para Chomsky. Todos eles introduziram um pensamento genuinamente filosófico, se é que em geral esse termo tem algum sentido, como uma carga explosiva na situação especial de pesquisa. A função do recalque na formação de sintomas, a função do sagrado no aprofundamento da solidariedade, a função da assunção de papéis na formação da identidade, a modernização como racionalização social, a descentralização como consequência da abstração reflexionante das ações, a aquisição da linguagem como atividade de formação de hipóteses — cada uma dessas rubricas é responsável por um pensamento a ser filosoficamente desenvolvido e, ao mesmo tempo, por uma problematização empiricamente elaborada, embora universalista. Nisso se explica também por que precisamente essas abordagens teóricas trazem à cena reações empíricas regulares. Trata-se dos ciclos da histórica das ciências, que de modo algum permitem que essas disciplinas se dirijam a um ponto de convergência unificado entre as ciências; elas falam em favor tanto de um vir-a-ser filosófico das ciências humanas quanto de um triunfo das abordagens objetivistas, como o da neurofisiologia, aquele estranho filho preferido dos filósofos analíticos.

Naturalmente, sobre isso se pode, no melhor dos casos, fazer suposições sugestivas. Se essa perspectiva não for equivocada, não é completamente infundado, porém, perguntar se, tendo em consideração algumas ciências, a filosofia não

Consciência moral e ação comunicativa

poderia trocar o lugar insustentável de *indicador* de lugar pelo de *guardador* de lugar — um guardador de lugar para teorias empíricas com fortes pretensões universalistas, para as quais sempre deram impulso as cabeças produtivas nas disciplinas particulares. Isso vale, sobretudo, para as ciências que procedem reconstrutivamente, que se voltam ao saber pré-teórico de sujeitos com competência para julgar, agir e falar, inclusive aos sistemas de saber cultural tradicional, visando esclarecer o fundamento presumidamente universal da racionalidade da experiência, do juízo, da ação e do entendimento linguístico. A propósito disso, os modos de fundamentação transcendental e dialético que foram mitigados podem ser completamente úteis; pois eles são capazes, evidentemente, de oferecer hipóteses reconstrutivas que podem ser reelaboradas de forma adequada nos contextos empíricos. Vejo exemplos dessa inclusão da filosofia na cooperação científica por toda parte onde os filósofos atuam como assistentes em prol de uma teoria da racionalidade, sem fazer exigências fundamentalistas ou mesmo englobar tudo de maneira absolutista. Eles trabalham, antes, com a consciência falibilista de que o que a filosofia havia feito até aqui por iniciativa própria pode agora contar com a feliz coerência de fragmentos teóricos diversos.

Do ponto de vista de meus próprios interesses de pesquisa, vejo que tais cooperações se dão entre teoria das ciências e história das ciências, entre teoria dos atos de fala e diferentes abordagens da pragmática empírica da linguagem, entre teoria das argumentações informais e diferentes abordagens sobre a investigação das argumentações naturais, entre éticas cognitivas e uma psicologia do desenvolvimento da consciência moral, entre teorias filosóficas da ação e a investigação da ontogênese das competências de ação.

Porém, se é certo que a filosofia entra em uma tal divisão de trabalho não exclusiva com as ciências humanas, então ela parece pôr sua identidade em jogo ainda mais. R. Spaemann insiste, não sem razão, "que toda filosofia ergue uma pretensão prática e teórica de totalidade. Não a erguer significa não fazer filosofia".[11] Certamente, uma filosofia que, embora no contexto de uma divisão de trabalho, esforça-se em esclarecer os fundamentos racionais do conhecimento, da ação e da linguagem preserva ao menos uma referência temática em relação ao todo. Mas o que será de uma teoria da modernidade, do acesso ao todo da cultura, que Kant e Hegel haviam assegurado com um conceito seja fundador, seja absolutizador de razão? Até Husserl publicar *Die Krisis der Europäischen Wissenschaften* [A crise das ciências europeias], sabe-se que a filosofia deduzia de sua magistratura suprema inclusive funções de orientação. Se ela perde o papel de juiz tanto nas questões da cultura quanto nas da ciência, com isso ela também não está desistindo da referência à totalidade, sobre a qual ainda poderia se sustentar a título de "guardiã da racionalidade"?

Só que se passa com o todo da cultura algo semelhante ao caso das ciências: a cultura não precisa de fundamentação nem de classificação. Pois na modernidade, desde o século XVIII, ela faz avançar a partir de si própria aquelas estruturas de racionalidade que, junto com Emil Lask, Max Weber encontrou e descreveu como esferas culturais de valor.

---

11 Spaemann, Der Streit der Philosophen, em Lübbe (org.), *Wozu Philosophie?*, p.96.

Consciência moral e ação comunicativa

Com a ciência moderna, com o direito positivo e com as éticas profanas guiadas por princípios, com uma arte que se tornou autônoma e uma crítica de arte institucionalizada foram cristalizados três momentos de razão sem envolvimento da filosofia. Mesmo sem a condução de uma crítica da razão, os filhos e as filhas da modernidade aprendem de que maneira selecionam e dão continuidade às tradições culturais em cada um desses aspectos da racionalidade referentes às questões de verdade, de justiça ou de gosto. Isso se mostra em interessantes processos de desmembramento. As ciências repelem cada vez mais os elementos das imagens de mundo, renunciando a uma interpretação da natureza e da história como um todo. As éticas cognitivistas deixam de lado os problemas da vida boa e se concentram nos aspectos estritamente deontológicos que são passíveis de universalização, de modo que do bom reste somente o justo. E uma arte que se tornou autônoma impinge a expressão sempre mais pura da experiência estética fundamental que a subjetividade desconcertada, que se desvia das estruturas temporais e espaciais do cotidiano, faz no relacionamento consigo própria — a subjetividade se liberta aqui das convenções da percepção do dia a dia e da atividade voltada a fins, dos imperativos do trabalho e da utilidade.

Essas grandiosas unilateralizações que constituem a assinatura da modernidade não precisam de fundamentação ou de justificação; mas elas criam problemas de mediação. Como a razão dividida em seus momentos pode garantir sua unidade no interior dos âmbitos culturais, e de que maneira as culturas de especialistas, que se retiraram nas formas esotéricas superiores, mantêm uma conexão com a práxis comunicativa cotidiana? Um pensamento filosófico que ainda não voltou

Jürgen Habermas

as costas ao tema da racionalidade, ainda não se dispensou de uma análise das condições do incondicionado, vê-se confrontado com essa dupla necessidade de mediação.

Problemas de mediação se põem inicialmente no interior das esferas da ciência, da moral e da arte. Aqui surgem contramovimentos. Assim, abordagens de pesquisa não objetivistas dentro das ciências humanas fazem valer também pontos de vista da crítica moral e da crítica estética, sem ameaçar o primado das questões de verdade. Desse modo, a discussão sobre ética da responsabilidade e ética da convicção e a consideração mais forte de motivos utilitaristas no interior das éticas universalistas colocam em jogo pontos de vista do cálculo das consequências e da interpretação de necessidades, os quais se situam no âmbito de validade do cognitivo e do expressivo. Por fim, a arte pós-vanguardista se caracteriza pela simultaneidade notável de orientações realistas e politicamente engajadas com os prosseguimentos autênticos da modernidade clássica, que havia preparado o sentido intrínseco do estético; mas, com a arte realista e engajada no nível da riqueza formal que a vanguarda liberou, os momentos do cognitivo e do prático-moral voltam a ganhar validade. Tudo se passa como se, em tais contramovimentos, os momentos radicalmente diferenciados da razão quisessem remeter a uma unidade que, contudo, pode ser reconquistada somente aquém das culturas de especialistas, ou seja, no cotidiano, e não além, nos fundamentos e abismos da filosofia clássica da razão.

Na práxis comunicativa cotidiana, interpretações cognitivas, expectativas morais, expressões e valorações simplesmente se interpenetram. Por essa razão, os processos de entendimento do mundo da vida carecem de uma tradição cultural *em toda sua*

Consciência moral e ação comunicativa

amplitude, não apenas das bênçãos da ciência e da técnica. Assim, a filosofia poderia atualizar sua referência à totalidade em um papel de intérprete dedicado ao mundo da vida. Ela poderia ao menos ajudar a recolocar em movimento a correlação paralisada, como um móbil que estancou obstinadamente, do cognitivo--instrumental com o prático-moral e o estético-expressivo.[12] É possível ao menos designar o problema diante do qual se encontra uma filosofia se ela abandonar o papel de juiz que inspeciona a cultura em favor do papel de um intérprete mediador. De que maneira as esferas da ciência, da moral e da arte, encapsuladas como culturas de especialistas, podem se abrir e, sem que sua racionalidade intrínseca seja violada, ser conectadas de tal modo às tradições empobrecidas do mundo da vida que os momentos divididos da razão encontrem na práxis comunicativa cotidiana um novo equilíbrio?

Ora, a crítica dos mestres pensadores poderia convocar sua desconfiança uma última vez e perguntar, então, o que autoriza os filósofos a manter livre em seu próprio contexto o lugar para estratégias teóricas pretensiosas não somente no interior do sistema científico, mas também ainda oferecer para fora o seu serviço de tradutor com a finalidade de fazer a mediação entre mundo cotidiano e modernidade cultural, a qual se retirou para seus âmbitos autônomos. Penso que precisamente a filosofia pragmática e a filosofia hermenêutica respondem a essa questão na medida em que conferem autoridade epistêmica à comunidade daqueles que cooperam e falam uns com os outros. Essa práxis comunicativa cotidiana possibilita um

---

12 Habermas, Die Moderne – ein unvollendetes Projekt, em *Kleine Politische Schriften*, v.I-IV, p.444 ss.

entendimento orientado às pretensões de validade – e isso como única alternativa à influência mais ou menos violenta de uns sobre outros. Mas porque as pretensões de validade, que no diálogo vinculamos às nossas convicções, apontam para além de cada contexto em particular, porque elas superam horizontes limitados no espaço e no tempo, todo acordo comunicativamente obtido ou reproduzido precisa se apoiar em um potencial de razões vulneráveis, ainda que sejam razões. Razões são feitas de uma matéria especial; elas nos obrigam a tomar posição com sim ou não. Com isso, nas condições da ação orientada ao entendimento instala-se um momento de incondicionalidade. E esse momento é aquele no qual a validez que reivindicamos para nossas concepções se distingue da mera validade social de uma práxis tornada habitual.[13] O que consideramos justificado é, da perspectiva da primeira pessoa, uma questão de fundamentação e não uma função de hábitos de vida. Por isso, um interesse filosófico consiste em "ver nas nossas práticas sociais de justificação mais do que simplesmente tais práticas".[14] Esse mesmo interesse também está inscrito na obstinação com a qual a filosofia se agarra ao papel de guardiã da racionalidade – um papel que, segundo minha experiência, causa cada vez mais aborrecimento e certamente não confere mais privilégio algum.

---

13 Cf. Habermas, *Theorie des kommunikativen Handeln*, v.I, p.168 *ss*.
14 Rorty, *Der Spiegel der Natur*, op. cit., p.422.

2
Ciências sociais reconstrutivas versus compreensivas[*]

Notas introdutórias

Permitam-me começar com uma nota pessoal. Quando, em 1967, formulei pela primeira vez a tese de que as ciências sociais não poderiam renunciar à dimensão hermenêutica de pesquisa, pois evidentemente o problema da compreensão só poderia ser omitido pelo preço de distorções, tive de lidar com dois tipos de objeções.[1]

A primeira foi a insistência de que a hermenêutica de modo algum era questão de metodologia. Hans-Georg Gadamer sabia que o problema da compreensão se colocava em contextos não científicos, seja na vida cotidiana, na história, na arte, na litera-

---

[*] Texto apresentado por ocasião de uma conferência organizada por Bellah, Haan e Rabinow sobre o tema "Morality and the Social Sciences" [Moralidade e as ciências sociais], no mês de março de 1980, em Berkeley. Traduzido do inglês para o alemão por Max Looser. Publicado pela primeira vez em Haan; Bellah; Rabinow; Sullivan, *Social Science as Moral Inquiry*, p.251-70.

[1] Habermas, *Zur Logik der Sozialwissenschaften*, p.89 ss.

tura, ou na relação com as tradições em geral. Por essa razão, a hermenêutica filosófica se encontra diante da tarefa de lançar luz sobre processos de compreensão habituais e não da tentativa sistemática ou da elaboração de procedimentos que a permitiria simplesmente reunir e analisar dados. Gadamer concebe o "método" como algo contraposto à "verdade"; pois a verdade pode ser obtida somente mediante a práxis experimentada e virtuosa da compreensão. Na qualidade de atividade, a hermenêutica seria, no melhor dos casos, uma arte, nunca um método – em consideração à ciência, seria uma força subversiva que escapa a todo acesso sistemático.[2] O segundo tipo de objeção provém dos defensores da principal corrente das ciências sociais, que apresentaram uma objeção complementar. Eles afirmam que o problema da interpretação reside em sua mistificação. Não existiriam problemas gerais de interpretação, apenas problemas particulares que se deixam resolver com técnicas comuns de pesquisa. Uma operacionalização cuidadosa de temas teóricos, ou seja, testes para a validez e fiabilidade de instrumentos poderiam evitar influências incontroladas que, do contrário, afluiriam da complexidade ainda não analisada e de difícil manejo da linguagem corrente e da vida cotidiana rumo à investigação.

Nas controvérsias ocorridas em meados dos anos 1960, a hermenêutica foi ou inflada como substituto filosófico para a ontologia de Heidegger ou trivializada como problema decorrente das dificuldades de mensuração. Desde então, essa constelação se modificou notavelmente. Os principais argumentos da

---

2 Gadamer, Rhetorik, Hermeneutik und Ideologiekritik: Metakritische Erörterung zu "Wahrheit und Methode", em Apel et al., *Hermeneutik und Ideologiekritik*, p.57 ss.

Consciência moral e ação comunicativa

hermenêutica filosófica foram amplamente aceitos, porém não a título de doutrina filosófica, mas de paradigma de pesquisa *dentro* das ciências sociais, sobretudo na antropologia, na sociologia e na psicologia social. Paul Rabinow e William Sullivan descreveram isso como uma "virada interpretativa".[3] No decorrer dos anos 1970, outras tendências dentro e fora do mundo acadêmico contribuíram para romper o paradigma de interpretação. Permitam-me mencionar pelo menos algumas delas.

Primeiro, vimos o debate entre Popper e Kuhn e a ascensão de uma teoria pós-empírica da ciência, que estremeceu a autoridade do positivismo lógico e, com isso, arruinou a visão de uma ciência nomológica (mais ou menos) unificada. Uma consequência disso é um deslocamento de peso no interior da história das ciências das construções normativas para abordagens hermeneuticamente sensíveis.

Além disso, o fracasso das ciências sociais convencionais tornou visível que elas não podiam manter suas promessas teóricas e práticas. A pesquisa sociológica não foi capaz de satisfazer os critérios que tinham sido estabelecidos, por exemplo, pela teoria abrangente de Parsons; a teoria econômica keynesiana falhou em relação ao plano político de medidas eficazes; e a psicologia fracassou diante da pretensão explicativa universal da teoria da aprendizagem — ela, como se sabe, serviu antes de exemplo perfeito para uma ciência exata do comportamento. Isso abriu o caminho para abordagens alternativas que foram erguidas com base na fenomenologia, no Wittgenstein tardio, na hermenêutica filosófica, na teoria crítica etc. Essas abordagens foram recomendadas simplesmente por oferecer alterna-

---

3 Rabinow; Sullivan (orgs.), *Interpretative Social Science.*

tivas ao objetivismo dominante – e não tanto em virtude de sua reconhecida superioridade.[4]

Em seguida, impuseram-se duas abordagens parcialmente exitosas, que ofereceram exemplos para um tipo interpretativo de ciências sociais: o estruturalismo na antropologia, na linguística e – menos convincentemente – na sociologia; e o estruturalismo genético na psicologia do desenvolvimento – um modelo que pareceu muito promissor para a análise da evolução social, do desenvolvimento de imagens de mundo, de sistemas de crença morais e de sistemas jurídicos.

Uma outra tendência a ser mencionada foi o deslocamento neoconservador no clima filosófico, que trouxe consigo uma mudança das hipóteses de fundo entre os cientistas sociais. De um lado, houve uma certa reanimação das abordagens biologizantes, que durante mais de uma década foram discutidas por razões políticas (por exemplo, a sociobiologia e a pesquisa genética sobre inteligência). De outro lado, um retorno ao relativismo, ao historicismo, ao existencialismo e ao nietzschianismo de todos os tipos, uma reviravolta no estado de ânimo que se estende das disciplinas mais duras, como a teoria das ciências e a linguística, passando pelos terrenos mais tenros da pesquisa ligada às ciências da cultura, até a crítica literária, a ideologia da arquitetura etc. Ambas as tendências são expressão da mesma síndrome expressa nas crenças mais disseminadas de que tudo o que na cultura humana apresenta traços universais remete mais à natureza dos homens do que à infraestrutura racional da linguagem humana, do conhecimento e da ação, ou seja, da própria cultura.

---

4 Bernstein, *Restructuring of Social and Political Theory*.

Consciência moral e ação comunicativa

Dois modos de uso da linguagem

Permitam-me de início esclarecer o que entendo por hermenêutica. Toda expressão significativa – seja uma manifestação (verbal ou não verbal), um artefato qualquer, por exemplo uma ferramenta, uma instituição ou um documento – deixa-se identificar em atitude bifocal tanto como uma ocorrência observável quanto como uma objetivação hermenêutica compreensível. Podemos descrever, explicar ou prever um ruído que se assemelha à manifestação sonora de uma proposição falada sem ter ideia do que essa manifestação significa. Para apreender (e formular) o seu significado, é preciso participar em algumas ações comunicativas (efetivas ou imaginadas) no curso das quais a referida proposição é empregada de tal modo que seja compreensível a falantes, ouvintes e membros potencialmente presentes da mesma comunidade linguística. Richard Rorty apresenta um caso extremo: "Mesmo se pudéssemos prever os sons que uma comunidade de pesquisadores emitirá no ano 4000, ainda assim não estaríamos em condições de participar em um diálogo".[5] A oposição entre "prever seu futuro comportamento linguístico" e "participar de seu diálogo" remete à importante diferença entre dois modos distintos de uso da linguagem.

Ou *se diz o que é o caso ou o que não é o caso*, ou *se diz algo a alguém outro*, de forma que ele *compreenda o que foi dito*. Somente o segundo modo de uso da linguagem está interna ou conceitualmente ligado às condições da comunicação. Dizer como as coisas se comportam não depende necessariamente de um

---

5 Rorty, *Philosophy and the Mirror of Nature*, p.355; trad. alemã, p.384 *ss.*

tipo de comunicação realmente conduzida ou de uma que seja pelo menos imaginada; não é preciso *fazer* enunciado algum, ou seja, efetuar um ato de fala. Por sua vez, pode-se dizer "p" para si mesmo ou simplesmente pensar "que p". Contrariamente, compreender o que alguém diz exige participação na ação comunicativa. É preciso haver uma situação de fala (ou ela tem de no mínimo ser imaginada) em que um falante na comunicação *com* um ouvinte expressa o que *ele quis* dizer *sobre* algo. No caso do uso puramente cognitivo, não comunicativo, da linguagem, está implícita aí somente *uma* relação fundamental; ela é chamada de relação entre proposições e algo no mundo "sobre" o qual as proposições enunciam algo. Contudo, se empregamos a linguagem buscando o entendimento com uma outra pessoa (nem que seja para constatar ao final um dissenso), então lidamos com três relações: na medida em que o falante expressa *sua* opinião, ele se comunica *com* um outro membro de sua comunidade linguística *sobre* algo no mundo. A epistemologia se ocupa dessa última relação entre linguagem e realidade, enquanto a hermenêutica tem de se ocupar simultaneamente com a relação tripla de um proferimento: a) que serve como expressão da intenção de um falante; b) como expressão para a produção de uma relação interpessoal entre falante e ouvinte; e c) como expressão sobre algo no mundo. Além disso, toda tentativa de esclarecer o significado de uma expressão linguística nos coloca diante de uma quarta relação inerente à linguagem, a saber, aquela entre um proferimento dado e o conjunto de todos os proferimentos que poderiam ser feitos na mesma linguagem.

A hermenêutica considera a linguagem tal como é trabalhada, por assim dizer, isto é, na maneira como é usada pelos par-

Consciência moral e ação comunicativa

ticipantes com o objetivo de alcançar um *entendimento* comum a respeito de uma coisa ou chegar a um *ponto de vista* comum. Todavia, a metáfora visual do observador que "vê" algo não deveria obscurecer o fato de que a linguagem performativamente utilizada está inserida em relações que são mais complicadas do que a relação simples "sobre" (e no tipo de intenção implicada nela). Se o falante diz algo dentro de um contexto cotidiano, ele se refere não somente a algo no mundo objetivo (como a totalidade do que é ou poderia ser o caso), mas também a algo no mundo social (como a totalidade das relações interpessoais legitimamente reguladas) e a algo no mundo subjetivo do próprio falante (como a totalidade de vivências passíveis de manifestação, às quais ele possui um acesso privilegiado).

Desse modo, a ligação tripla entre proferimento e mundo é apresentada *intentione recta*, ou seja, das perspectivas do falante e do ouvinte. A mesma ligação pode ser analisada *intentione obliqua* da perspectiva do mundo da vida ou do pano de fundo das suposições e práticas comuns em que cada comunicação individual se encontra discretamente inserida. Vista daqui, a linguagem satisfaz três funções: a) da reprodução cultural ou da atualização de tradições (dessa perspectiva, Gadamer desenvolve sua hermenêutica filosófica); b) da integração social ou da coordenação dos planos de diferentes atores na interação social (dessa perspectiva, desenvolvi uma teoria da ação comunicativa); ou c) da socialização ou da interpretação cultural das necessidades (dessa perspectiva, G. H. Mead delineou sua psicologia social).

Portanto, enquanto o uso cognitivo, não comunicativo, da linguagem busca esclarecer a relação entre proposição e estado de coisas com os conceitos de intenções correspondentes, de atitudes proposicionais, de orientações de ajustamento e de condições de preenchimento, o uso comunicativo da linguagem nos coloca diante do problema de como essa relação se vincula com as outras duas relações (de "ser expressão *de* algo" e de "partilhar algo *com* alguém"). Como mostrei em outro lugar, esse problema pode ser esclarecido com os conceitos de mundos ontológicos e deontológicos, de pretensões de validade, de tomadas de posição sim/não e de condições do consenso racionalmente motivado.

Podemos ver agora por que "dizer algo" e "compreender o que é dito" dependem de pressuposições mais complicadas e muito mais pretensiosas do que simplesmente "dizer (ou pensar) o que é o caso". Quem observa ou opina que "p", ou quem intenta que "p" seja suscitado, adota uma atitude *objetivante* em relação a algo no mundo objetivo. Por outro lado, quem participa de processos de comunicação, na medida em que diz algo e compreende o que é dito — seja uma opinião que é *reproduzida*, uma constatação que é *feita*, uma promessa que é *assumida* ou uma ordem que é *dada*; sejam propósitos, desejos, sentimentos ou estados de ânimo que são *expressos* —, sempre tem de adotar uma atitude *performativa*. Essa atitude admite a mudança entre Terceira Pessoa ou atitude objetivante, Segunda Pessoa ou atitude conforme a regras e Terceira Pessoa ou atitude expressiva. A atitude performativa permite uma orientação *recíproca* às pretensões de validade (verdade, correção normativa, veracidade) que o falante ergue na expectativa de uma tomada de posição sim/não por parte do ouvinte. Essas pretensões exigem uma avaliação crítica para que assim o reconhecimento intersubjetivo de cada uma dessas pretensões possa servir como base para um consenso racionalmente motivado.

Consciência moral e ação comunicativa

Ao entenderem-se um com o outro em atitude performativa, falante e ouvinte participam ao mesmo tempo naquelas funções que suas ações comunicativas satisfazem para a reprodução do mundo da vida comum.

Interpretação e objetividade da compreensão

Compare-se a atitude da Terceira Pessoa que simplesmente diz como as coisas se comportam (essa é, entre outras, a atitude dos cientistas) com a atitude performativa daqueles que tentam compreender o que lhes é dito (essa é, entre outras, a atitude dos intérpretes), então vêm à luz as consequências metodológicas de uma dimensão hermenêutica de pesquisa. Permitam-me mencionar três das mais importantes implicações dos procedimentos hermenêuticos.

Primeiro, intérpretes abdicam da superioridade da posição privilegiada do observador, uma vez que eles próprios, ao menos virtualmente, estão envolvidos nas negociações acerca do sentido e da validade dos proferimentos. Na medida em que participam das ações comunicativas, em princípio eles aceitam o mesmo *status* que aqueles cujos proferimentos querem compreender. Eles não são mais imunes em face das tomadas de posição de pessoas testadas ou de leigos, porém se envolvem em processos de crítica recíproca. No interior de um processo de entendimento – virtual ou real – não há decisão *a priori* a respeito de quem deve aprender com quem.

Segundo, por adotarem uma atitude performativa, os intérpretes não se limitam a abdicar de sua posição de superioridade em face de seu domínio de objetos, mas se encontram, além disso, diante da questão de como podem superar a dependência de suas interpretações em relação ao contexto. Não podem mais estar absolutamente seguros de que eles próprios e as pessoas testadas em suas pesquisas compartilham das mesmas suposições e práticas de fundo. A pré-compreensão global da situação hermenêutica só se deixa comprovar de forma parcelada e nunca pode ser posta em questão como um todo.

Tão problemático quanto as questões do desengajamento do intérprete nas questões concernentes à validade e na descontextualização de suas interpretações é o fato de que a linguagem cotidiana abrange proferimentos não descritivos e pretensões de validade não cognitivas. Na vida cotidiana, é muito mais comum entrarmos em acordo (ou desacordo) sobre a correção de ações e normas, sobre a adequação de valorações e padrões e sobre a autenticidade ou sinceridade de uma autoapresentação do que sobre a verdade de proposições. Por isso, o saber que utilizamos quando dizemos algo a alguém é mais abrangente do que o saber estritamente proposicional ou relacionado à verdade. Para compreender o que lhes é dito, os intérpretes precisam apreender um saber que se apoia em *outras* pretensões de validade. Por isso, uma interpretação correta não é verdadeira simplesmente da mesma maneira que uma proposição que reproduz um estado de coisas existente; poder-se-ia antes dizer que uma interpretação correta vai ao encontro do, se ajusta a ou explicita o significado do *interpretandum* que o intérprete deve compreender.

Essas são as três consequências decorrentes de que "compreender o que é dito" exige *participação* e não meramente *observação*. Não surpreende que toda tentativa de fundar a ciência na interpretação leve a dificuldades. O maior obstáculo consiste em saber como expressões simbólicas podem ser medidas com

Consciência moral e ação comunicativa

tanta confiabilidade quanto fenômenos físicos. Em meados dos anos 1960, Aaron Cicourel ofereceu uma boa análise da conversão de expressões simbólicas que dependem de contextos, cujos significados se encontram intuitivamente à mão, em dados "rígidos".[6] As dificuldades são atribuídas ao fato de o que está compreendido em uma atitude performativa ter de ser traduzido para o que pode ser constatado da perspectiva da Terceira Pessoa. A atitude performativa necessária para a interpretação permite, com efeito, passagens regulares entre as atitudes da Primeira, Segunda e Terceira Pessoas; mas, para fins de medição, a atitude performativa tem de se subordinar a uma única atitude, a saber, à atitude objetivante. Um outro problema consiste em que juízos de valor acabariam se infiltrando nos discursos voltados a constatar fatos. Essas dificuldades são atribuídas à circunstância de que o quadro teórico para a análise empírica do comportamento cotidiano precisa estar conceitualmente vinculado ao quadro de referência das interpretações cotidianas dos próprios participantes. Porém, suas interpretações estão vinculadas a pretensões de validade cognitivas e não cognitivas, enquanto proposições teóricas se referem unicamente à verdade. Charles Taylor e Alvin Gouldner, por essa razão, argumentaram de forma convincente contra a possibilidade de linguagens axiologicamente neutras no âmbito das ciências sociais compreensivas.[7] Essa posição é apoiada por orientações filosóficas completamente diferentes,

---

6 Cicourel, *Method and Measurement in Sociology*.

7 Taylor, Interpretation and the Science of Man, *Review of Methaphysics*, v.25, p.3-51, 1971. Trad. alemã publicada em *Erklärung und Interpretation in den Wissenschaften von Menschen*.

Jürgen Habermas

por argumentos de Wittgenstein, Quine, Gadamer – e Marx, naturalmente.

Em suma, toda ciência que autoriza objetivações de significado como parte de seu domínio de objetos tem de lidar com as consequências metodológicas do *papel de participante* desempenhado pelo intérprete, que não "dá" significado às coisas observadas, mas que precisa explicitar o "significado dado" às objetivações que só podem ser compreendidas a partir de processos de comunicação. Essas consequências ameaçam precisamente aquela independência do contexto e a neutralidade axiológica que parecem ser necessárias para a *objetividade* do saber teórico.[8]

---

8 Permitam-me acrescentar que, com a distinção entre ciências hermenêuticas e não hermenêuticas, não pretendo apoiar dualismo ontológico algum entre determinados âmbitos de realidade (por exemplo, cultura *versus* natureza, valores *versus* fatos ou semelhantes delimitações neokantianas, como as que foram introduzidas por Windelband, Rickert e Cassirer). O que defendo é antes uma distinção *metodológica* entre ciências que, por se voltarem à compreensão do que é dito para alguém, têm de abrir ou não o acesso a seu domínio de objetos. Embora todas as ciências precisem, *no plano metateórico*, lidar naturalmente com problemas de interpretação (esse foi o foco da teoria pós-empirista da ciência – cf. Hesse, "In Defense of Objectivity", *Proceedings of the British Academy*, v.58, 1972), somente aquelas que apresentam uma dimensão hermenêutica de pesquisa lidam com problemas de interpretação já no plano da *produção de dados*. A esse respeito, A. Giddens fala do problema da "dupla hermenêutica" (cf. *New Rules of Sociological Method*). Com essa definição metodológica das ciências que procedem hermeneuticamente, estou me opondo à concepção de Rorty sobre a hermenêutica como uma atividade restrita aos "discursos distorcidos". Certamente, é o colapso da comunicação rotineira que desencadeia na vida cotidiana os esforços hermenêuticos mais frequentes. Mas a necessidade de interpretação não

Consciência moral e ação comunicativa

Temos de concluir disso que a posição de Gadamer também deve ser aceita nas e pelas ciências sociais? A virada interpretativa é o golpe mortal para o *status* rigorosamente científico de todas as abordagens não objetivistas? Deveríamos nos ater à recomendação feita por Rorty de equiparar as ciências sociais não somente às ciências do espírito, mas em geral à crítica literária, à poesia e à religião, ou seja, a todos os diálogos edificantes? Deveríamos admitir que as ciências sociais podem, no melhor dos casos, contribuir com nosso saber formativo – pressupondo que elas não seriam substituídas por algo mais sério, como a neuropsicologia ou a bioquímica? Entre as ciências sociais, vejo três reações principais a essas questões. Se mantivermos separadas as pretensões à objetividade e à força explicativa, poderíamos distinguir um "objetivismo hermenêutico" de uma "hermenêutica radical" e de uma "reconstrução hermenêutica".

Alguns cientistas sociais minimizam as consequências dramáticas do problema da interpretação na medida em que retomam uma espécie de teoria empática da compreensão. Essa teoria se apoia em último caso sobre a suposição de que poderíamos nos transferir para a consciência de uma outra pessoa

---

surge apenas em situações nas quais não se compreende mais nada ou então se sente uma espécie de excitação nietzschiana perante o imprevisível, o novo e o criativo. Tal necessidade também surge nos encontros completamente triviais com o que se está menos familiarizado. Sob o microscópio dos etnometodólogos, os traços mais habituais da vida cotidiana se convertem em algo estranho. Essa necessidade produzida de maneira francamente artificial de interpretação é o caso normal nas ciências sociais. A hermenêutica não está reservada ao nobre e inconvencional; pelo menos a concepção aristocrática de hermenêutica formulada por Rorty não se aplica à metodologia das ciências sociais.

Jürgen Habermas

e desacoplar as interpretações do que ela profere da situação hermenêutica inicial do intérprete. Na minha concepção, essa saída está descartada desde a convincente crítica de Gadamer à teoria empática do jovem Dilthey.

Por essa razão, outros não hesitam mais em estender os princípios de uma hermenêutica radical àquele âmbito – a partir de fundamentações de Gadamer ou de Rorty –, que (da perspectiva deles) foi considerado, de forma infeliz e equivocada, o âmbito mais apropriado da ciência social. Seja por mal-estar ou por sentimentos esperançosos, esses cientistas sociais renunciam tanto à pretensão de objetividade quanto à pretensão do saber explicativo. Uma consequência disso é algum tipo de relativismo, o que significa que diferentes abordagens e interpretações se limitam a replicar diferentes orientações axiológicas.

Em compensação, no que concerne aos problemas de interpretação, outros estão dispostos a deixar de lado o postulado convencional da neutralidade axiológica; eles evitam aproximar as ciências sociais do modelo de uma ciência estritamente nomológica, advogando, porém, em prol do desejo *e* da possibilidade de abordagens teóricas que prometem produzir um saber objetivo tanto quanto teórico. Essa posição carece de justificação.

Pressuposições de racionalidade da interpretação

Permitam-me inicialmente fazer menção a um argumento que, se levado a cabo de maneira pormenorizada, poderia mostrar que, ao se engajarem inevitavelmente no processo de compreensão, os intérpretes perdem precisamente o privilégio do observador imparcial ou da Terceira Pessoa, já que

Consciência moral e ação comunicativa

dispõem *pela mesma razão* dos meios para manter a posição de imparcialidade negociada a partir de dentro. Para a hermenêutica, é paradigmática a interpretação de um texto. De início, os intérpretes parecem compreender as frases de um autor; em seguida, passam pela experiência confusa de que não compreenderam adequadamente o texto, ou seja, não tão bem de modo a que pudessem responder a questões do autor caso fosse preciso. Os intérpretes tomam isso como um indício de que ainda remetem o texto a um contexto diferente daquele em que o texto estava de fato inserido. Eles precisam rever sua compreensão. Essa espécie de distúrbio na comunicação marca a situação inicial. Eles procuram então compreender por que o autor — na crença tácita de que determinados estados de coisas existem, determinados valores e normas são válidos e determinadas vivências podem ser acessíveis a determinados sujeitos — faz em seu texto determinadas afirmações, observa ou viola determinadas convenções e por que expressa determinadas intenções, disposições, desejos e estados mentais semelhantes. Contudo, os intérpretes compreendem o que o autor quis dizer apenas na medida em que também descerram para si próprios as *razões* pelas quais as expressões do autor se deixam manifestar como racionais.

Pois os intérpretes compreendem o significado do texto apenas na medida em que veem *por que* o autor se sentiu autorizado a fazer determinadas afirmações (como verdadeiras), reconhecer determinados valores e normas (como corretos) e expressar (ou atribuir aos outros) determinadas vivências (como verazes). Cabe aos intérpretes esclarecer o contexto que o autor manifestamente precisa pressupor como o saber comum do público contemporâneo, mas isso apenas se as dificuldades atuais em torno de sua compreensão não tiverem aparecido no texto desde sua redação, em todo caso não de maneira tão obstinada. Esse procedimento se explica pela racionalidade imanente com a qual os intérpretes pressupõem que todos os proferimentos são atribuídos a um sujeito, cuja responsabilidade não tem razão alguma para, por enquanto, ser colocada em dúvida. Os intérpretes não podem compreender o conteúdo semântico de um texto se não for evidente para eles próprios as razões que o autor poderia, caso necessário, ter apresentado na situação original.

Mas não é a mesma coisa saber se as razões são racionais ou se são somente consideradas racionais — sejam razões para a afirmação de fatos, para a recomendação de normas e valores ou para a manifestação de desejos e sentimentos. Os intérpretes não podem apresentar ou compreender tais razões sem ao menos julgá-las implicitamente *como* razões, ou seja, sem tomar posição diante delas de forma negativa ou positiva. Talvez os intérpretes deixem certas pretensões de validade em aberto e decidam que determinadas questões não precisam ser respondidas da mesma maneira que o autor, mas que podem ser apresentadas como problemas em suspenso. Mesmo assim, razões só podem ser *compreendidas* na medida em que são levadas a sério — e *avaliadas* — na qualidade de razões. Por isso, os intérpretes só podem iluminar o significado de uma expressão obscura se explicarem como essa obscuridade se sucedeu, ou seja, por que as razões que o autor teria podido apresentar em seu contexto já não nos convencem sem mais.

Em certo sentido, todas as interpretações são *racionais*. Ao compreender razões — o que também significa: ao avaliar razões —, os intérpretes não deixam de reivindicar padrões de

Consciência moral e ação comunicativa

racionalidade, ou seja, padrões considerados vinculantes para todas as partes, incluindo mais precisamente o autor e seus contemporâneos (conquanto estes só entrassem na comunicação que os intérpretes pudessem retomar). Contudo, tal apelo, normalmente implícito, a um padrão de racionalidade supostamente universal, mesmo que seja em certa medida inevitável para intérpretes dedicados e aferrados à compreensão, não serve de prova para a racionalidade do padrão pressuposto. Mas a intuição fundamental de todo falante competente – que suas pretensões à verdade, à correção normativa e à veracidade deveriam ser universais, isto é, em condições apropriadas deveriam ser aceitáveis por todos – sempre dá ensejo a que se dê uma rápida olhada na análise da pragmática formal, a qual se concentra nas condições universais e necessárias de validez de proferimentos e operações simbólicos. Penso aqui nas reconstruções racionais do *know-how* de sujeitos capazes de fala e ação, a quem julgamos capazes de produzir proferimentos válidos, e que se acreditam capazes de, ao menos intuitivamente, decidir entre expressões válidas e não válidas.

Esse é o domínio de disciplinas como lógica e matemática, teoria do conhecimento e teoria da ciência, linguística e filosofia da linguagem, ética e teoria da ação, estética, teoria da argumentação etc. É comum a todas essas disciplinas o objetivo de prestar contas sobre o saber pré-teórico e o domínio intuitivo de sistemas de regras que subjazem à produção e avaliação de proferimentos simbólicos – quer se trate de conclusões corretas, bons argumentos, descrições cogentes, explicações ou predições, proposições gramaticais, atos de fala exitosos, ações instrumentais eficazes, avaliações adequadas, autoexposições autênticas etc. Ao explicitarem as condições de validez de proferimentos, as reconstruções racionais também podem explicar casos desviantes e, com essa autoridade indiretamente legisladora, obter até mesmo uma função *crítica*. Na medida em que as reconstruções racionais afastam as diferenciações entre pretensões de validade individuais de seus limites tradicionalmente aprendidos, elas podem estabelecer inclusive novos padrões analíticos e, com isso, assumir um papel *construtivo*. E se formos bem-sucedidos na análise das condições universais de validade, as reconstruções racionais podem levantar a pretensão de descrever os elementos universais e, com isso, apresentar um saber *teórico* competitivo. Nesse âmbito, entram em cena argumentos *transcendentais* fracos que permitem comprovar a inevitabilidade, ou seja, a não rejeitabilidade de pressuposições das práticas relevantes.[9]

São justamente essas três características (o teor crítico, o papel construtivo e a fundamentação transcendental do saber teórico) que muitas vezes levaram os filósofos a sobrecarregar certas reconstruções com o ônus da pretensão a uma fundamentação última. Por essa razão, é importante ver que *todas* as reconstruções racionais, da mesma maneira que os outros tipos de saber, possuem somente um *status* hipotético. Pois elas sempre podem resultar de exemplos equivocados; podem obscurecer e distorcer intuições corretas e – o que é ainda mais frequente – generalizar com exagero casos individuais. É por isso que elas necessitam de confirmações adicionais. A crítica justificada a todas as pretensões transcendentais fortes, feitas

---

9 Watt, Transcendental Arguments and Moral Principles, *Philosophical Quarterly*, v.25, n.98, p.38 *ss.*, 1975.

Consciência moral e ação comunicativa

a priori, não deveria desencorajar, contudo, as tentativas de pôr à prova as reconstruções racionais de competências supostamente fundamentais e, por essa via, examinar indiretamente como são usadas pelas teorias empíricas na qualidade de *inputs*.

Nesse contexto, trata-se de teorias que buscam explicar seja a aquisição ontogenética de capacidades cognitivas, linguísticas e sociomorais ou a ocorrência evolucionária e a materialização institucional de estruturas de consciência inovadoras na história ou também de teorias que buscam explicar desvios sistemáticos (por exemplo, patologias da linguagem, ideologias ou programas de pesquisa degenerativos). O tipo de correlação não relativista caracterizado por Lakatos entre teoria da ciência e história da ciência é um exemplo instrutivo.

O exemplo da teoria do desenvolvimento moral de Kohlberg

Gostaria de aproveitar o exemplo da teoria de Lawrence Kohlberg para comprovar a afirmação de que as ciências sociais são conscientes de sua dimensão hermenêutica e podem, no entanto, continuar fiéis à tarefa de produzir saber teórico. Escolhi esse exemplo por três razões.

Em primeiro lugar, a pretensão de objetividade da teoria de Kohlberg parece ser ameaçada ao privilegiar uma determinada teoria moral filosófica em detrimento de outras. Em segundo lugar, ela é um exemplo para toda uma divisão de trabalho peculiar entre a reconstrução racional de intuições morais (filosofia) e a análise empírica de desenvolvimentos morais (psicologia). E, em terceiro lugar, as intenções declaradas de

Jürgen Habermas

Kohlberg são ao mesmo tempo arriscadas e provocantes – elas desafiam todos os que não querem reprimir em si mesmos nem o cientista social nem o filósofo moral.

Permitam-me, então, apresentar as seguintes teses, mesmo que de maneira bastante resumida e certamente ainda carente de esclarecimentos.

1. Há um paralelo notório entre a teoria do desenvolvimento cognitivo de Piaget (em sentido estrito) e a teoria do desenvolvimento moral de Kohlberg. Ambas almejam dar explicações acerca das *competências*, que são definidas como capacidades, para resolver determinadas classes de problemas empírico-analíticos ou prático-morais. A solução de problemas é objetivamente medida pela pretensão de verdade de enunciados descritivos, incluindo explicações e predições, ou pela correção de enunciados normativos, incluindo a justificação de ações e normas de ação. Os dois autores descrevem a competência almejada de jovens adultos no quadro das reconstruções racionais do pensamento formal-operacional e do juízo moral pós-convencional. Além disso, Kohlberg compartilha com Piaget um *conceito de aprendizagem* construtivista. Ele se baseia nas seguintes suposições: de início, que o saber em geral pode ser analisado como um produto de processos de aprendizagem; depois, que a aprendizagem é um processo de solução de problemas, no qual o sujeito que aprende participa ativamente; e, finalmente, que o processo de aprendizagem é controlado diretamente pelos discernimentos dos próprios participantes. O processo de aprendizagem tem de poder ser concebido internamente como a passagem de uma interpretação X_1 de um dado problema para uma interpretação X_2 do mesmo problema, de modo

Consciência moral e ação comunicativa

que o sujeito que aprende possa *explicar* à luz de sua segunda interpretação por que a primeira estava errada.[10]

Na mesma linha de pensamento, Piaget e Kohlberg constatam uma hierarquia de âmbitos de aprendizagem distintos ou "estágios", no qual cada âmbito individual é definido como equilíbrio relativo de operações que se tornam cada vez mais complexas, abstratas, universais e reversíveis. Ambos os autores fazem suposições sobre a lógica interna de um processo de aprendizagem irreversível, sobre mecanismos de aprendizagem (ou seja, sobre a internalização de esquemas da ação instrumental, social ou discursiva), sobre desenvolvimentos endógenos do organismo (suposições fortes ou fracas de uma teoria do amadurecimento), sobre incitação de estímulos específica de cada estágio e os fenômenos correlatos de defasagem, atraso, aceleração etc. Kohlberg ainda acrescenta suposições acerca da interação entre desenvolvimento sociomoral e cognitivo.

2. Em vista da delicada relação complementar, de importância ainda maior em nosso contexto, entre reconstrução racional e análise empírica, surge o risco de uma falácia naturalista. Piaget, em seus últimos escritos, principalmente desde *Biologie et connaissance* [Biologia e conhecimento],[11] tende a aproximar sua abordagem da teoria dos sistemas. O conceito de equilíbrio, que remete a uma constância relativa de processos de solução de problemas e que é medido com base no critério interno do grau de reversibilidade, vincula-se com conotações de adaptação exitosa

---

10 Cf. a discussão entre S. Toulmin e D. W. Hamlyn no artigo de Hamlyn, "Epistemology and Conceptual Development", em Mischel (org.), *Cognitive Development and Epistemology*, p.3-24.

11 Piaget, *Biologie et connaissance*.

de um sistema que conserva a si mesmo em seu ambiente modificado. Naturalmente, é possível tentar combinar o modelo estruturalista e o modelo da teoria dos sistemas (como se tentou na teoria social com o modelo da ação ou do mundo da vida, de um lado, e o modelo dos sistemas, de outro), mas combiná-los significa algo diferente de meramente aproximar um modelo do outro. Toda tentativa de interpretar em termos *exclusivamente funcionais* a preponderância de operações de nível superior, que se medem pela *validez* das tentativas de solução de problemas, coloca em jogo o feito peculiar da teoria do desenvolvimento cognitivo. Sem dúvida, não precisaríamos de reconstruções racionais se fosse certo que o verdadeiro ou o moralmente correto pudessem ser suficientemente analisados a partir do que é exigido para a conservação dos limites dos sistemas. Kohlberg certamente evita a falácia naturalista, porém as frases a seguir são formuladas de maneira no mínimo ambígua:

> Nossa teoria moral psicológica é amplamente derivada de Piaget, que afirma que tanto a lógica quanto a moral se desenvolvem mediante estágios e que cada estágio constitui uma estrutura que — formalmente considerada — se encontra em um equilíbrio mais adequado do que a estrutura do estágio precedente. Ela supõe então que cada novo estágio (lógico ou moral) constitui uma nova estrutura que inclui precisamente elementos da estrutura anterior, mas ela os transforma de modo a representar um equilíbrio estável e ampliado.

Contudo, Kohlberg acrescenta de forma inequívoca:

> Essa suposição de "equilíbrio" de nossa teoria psicológica está relacionada com a tradição formalista na ética filosófica de

Consciência moral e ação comunicativa

Kant a Rawls. Esse isomorfismo entre teoria psicológica e teoria normativa ergue a pretensão de que um estágio psicologicamente superior de juízo moral, medido segundo critérios filosóficos, também é normativamente mais adequado.[12]

3. No entanto, a formação de teorias no âmbito da consciência moral se encontra diante da dificuldade de distinguir a teoria de Kohlberg daquela de Piaget. Ambas explicam a aquisição de competências supostamente universais no quadro de padrões de desenvolvimento interculturalmente invariáveis, no qual tais padrões são determinados pela forma como se concebe a lógica interna dos processos de aprendizagem correspondentes. Porém, em comparação com o universalismo moral, o universalismo cognitivo é a posição mais fácil de ser defendida – embora isso seja controverso; existem ao menos evidências de que as operações formais na explicação de situações e eventos observáveis são aplicadas interculturalmente de maneira uniforme. Kohlberg carrega o ônus da prova mais difícil para a teoria moral, já que: a) defende em geral uma posição universalista e cognitivista diante de um relativismo ou de um ceticismo profundamente enraizados nas tradições empíricas (e nas ideologias burguesas); e que b) a superioridade de uma ética formal, ligada a Kant, pode ser comprovada diante de teorias utilitaristas e contratualistas. Existem hoje confrontações na dimensão das teorias morais que formam o contexto para a fundamentação de a) e b). Embora não tenhamos à mão argumentos simplesmente demolidores [*Knock-down-Argumente*], eu

---

12 Kohlberg, "The Claim to Moral Adequacy of a Highest Stage of Moral Judgment", *Journal of Philosophy*, v.70, p.632-3, 1973.

realmente suponho que Kohlberg poderia vencer na confrontação em torno do universalismo moral. Em um segundo ponto, a posição filosófica de Kohlberg não é tão forte (a distinção entre seu estágio 6 – moral formalista – e seu estágio 5 – utilitarismo de regras e moral contratual).

Se quisermos explicar o formalismo ético com conceitos de uma *racionalidade procedimental*, um enunciado como o que se segue, por exemplo, não é aceitável: "Uma moral, sobre a qual se poderia apoiar uma concordância universal, exige que a obrigação moral seja derivada diretamente de um princípio moral material, o qual pode definir sem conflito e inconsistências as decisões de todos os homens". Em contrapartida, quando Kohlberg remete à "assunção ideal de papéis" enquanto "procedimento adequado" para decisões práticas, ele se deixa conduzir por intuições kantianas corretas, que Peirce e Mead reinterpretaram em termos pragmáticos e exprimiram no sentido da participação em um "discurso universal". Kohlberg encontra novamente essa intuição fundamental, segundo a qual normas válidas deveriam poder contar com um assentimento universal, também na teoria de Rawls: "Uma solução justa para um dilema moral é uma solução aceitável para todas as partes, sendo que cada parte é considerada livre e igual e supõe-se que nenhuma delas pode saber qual papel desempenharia em uma situação (problemática)".[13]

4. Suponhamos que a defesa do universalismo moral seja bem-sucedida. Ainda assim, permanece uma outra dificuldade. Kohlberg assume uma posição deontológica e afirma, a meu

---

13 Kohlberg, From Is to Ought, em Mischel (org.), *Cognitive Development and Epistemology*, op. cit., p.208, 213.

Consciência moral e ação comunicativa

ver com boas razões, que a consciência moral pós-convencional exige discernirmos a autonomia da esfera moral. Autonomia significa que a forma da argumentação moral se distingue de todas as demais formas de argumentação, sejam relacionadas à constatação e à explicação de fatos, à avaliação de obras de arte, ao esclarecimento de expressões que buscam iluminar motivos inconscientes ou seja o que for. Nos discursos práticos não estão em jogo a verdade de proposições, a adequação de avaliações, a boa conformação de construções ou a veracidade de proferimentos expressivos, mas somente a correção de ações e de normas de ação: "A questão diz 'isso é moralmente correto?'".[14]

Mas disso resulta que as reconstruções racionais, sobre as quais Kohlberg precisa se apoiar, pertencem a um tipo de teoria normativa que pode ser denominada "normativa" em dois aspectos. De início, uma teoria moral delineada em termos cognitivistas é normativa uma vez que explica as condições de um certo gênero de pretensões de validade – nesse aspecto, as teorias do juízo moral não se distinguem das reconstruções do que Piaget chama de pensamento formal-operacional. Mas aquela teoria moral, por não se esgotar em reflexões metaéticas, é "normativa" também no sentido de que, para a validez de seus próprios enunciados, apela a critérios de correção normativa, e não de verdade proposicional. Nesse aspecto, o ponto de partida de Kohlberg é diferente do de Piaget.

Temos de concluir então que uma teoria do desenvolvimento moral é de algum modo infectada pelo *status* normativo das reconstruções racionais que estão embutidas nela. A teoria de Kohlberg é meramente pseudoempírica, uma variante híbrida

---

14 Ibid., p.215.

que não se alça nem ao posto de uma teoria moral com *status* plenamente normativo nem pode se satisfazer com a pretensão de uma ciência empírica, cujos enunciados teóricos deveriam se limitar a dizer o que é verdadeiro ou falso? Acredito que a resposta é "não".

5. A própria postura de Kohlberg em relação à questão de como a reconstrução filosófica de intuições morais confirmadas está ligada à explicação psicológica da aquisição desse saber intuitivo certamente não deixa de ser ambígua.

Consideremos inicialmente a tese forte segundo a qual os dois empreendimentos seriam partes de uma e mesma teoria. A "tese da identidade" é a seguinte:

> Uma explicação psicológica em última instância adequada de por que uma criança se desenvolve de um estágio ao seguinte e a explicação filosófica em última instância adequada de por que um estágio superior é mais apropriado do que um inferior são partes de uma e mesma teoria, que é apenas conduzida em direções diferentes.[15]

Essa concepção se apoia no conceito construtivista de aprendizagem. Um sujeito que se move de um estágio ao seguinte poderia explicar por que seus juízos em um estágio superior são mais adequados do que aqueles de um estágio inferior — e precisamente essa linha de reflexão moral natural do leigo é assumida reflexivamente pelos filósofos morais. Essa afinidade consiste no fato de que tanto a pessoa testada, que se confronta com o psicólogo, quanto o filósofo moral ado-

---

15 Ibid., p.154.

Consciência moral e ação comunicativa

tam a mesma atitude performativa de um participante no discurso prático. Nos dois casos, o resultado da reflexão moral, seja sedimentado meramente na intuição moral do leigo ou na tentativa de reconstrução do especialista, é avaliado à luz das pretensões de validade normativas. Porém, a atitude do psicólogo é diferente, e mesmo o tipo de validade para o qual se orienta *seu* esforço de conhecimento é diferente. Certamente, o psicólogo também considera os proferimentos da pessoa testada levando em conta a maneira com que esta última critica os juízos morais de um estágio que acabou de ser superado e justifica os juízos do estágio superior; mas, diferentemente do leigo (e de seu *alter ego* reflexionante, o filósofo moral), o psicólogo descreve e explica seus juízos na atitude de uma Terceira Pessoa, de sorte que o resultado de suas reflexões pode ser medido exclusivamente pela pretensão de verdade proposicional. Essa distinção importante é apagada em formulações como a que se segue:

> A teoria científica, que investiga por que as pessoas de fato se movem de um estágio ao outro de maneira ascendente e por que de fato preferem um estágio superior em detrimento de um inferior, é, dito de forma um tanto rude, igual a uma teoria moral que se preocupa em saber por que os homens *deveriam* preferir um estágio superior em detrimento de um inferior.[16]

Na verdade, existe uma complementaridade entre a teoria filosófica e a psicológica, a qual Kohlberg descreve de maneira muito acertada em outro lugar:

---

16 Ibid., p.223.

Enquanto critérios morais de adequação de juízos morais contribuem para a definição de um padrão de adequação psicológica ou de desenvolvimento psicológico, a investigação empírica do desenvolvimento psicológico retroage sobre aqueles critérios, já que ajuda a esclarecê-los. Nossa teoria psicológica, voltada a compreender por que os indivíduos continuam seguindo de um estágio ao próximo, baseia-se em uma teoria da filosofia moral, que indica por que o estágio posterior é moralmente melhor ou mais adequado do que o estágio anterior. Nossa teoria psicológica afirma que os indivíduos preferem o estágio superior de reflexão moral que eles dominam; uma afirmação que se apoia em pesquisa. Essa afirmação de nossa teoria psicológica deriva de uma afirmação filosófica, de acordo com a qual um estágio posterior é "objetivamente" melhor ou mais adequado segundo determinados critérios morais. Todavia, essa pretensão filosófica seria posta em questão por nós se os fatos que indicam o progresso na avaliação de questões morais fossem incompatíveis com suas implicações psicológicas.[17]

Essa tese da complementaridade apreende a divisão de trabalho entre filosofia moral, de um lado, e a teoria do desenvolvimento moral, de outro lado, melhor do que a tese da identidade. O êxito de uma teoria empírica, que só pode ser verdadeira ou falsa, pode servir como salvaguarda da validez normativa de uma teoria moral usada para fins empíricos: "O fato de que nossa concepção sobre a moral 'funciona' empiricamente é importante para sua adequação filosófica". Nesse sentido, as

---

17 Id., The Claim to Moral Adequacy of a Highest Stage of Moral Judgment, op. cit., p.633.

Consciência moral e ação comunicativa

reconstruções racionais podem ser comprovadas ou "testadas" caso aqui "teste" signifique a tentativa de provar se diferentes partes da teoria são complementares de acordo com o mesmo padrão. A formulação mais clara de Kohlberg a esse respeito é a seguinte: "A ciência pode, portanto, testar se a concepção moral de um filósofo condiz em termos fenomenológicos com os fatos psicológicos. Contudo, a ciência não pode ir além disso e justificar aquela concepção moral como o que a moral deveria ser".[18]

6. A relação de correspondência recíproca indica que o círculo hermenêutico se fecha somente no plano metateórico. A teoria empírica pressupõe a validade da teoria normativa que ela emprega; ao mesmo tempo, sua validez se torna duvidosa, uma vez que as reconstruções filosóficas se mostram inúteis no contexto de emprego da teoria empírica. Mas o emprego de uma teoria normativa, por sua vez, também produz um efeito sobre a dimensão hermenêutica da pesquisa. A produção de dados é "guiada pela teoria" em maior medida do que as interpretações normais. Comparem as duas formulações seguintes acerca do mesmo teste:

(1) Na Europa, uma mulher agonizava em razão de uma doença grave, um tipo especial de câncer. Havia um único medicamento que, segundo os médicos, poderia ajudá-la. Era uma forma de rádio, para o qual o farmacêutico exigia uma quantia dez vezes maior do que havia lhe custado produzir. O marido da doente, Heinz, consultou todas as pessoas a quem ele acreditava poder pedir o dinheiro emprestado, mas só conseguiu juntar metade da

---

18 Id., *From Is to Ought*, op. cit., p.222 *ss.*

Jürgen Habermas

quantia exigida. Ele contou ao farmacêutico que sua esposa estava agonizando e perguntou se podia vender o medicamento mais barato ou se podia pagá-lo depois. Mas a resposta foi: "Não, eu descobri o medicamento e farei dinheiro com isso". Heinz entrou em desespero, invadiu a farmácia e roubou o medicamento para sua esposa. O homem deveria ter feito isso? Por quê?

(2) Um homem e uma mulher haviam acabado de deixar as montanhas. Eles começaram a cultivar a terra, mas, como não chovia, a colheita não crescia. Não havia comida o suficiente. A mulher ficou doente e, finalmente, passou a agonizar por carência alimentar. Na aldeia havia somente uma mercearia e o dono da mercearia exigia um preço muito alto pelos alimentos. O marido pediu ao dono da mercearia alguma comida para sua mulher e disse que lhe pagaria depois. Mas o dono da mercearia afirmou: "Não, não vou te dar nada para comer se você não pagar adiantado". O homem foi a todas as pessoas da aldeia e pediu por comida. Mas ninguém tinha algo para comer que estivesse sobrando. Ele entrou em desespero e invadiu a mercearia para pegar comida para sua esposa. O marido deveria ter feito isso? Por quê?[19]

A formulação (1) retrata o famoso "Dilema de Heinz", de Kohlberg; é uma boa ilustração para o método de como crianças norte-americanas são levadas a emitir juízos morais comparáveis. As respostas a tal dilema são classificadas segundo descrições padronizadas de estágios morais. A formulação (2) é uma retradução do mesmo dilema a partir do caso chinês, ou seja, é a versão que Kohlberg empregou no teste com crianças de uma aldeia em Taiwan. Não posso avaliar o quanto essa

---

19 Ibid., p.156, 165.

Consciência moral e ação comunicativa

versão chinesa está carregada de representações ocidentais. Por mais fraca que a tradução para o caso chinês possa ser, ela lança alguma luz sobre a própria tarefa hermenêutica. Se – e apenas se – a teoria estiver correta, teríamos condições de encontrar equivalentes sensíveis aos contextos para o "Dilema de Heinz" em todas as culturas, de sorte que as respostas obtidas em Taiwan pudessem ser comparáveis às respostas norte-americanas em relação a importantes dimensões da teoria. Se o teste for conduzido sem coerção nem distorção, então o malogro da aplicação hermenêutica acaba servindo como índice de que as dimensões postuladas são impostas de fora – e não são resultado de uma reconstrução imanente.

Permitam-se sublinhar em minha conclusão que essas reflexões metodológicas acerca da estrutura das teorias da psicologia do desenvolvimento, nas quais estão como que embutidas reconstruções das competências supostamente universais, apoiam-se na teoria de Kohlberg para fins ilustrativos. Com isso, não tocamos de início em nenhuma questão concernente a partes substanciais da teoria: por exemplo, se a descrição de Kohlberg dos estágios pós-convencionais da consciência moral precisa ser melhorada; se, em especial, o acesso formalista à ética ignora aspectos contextuais e interpessoais; se o conceito de lógica de desenvolvimento, ligado a Piaget, é excessivamente forte; finalmente, se Kohlberg, com sua suposição sobre a relação entre juízo moral e ação moral, deixa de lado os aspectos psicodinâmicos.[20]

---

20 Cf. neste volume, p.198 *ss.*

3
Ética do discurso – Notas para um programa de fundamentação

I. Reflexões propedêuticas
1. Para a fenomenologia do domínio moral
2. Abordagens objetivistas e subjetivistas da ética

II. O princípio de universalização como regra de argumentação
3. Pretensões de validade assertóricas e normativas na ação comunicativa
4. O princípio moral ou o critério de universalização de máximas de ação
5. Argumentação *versus* participação – um excurso

III. A ética do discurso e seu fundamento em uma teoria da ação
6. Uma fundamentação do princípio moral é necessária e possível?
7. Estrutura e valor posicional do argumento da pragmática transcendental
8. Moralidade e eticidade

Jürgen Habermas

I

Em seu livro mais recente, A. MacIntyre desenvolve a tese segundo a qual o projeto do Esclarecimento de fundar uma moral secular, independente das suposições da metafísica e da religião, teria fracassado. Ele aceita como resultado incontestável do Esclarecimento o que Horkheimer uma vez havia constatado com um propósito crítico — que a razão instrumental, restrita à racionalidade com respeito a fins, tem de deixar a própria colocação dos fins aos cuidados de cegas atitudes emotivas e decisões: "A razão é calculadora; ela pode acessar verdades de fato e relações matemáticas, mas nada além disso. No reino da prática, ela só pode falar dos meios. Sobre os fins, ela tem de silenciar".[1] Isso é contestado desde Kant por aquelas éticas cognitivistas que, de um modo ou de outro, atêm-se ao fato de questões práticas possuírem a "capacidade de ser verdadeiras".

Nessa tradição kantiana, encontram-se hoje importantes abordagens teóricas como as de Kurt Baier, Marcus George Singer, John Rawls, Paul Lorenzen, Ernst Tugendhat e Karl-Otto Apel; eles pretendem analisar as condições de uma avaliação imparcial de questões práticas, apoiada unicamente em razões.[2] Dentre essas teorias, a tentativa de Apel certamente não é a que foi realizada de forma mais detalhada; no entanto, considero a ética do discurso, cujo esboço já pode ser discernível, a abordagem mais promissora. Quero tornar plausível essa avaliação do atual estado da argumentação ao apresentar

---

1 MacIntyre, *After Virtue*, p.52; Horkheimer, *Zur Kritik der instrumentellen Vernunft*, cap.I: Mittel und Zwecke [Meios e fins].

2 Wimmer, *Universalisierung in der Ethik*.

Consciência moral e ação comunicativa

um programa de fundamentação correspondente. Nisso, confronto-me apenas de passagem com outras abordagens cognitivistas; primeiramente, concentro-me na elaboração de uma problematização comum, diferenciando aquelas teorias diante de abordagens não cognitivistas.

De início (I), eu gostaria de distinguir a validade deontológica de normas e as pretensões de validade que erguemos com atos de fala relacionados a normas (ou regulativos) como aqueles fenômenos que uma ética filosófica poderia explicar. Nesse contexto, vê-se (2) que as conhecidas posições filosóficas, a saber, teorias definidas de maneira metafísica e as éticas axiológicas intuitivas, de um lado, e teorias não cognitivistas como o emotivismo e o decisionismo, de outro, não atingem os fenômenos carentes de explicação na medida em que equiparam proposições normativas com o modelo equivocado de proposições e avaliações descritivas ou proposições de vivências e imperativos. Algo análogo vale para um prescritivismo que se orienta pelo modelo das proposições de intenções.[3] Como pretendo mostrar na parte II, fenômenos morais se abrem a uma investigação pragmático-formal da ação comunicativa, na qual os atores se orientam por pretensões de validade. Deverá ficar claro por que a ética filosófica, diferentemente da teoria do conhecimento, por exemplo, pode assumir sem mais a forma de uma teoria da argumentação especial. Na parte III, coloca-se a questão fundamental da teoria moral, a saber, de que maneira o princípio de universalização, que possibilita um acordo comunicativo unicamente em questões práticas, pode ele próprio ser fundamentado. Esse é o lugar para a fundamentação

---

3 Frankena, *Analytische Ethik*, p.117 *ss.*

da ética que Apel formulou nos termos de uma pragmática transcendental com base nas pressuposições pragmáticas universais da argumentação em geral. Contudo, veremos que essa "derivação" não pode pretender o *status* de uma fundamentação última, e por que uma pretensão tão forte nem deveria ser erguida. O argumento da pragmática transcendental na forma proposta por Apel é muito fraco até para quebrar a objeção do cético consequente contra *toda* forma de moral racional. Esse problema nos obriga, por fim, a retomar, ao menos com algumas poucas referências, a crítica de Hegel à moral kantiana com a finalidade de obter do primado da eticidade em relação à moral um sentido inofensivo (imune a tentativas neoaristotélicas e neo-hegelianas de ideologização).

(I) A observação de MacIntyre relembra uma crítica da razão instrumental que se dirige contra unilateralizações específicas da compreensão moderna de mundo, principalmente contra a tendência persistente de limitar o domínio das questões que podem ser decididas com razões ao âmbito cognitivo-instrumental. Questões prático-morais do tipo "O que devo fazer?", caso não possam ser respondidas a partir de aspectos da racionalidade com respeito a fins, são obliteradas de uma discussão racional. Essa patologia da consciência moderna precisa ser explicada por uma *teoria social*;[4] uma ética filosófica que não pode fazer isso tem de proceder *terapeuticamente* e usar as forças da autocura da reflexão contra o deslocamento de fenômenos morais básicos. Nesse sentido, a fenomenologia linguística da consciência ética, que P. F. Strawson levou a cabo em seu famo-

---

4 Cf. a Introdução e as Considerações finais do meu livro *Theorie des kommunikativen Handelns*.

Consciência moral e ação comunicativa

so trabalho *Freedom and Resentment* [Liberdade e ressentimento], permite desenvolver uma força maiêutica e abrir os olhos do empirista que aparece como um cético moral para as intuições morais cotidianas.[5]

Strawson parte de uma reação emotiva que, em virtude de sua persistência, é apropriada para demonstrar até aos mais inflexíveis, por assim dizer, o teor de realidade das experiências morais: o ressentimento com o qual reagimos a ofensas. Quando a violação infringida não é "reparada", essa reação inequívoca se enrijece e se pereniza em ressentimento acumulado. Esse sentimento constante revela a dimensão moral de uma ofensa sofrida porque ele não decorre, da mesma maneira que o susto ou a raiva, imediatamente de um ato de violação, mas reage a uma injustiça que um outro comete comigo. O ressentimento é a expressão de uma condenação moral (mesmo que impotente).[6] Partindo do exemplo do ressentimento, Strawson faz quatro importantes observações.

(a) Para ações que violam a integridade de um outro, o autor ou um terceiro pode, se for o caso, alegar desculpas. Logo que o afetado aceita um pedido de desculpas, ele já não se sente mais ofendido ou rebaixado exatamente do mesmo modo; sua indignação inicial não se torna um ressentimento perene. Desculpas são, por assim dizer, reparações que fazemos a in-

---

5 Strawson, *Freedom and Resentment*. Strawson certamente tinha outro tema em mente.

6 Nietzsche também estabelece uma conhecida conexão genética entre o ressentimento daquele que foi violado e ofendido e uma moral universalista da compaixão. Cf. sobre isso Habermas, *Die Verschlingung von Mythos und Aufklärung*, em Bohrer (org.), *Mythos und Moderne*, p.405 ss.

terações perturbadas. Mas, para identificar tais perturbações, Strawson distingue duas espécies de desculpas. Em um caso, alegamos circunstâncias que tornariam plausível que não seria totalmente adequado sentir a ação ofensiva como ocasião de uma injustiça: "Ele não pretendeu fazer isso", "Ele não pôde evitar", "Ele não tinha outra escolha", "Ele não sabia que..." são alguns exemplos para o tipo de desculpa que coloca sob outra luz *a ação* que, embora sentida como ofensiva, não põe em dúvida a imputabilidade do agente. Porém, é exatamente esse o caso quando notamos se tratar da ação de uma criança, de um louco ou de um bêbado – que a ação foi praticada por alguém que estava fora de si, que se encontrava sob forte estresse, por exemplo, estava sob os efeitos de uma doença grave etc. Esse tipo de desculpa nos convida a ver *o próprio ator* sob outra luz, pois as propriedades de um sujeito imputável não podem ser-lhe atribuídas sem restrições. Nesse caso, temos de adotar uma atitude objetivante que de antemão exclui censuras morais:

A atitude objetiva tem de ser emocionalmente matizada em muitas formas, mas não em todas as formas; ela pode incluir repulsa ou medo, pode incluir pena ou até mesmo amor, embora não todos os tipos de amor. Mas ela não pode incluir uma gama de sentimentos reativos e atitudes que pertencem ao envolvimento ou à participação com outros em relações humanas interpessoais; não pode incluir ressentimento, gratidão, perdão, raiva ou o tipo de amor que dois adultos podem às vezes declarar sentir reciprocamente, um pelo outro. Se sua atitude diante de alguém é plenamente objetiva, ainda que seja possível contestá-lo, você não pode discutir com ele, e embora possa falar com ele, inclusive negociar com ele, não pode argumentar racionalmente com ele.

Consciência moral e ação comunicativa

Pode no máximo fingir que está discutindo ou argumentando racionalmente com ele.[7]

Strawson conclui dessa reflexão que as reações pessoais do ofendido, como ressentimentos, só são possíveis na atitude performativa de um participante da interação. A atitude objetivante de um não participante suprime os papéis comunicativos da primeira e da segunda pessoa, neutralizando o domínio dos fenômenos morais em geral. A atitude da terceira pessoa apaga esse domínio fenomenológico.

(b) Também por razões metodológicas, essa observação é importante: o filósofo moral precisa assumir uma perspectiva a partir da qual ele possa perceber os fenômenos morais enquanto tais. Strawson mostra como diferentes sentimentos morais estão interligados pelas relações internas. As reações pessoais do ofendido, como vimos, podem ser compensadas mediante desculpas. Inversamente, o concernido pode perdoar uma injustiça ocorrida. Aos sentimentos daquele que foi viola-

---

7 Strawson, *Freedom and Resentment*, op. cit., p.9. [Em inglês, no original: "The objective attitude may be emotionally toned in many ways, but not in all ways: it may include repulsion or fear, it may include pity or even love, though not all kinds of love. But it cannot include the range of reactive feelings and attitudes which belong to involvement or participation with others in inter-personal human relationships; it cannot include resentment, gratitude, forgiveness, anger, or the sort of love which two adults can sometimes be said to feel reciprocally, for each other. If your attitude towards someone is wholly objective, then though you might fight him, you cannot quarrel with him, and though you may talk to him, even negotiate with him, you cannot reason with him. You can at most pretend to quarrel, or to reason, with him". (N. T.)]

do corresponde a gratidão diante daquele a quem se atribui um ato benemérito, e à condenação da ação injusta corresponde a admiração perante uma boa ação. São incontáveis os matizes do nosso sentimento diante de indiferença, desprezo, maldade, satisfação, reconhecimento, encorajamento, consolo etc. São centrais, naturalmente, os sentimentos de culpa e de obrigação. Nesse complexo de atitudes emotivas, que se deixam esclarecer na análise da linguagem, Strawson se interessa de início pela circunstância de que essas emoções se inserem em uma práxis cotidiana à qual temos acesso apenas em atitude performativa. Somente assim a rede de sentimentos morais adquire uma determinada *inevitabilidade*: não podemos romper a bel-prazer o engajamento que assumimos na qualidade de membros de um mundo da vida. Em contraposição a isso, a atitude objetivante em face de fenômenos que temos de perceber antes de tudo da perspectiva do participante é secundária:

> Observamos com um olhar objetivo o comportamento compulsivo do neurótico ou o comportamento irritante de uma criança bem pequena ao pensarmos em termos de tratamento ou de treinamento. Mas, às vezes, podemos observar com o mesmo olhar, por assim dizer, o comportamento de alguém normal e maduro. Temos esse recurso e às vezes podemos usá-lo: como um refúgio, digamos, das correntes do envolvimento, como um auxílio para políticas; ou simplesmente por curiosidade intelectual. Sendo humanos, não podemos, em um caso normal, fazer isso por muito tempo, ou na totalidade.[8]

---

8 Ibid., p.9 *ss*. [Em inglês, no original: "We look with an objective eye on the compulsive behavior of the neurotic or the tiresome

Consciência moral e ação comunicativa

Essa passagem lança luz sobre a posição daquelas éticas que, da perspectiva de um observador, são conduzidas com base no resultado de uma *reinterpretação de intuições morais cotidianas*. Pois mesmo éticas empíricas não poderiam, se fossem verdadeiras, obter um efeito esclarecedor, porque elas não alcançam as intuições da práxis cotidiana:

> O comprometimento humano com a participação em relações interpessoais ordinárias é, penso eu, muito abrangente e está profundamente enraizado para que pensemos seriamente que uma convicção teórica geral poderia mudar de tal modo nosso mundo que, nele, não existissem mais relações interpessoais tais como normalmente as compreendemos [...]. A constante objetividade da atitude interpessoal, e o isolamento humano que ela implicaria, não parece ser algo do qual seres humanos são capazes, nem mesmo se a razão teórica para isso estivesse apoiada em alguma verdade geral.[9]

---

behaviour of a very young child, thinking in terms of treatment or training. But we can sometimes look with something like the same eye on the behaviour of the normal and the mature. We have this resource and can sometimes use it: as a refuge, say, from the strains of involvement; or as an aid to policy; or simply out of intellectual curiosity. Being human, we cannot, in the normal case, do this for long, or altogether". (N. T.)]

9 Ibid., p. 1 1 *ss.*; nesta passagem, Strawson se refere a um determinismo que explica como ilusão a imputabilidade que os participantes da interação atribuem uns aos outros reciprocamente. [Em inglês, no original: "The human commitment to participation in ordinary inter-personal relationships is, I think, too thoroughgoing and deeply rooted for us to take seriously the thought that a general theoretical conviction might so change our world that, in it, there were no longer any such things as inter-personal relationships as

Jürgen Habermas

Na medida em que a filosofia moral se coloca a tarefa de contribuir com o esclarecimento das intuições cotidianas, adquiridas pela via da socialização, ela tem de se vincular, ao menos de maneira virtual, às atitudes dos participantes da práxis comunicativa cotidiana.

(c) Apenas a terceira observação leva ao cerne moral das reações emotivas analisadas até aqui. Indignação e ressentimento dirigem-se contra um outro *determinado*, que viola nossa integridade; mas o caráter moral dessa indignação se deve não ao fato de que a interação entre duas pessoas individuais foi perturbada. Antes, trata-se do atentado contra uma *expectativa normativa* subjacente, que não tem validade apenas para *ego* e *alter*, mas para *todos os membros* de um grupo social, inclusive para todos os atores imputáveis em geral no caso de normas estritamente morais. Apenas assim é possível explicar o fenômeno do sentimento de culpa que acompanha a autocensura do autor da violação. À censura por parte do ofendido podem corresponder os escrúpulos daquele que cometeu uma injustiça se este perceber que violou ao mesmo tempo, na pessoa do concernido, uma expectativa impessoal, em todo caso suprapessoal, que existe para os dois lados em igual medida. Sentimentos de culpa e de obrigação apontam para além do particularismo do que afeta um indivíduo em uma situação determinada. Se as reações emotivas que se dirigem contra pessoas individuais em situações determinadas não estivessem vinculadas àquela espé-

---

we normally understand them [...]. A sustained objectivity of inter--personal attitude, and the human isolation which that would entail, does not seem to be something of which human beings would be capable, even if some general truth were a theoretical ground for it". (N. T.)]

cie *impessoal* de indignação, a qual se orienta contra a violação de expectativas generalizadas de comportamento ou normas, elas prescindiriam de um caráter moral. Apenas a pretensão à validade *universal* confere a um interesse, uma vontade ou uma norma a dignidade de autoridade moral.[10]

(d) A essa particularidade da validade moral está ligada uma outra observação. Há uma conexão interna evidente entre a autoridade de normas válidas e mandamentos, que obriga os destinatários das normas a fazer o que é imperativo e a não fazer o que é proibido, de um lado, e aquela pretensão impessoal que acompanha normas de ação e mandamentos, de outro lado. Isso significa que tais normas são justificadas – e que, se for preciso, é possível *mostrar* que são justificadas. A indignação e a censura que se dirigem contra a violação de normas podem, em último caso, apoiar-se somente em um conteúdo cognitivo. Quem faz uma tal censura dá a entender que, dado o caso, o culpado pode se justificar – por exemplo, quando a expectativa normativa para a qual apela a indignação é rejeitada por ele como injustificada. *Dever* fazer algo significa *ter razões* para fazer algo.

Contudo, compreender-se-ia mal essa espécie de razões se a questão "O que eu devo fazer?" se reduzisse a uma questão de mera prudência e, com isso, a aspectos do comportamento conforme a fins. É assim que se comporta o empirista que reduz a questão prática "O que eu devo fazer?" às questões "O que eu quero fazer?" e "Como eu posso fazer isso?".[11] Mes-

---

10 Ibid., p.15.

11 Para a diferença entre possíveis respostas a essas três categorias de questões, cf. Krüger, Über das Verhältnis von Wissenschaftlichkeit

mo o ponto de vista do bem-estar social não ajudaria muito se o utilitarista limitasse a questão "O que nós devemos fazer?" à questão técnica da produção racional com respeito a fins de efeitos socialmente desejados. Ele compreende as normas de antemão como instrumentos que se deixam justificar mais ou menos conforme a fins a partir de pontos de vista da utilidade social:

> Mas a utilidade social dessas práticas [...] não é o que está em questão agora. O que está em questão é o sentido justificado de que, se falarmos unicamente em termos de utilidade social, deixamos de lado algo vital na concepção que temos dessas práticas. A questão vital pode ser restabelecida ao atentarmos à complicada teia de atitudes e sentimentos que formam uma parte essencial da vida moral como a conhecemos, e que se opõem completamente à objetividade da atitude. Somente ao atentarmos para essa gama de atitudes é possível restabelecer, a partir dos fatos tais como os conhecemos, um sentido do que queremos dizer, isto é, de *tudo* o que queremos dizer quando, ao falar a linguagem da moral, falamos de merecimento, responsabilidade, culpa, condenação e justiça.[12]

---

und Rationalität, em Duerr (org.), *Der Wissenschaftler und das Irrationale*, v.II, p.91 *ss.*

12 Strawson, *Freedom and Resentment*, op. cit., p.22. [Em inglês, no original: "But the social utility of these practices [...] is not what is now in question. What is in question is the justified sense that to speak in terms of social utility alone is to leave out something vital in our conception of these practices. The vital thing can be restored by attending to that complicated web of attitudes and feelings which form an essential part of the moral life as we know it, and which are quite opposed to objectivity of attitude. Only by

Consciência moral e ação comunicativa

Strawson reúne nessa passagem suas diferentes observações. Ele persiste na ideia de que só podemos deixar de apreender de forma equivocada o sentido das justificações moralmente práticas de modos de ação se não perdermos de vista a rede de sentimentos morais inserida na práxis comunicativa cotidiana e localizarmos corretamente a questão "O que eu devo/nós devemos fazer?":

> No interior da estrutura geral ou da teia de atitudes e sentimentos humanos sobre os quais tenho falado, há espaço infinito para modificação, redirecionamento, crítica e justificação. Mas questões de justificação são internas à estrutura ou se relacionam a tais modificações internas a ela. A própria existência de uma estrutura geral de atitudes é algo que se apresenta para nós com o fato da sociedade humana. Como um todo, ela nem pede nem permite uma justificação "racional" *externa*.[13]

Portanto, resulta da fenomenologia do domínio moral de Strawson que o mundo dos fenômenos morais só se torna

---

attending to this range of attitudes can we recover from the facts as we know them a sense of what we mean, i.e., of all we mean, when, speaking the language of morals, we speak of desert, responsibility, guilt, condemnation, and justice". (N. T.)]

13 Ibid., p.23. [Em inglês, no original: "Inside the general structure or web of human attitudes and feelings of which I have been speaking, there is endless room for modification, redirection, criticism, and justification. But questions of justification are internal to the structure or relate to modification internal to it. The existence of the general framework of attitudes itself is something we are given with the fact of human society. As a whole, it neither calls for, nor permits, an external 'rational' justification". (N. T.)]

Jürgen Habermas

acessível a partir da atitude performativa dos participantes da interação; que ressentimentos, em geral reações emotivas pessoais, remetem a critérios suprapessoais de avaliação de normas e mandamentos; e que a justificação prático-moral de um modo de ação tem em vista um *outro* aspecto que não a avaliação emotivamente neutra da relação meios-fins, mesmo se fosse guiada pelos pontos de vista do bem-estar social. Não é casual que Strawson analise sentimentos. Os sentimentos, evidentemente, possuem um significado semelhante para a justificação moral de modos de ação da mesma maneira que as percepções para a explicação teórica de fatos.

(2) Na investigação "The Place of Reason in Ethics" [O lugar da razão na ética] (1950) (que aliás serve de exemplo para mostrar que a filosofia pode postular questões corretas sem encontrar as respostas corretas), Toulmin faz um paralelo entre sentimentos e percepções.[14] Manifestações de opinião, como "Isso é um bastão torto", funcionam no cotidiano em geral como mediador não problemático das interações; o mesmo vale para manifestações emotivas do seguinte tipo: "Como pude fazer isso!", "Você deveria ajudá-lo", "Ele me tratou mal", "Ela se comportou maravilhosamente bem" etc. Quando tais manifestações se deparam com oposições, coloca-se em questão a pretensão de validade nelas vinculadas. O outro questiona se a afirmação é verdadeira, se a censura ou a autocensura, se a advertência ou o reconhecimento são *corretos*. Por conseguinte, o falante pode relativizar a pretensão erguida inicialmente e apenas insistir ter certeza de que o bastão lhe *aparecia* como se

---

14 Toulmin, *An Examination of the Place of Reason in Ethics*, p.121 ss.

Consciência moral e ação comunicativa

fosse torto, ou que teve a clara *sensação* de que "ele" não devia ter feito aquilo, ao passo que "ela" sem dúvida havia se comportado de maneira maravilhosa etc. Ele pode, por fim, aceitar uma *explicação fisicalista* de sua ilusão óptica que pode ocorrer se um bastão for colocado dentro da água. A explicação poderá esclarecer o estado de coisas problemático uma vez se tratar mesmo de um bastão percebido como torto. De modo análogo, uma *fundamentação moral* também lança luz sobre um modo de ação que se tornou problemático, seja para desculpá-lo, criticá-lo ou justificá-lo. Um argumento desenvolvido em termos morais se comporta em relação a uma rede de atitudes morais emotivas de forma semelhante a um argumento teórico diante de uma corrente de percepções:

> Na ética, como na ciência, relatos incorrigíveis, mas conflituosos, da experiência pessoal (sensível ou emocional) são substituídos por juízos que visam mais à universalidade e à imparcialidade – sobre o "valor real", a "cor real", a "forma real" de um objeto – do que à forma, à cor ou ao valor que atribuiríamos a tal objeto com base unicamente na experiência imediata.[15]

Enquanto a crítica teórica serve para corrigir opiniões e expectativas nas experiências cotidianas errôneas, a crítica mo-

---

15 Ibid., p.125. [Em inglês, no original: "In ethics, as in science, incorrigible but conflicting reports of personal experience (sensible or emotional) are replaced by judgments aiming at universality and impartiality – about the 'real value', the 'real colour', the 'real shape' of an object, rather than the shape, colour or value one would ascribe to it on the basis of immediate experience alone". (N. T.)]

ral serve para alterar os modos de ação ou corrigir os juízos a respeito deles.

O paralelo que Toulmin traça entre a explicação teórica dos fatos e a justificação moral dos modos de ação, entre a base empírica das percepções, de um lado, e os sentimentos, de outro, não é tão surpreendente. Se "dever fazer algo" implica "ter boas razões para fazer algo", então questões que se referem à decisão entre ações guiadas por normas ou à escolha entre as próprias normas de ação precisam ser "capazes de ser verdadeiras". "Acreditar na objetividade da moral é acreditar que algumas afirmações morais são verdadeiras".[16] Contudo, o sentido da "verdade moral" precisa ser explicado.

Alan R. White enumera dez razões que falam em favor de proposições de dever [*Sollsätze*] poderem ser verdadeiras ou falsas. Normalmente proferimos proposições de dever no indicativo e damos a conhecer assim que enunciados normativos podem ser criticados, isto é, refutados e fundamentados, de modo análogo a enunciados descritivos. À objeção comum segundo a qual em argumentações morais se trata de que algo deve ser feito, e não de como as coisas se comportam, White responde com a observação de que

> no debate moral sobre o que fazer, aquilo sobre o que estamos de acordo e em que concordamos, aquilo que pressupomos, descobrimos ou provamos, duvidamos ou sabemos não concerne *fazer*

---

16 Nielsen, On Moral Truth, em Rescher (org.), *Studies in Moral Philosophy*, p.9 ss. [Em inglês, no original: "To believe in the objectivity of morals is to believe that some moral statements are true". (N. T.)]

Consciência moral e ação comunicativa

ou não isso ou aquilo, mas *que* isso ou aquilo *é* a coisa correta, melhor ou única a ser feita. E isso é algo que pode ser verdadeiro ou falso. Posso acreditar que X deve ser feito ou é a melhor coisa a ser feita, mas posso acreditar em uma decisão tanto quanto posso crer em um comando ou questão. Chegar à decisão de *fazer* isso ou aquilo *é* a melhor ou mais correta coisa a se fazer. Os proferimentos morais podem implicar respostas à questão "O que eu devo fazer?", mas não nos *dão* tais respostas.[17]

Com esses e outros argumentos semelhantes vão se abrindo os caminhos em direção a uma ética cognitivista; ao mesmo tempo, porém, a tese de que questões práticas são "capazes de ser verdadeiras" sugere uma assimilação de enunciados normativos em enunciados descritivos. Se partirmos – segundo vejo, com razão – de que enunciados normativos podem ser válidos ou não válidos; e se, como sugere a expressão "verdade moral", interpretamos as pretensões de validade debatidas em argumentações morais segundo o modelo inicialmente palpável da verdade das proposições, então nos vemos obrigados – de maneira equivocada, penso eu – a compreender a capacidade que

---

17 White, *Truth*, p.61. [Em inglês, no original: "in moral discussion about what to do, what we agree on or agree about, assume, discover or prove, doubt or know is not whether *to do* so and so but *that* so-an-so *is* the right, better, or only thing to do. And this is something that can be true or false. I can believe that X ought to be done or is the best thing to do, but I cannot believe a decision any more than I can believe a command or a question. Coming to the decision *to do* so-and-so *is* the best or the right thing to do. Moral pronouncements may entail answers to the question 'What shall I do?', they do not *give* such answers". (N. T.)]

questões práticas têm de ser verdadeiras como se enunciados normativos pudessem ser "verdadeiros" ou "falsos" da mesma maneira que enunciados descritivos. É desse modo que, por exemplo, o intuicionismo se apoia em uma assimilação entre proposições dotadas de conteúdo e proposições predicativas do tipo: "Essa mesa é amarela" ou "Todos os cisnes são brancos". G. E. Moore fez uma investigação detalhada sobre como os predicados "bom" e "amarelo" se relacionavam entre si.[18]

Para predicados de valor ele desenvolve a teoria das propriedades não naturais, as quais, em analogia com a percepção das propriedades das coisas, podem ser incluídas na intuição ideal ou interpretadas como objetos ideais.[19] Por essa via, Moore pretende mostrar de que maneira a verdade pode ser ao menos indiretamente aduzida de proposições dotadas de teor normativo e que são intuitivamente convincentes. Todavia, pela transformação predicativa de proposições de dever típicas, essa espécie de análise é posta sobre uma trilha errada.

Expressões como "bom" ou "correto" deveriam ser equiparáveis a um predicado de nível superior como "verdadeiro", não a predicados de propriedade como "amarelo" ou "branco". A proposição:

(I)   Em certas circunstâncias deve-se mentir

pode de fato ser corretamente transformada em

(I')   Em certas circunstâncias é correto mentir
(é bom em sentido moral).

---

18 Moore, *Principia Ethica*, principalmente cap. I.

19 Id., A Reply to my Critics, em Schilpp (org.), *The Philosophy of G. E. Moore*.

Consciência moral e ação comunicativa

Mas aqui a expressão predicativa "é correto" ou "é bom" tem um papel lógico diverso do que a expressão "é amarelo" na proposição

(2) Essa mesa é amarela.

Logo que o predicado de valor "bom" assume o sentido de validade do "moralmente bom", inteiramo-nos da assimetria. Pois são comparáveis somente as proposições

(3) É correto (é imperativo) que "h"
(4) É verdade (é o caso) que "p"

em que "h" e "p" substituem (1) e (2). Essa formulação metalinguística dá expressão às pretensões de validade trazidas de maneira implícita em (1) e (2). Na forma propositiva de (3) e (4) nota-se que a atribuição e a negação dos predicados não é o caminho correto para explicar as pretensões de validade expressas com "é correto" e "é verdadeiro". Caso se queira comparar pretensões de correção com pretensões de verdade sem assimilar uma na outra, é preciso explicar de que maneira "p" e "h" se deixam *fundamentar* a cada vez — como podemos apresentar boas razões a favor e contra a validade de (1) e (2).

Precisamos mostrar em que consiste o caráter específico da justificação de mandamentos. Toulmin notou isso:

"Correção" não é uma propriedade; e quando perguntei a duas pessoas qual curso de ação é o correto, não estava lhes perguntando a respeito de propriedade — o que eu queria saber era se havia alguma razão para escolher um curso de ação em vez de outro [...]. Tudo de que as pessoas precisam (e tudo o que elas

Jürgen Habermas

têm) para contradizer uma à outra no caso de predicados éticos são as *razões* para fazer isso ao invés de aquilo ou aquilo outro.[20]

Toulmin viu com clareza que a resposta subjetivista ao fracasso do objetivismo ético de Moore e outros é apenas o reverso da mesma moeda. Ambos os lados partem de premissas erradas na medida em que a validade veritativa de proposições descritivas, e somente esta, fixa o sentido em que proposições em geral podem ser aceitas de maneira fundamentada.

Já que a tentativa intuicionista de reter verdades morais havia, portanto, de malograr, pois proposições normativas não se deixam verificar ou falsificar pelas mesmas regras do jogo demonstradas em proposições descritivas, ofereceu-se como alternativa entre as pressuposições mencionadas recusar por completo que questões práticas sejam capazes de ser verdadeiras. Naturalmente, *os subjetivistas* não negam os fatos gramaticais que falam em favor de que, no mundo da vida, sempre existem conflitos em torno de questões práticas, como se estas *tivessem de ser* decididas com boas razões.[21] Mas eles explicam essa confiança ingênua na fundamentalidade de normas e mandamentos como uma ilusão da qual despertamos por

---

20 Toulmin, *An Examination of the Place of Reason in Ethics*, op. cit., p.28. [Em inglês, no original: "'Rightness' is not a property; and when I asked two people which course of action was the right one I was not asking them about property — what I wanted to know was whether there was any reason for choosing one course of action rather than another [...]. All that two people need (and all that they have) to contradict one another about in the case of ethical predicates are the reasons for doing this rather than that or the other". (N. T.)]

21 Ayer, On the Analysis of Moral Judgements, em Munitz (org.), *A Modern Introduction to Ethics*, p.537.

Consciência moral e ação comunicativa

intermédio das intuições morais cotidianas. Por isso, contra os cognitivistas, que, como Strawson, limitam-se a explicitar o saber intuitivo do participante da interação que é considerado imputável, o cético moral se vê obrigado a assumir uma tarefa muito mais pretensiosa; ele precisa explicar de maneira contraintuitiva o que nossos juízos morais, em oposição à sua pretensão de validade manifesta, *efetivamente* significam e quais funções os sentimentos correspondentes *de fato* satisfazem.

Como modelo linguístico para essa tentativa são oferecidos tipos de proposição aos quais não podemos evidentemente vincular pretensões de validade discursivamente resgatáveis: proposições de primeira pessoa, nas quais expressamos preferências subjetivas, desejos e aversões, ou imperativos, com os quais queremos levar uma outra pessoa a se comportar de uma forma determinada. A *abordagem emotivista* e a *imperativista* deveriam tornar plausível que o significado confuso de proposições normativas pudesse em última instância ser reduzido ao significado de declarações de vivência ou enunciados de exigência, ou à combinação de ambos. De acordo com esse enfoque de leitura, o componente semântico normativo das proposições de dever expressa, em forma criptografada, atitudes subjetivas ou tentativas de persuasão, ou ambas:

> "Isso é bom" significa quase o mesmo que "Eu aprovo isso; faça isso", tentando capturar com essa a equivalência tanto a função do juízo moral como expressão da atitude do falante quanto a função do juízo moral como algo criado para influenciar as atitudes do ouvinte.[22]

---

22 MacIntyre, *After Virtue*, op. cit., p.12 [Em inglês, no original: "'This is good' means roughly the same as 'I approve of this; do as well',

A *abordagem prescritivista* desenvolvida por R. M. Hare[23] amplia a abordagem imperativista ao analisar enunciados de dever segundo um modelo que liga imperativos e avaliações.[24] O componente semântico central consiste em que, com um enunciado normativo, o falante recomenda ou prescreve a um ouvinte uma determinada escolha entre alternativas de ação. Porém, uma vez que tais recomendações e prescrições se apoiam em última instância em princípios que o falante adotou de maneira arbitrária, enunciados de valor não formam o modelo mais apropriado para a análise semântica de proposições de dever. O prescritivismo de Hare conduz antes a um decisionismo ético; proposições de intenção formam a base para a fundamentação de proposições normativamente substanciais, ou seja, aquelas proposições com as quais o falante expressa a escolha de princípios, em última instância, a escolha de uma forma de vida. Esta, por sua vez, não é passível de justificação.[25]

---

trying to capture by this equivalence both the function of the moral judgment as expressive of the speaker's attitude and the function of the moral judgment as designed to influence the hearer's attitudes". (N. T.)]; cf. Stevenson, *Ethics and Language*, cap.2.

23 Hare, *The Language of Morals*.

24 Ibid., p.3.

25 Cf. a interessante observação de Hare (ibid., p.68 *ss.*) sobre as "justificações completas": "The truth is that, if I asked to justify as completely as possible any decision, we have to bring in both effects – to give content to the decision – and principles, and the effects in general of observing those principles, and so on, until we have satisfied our inquirer. Thus a complete justification of decision would consist of a complete account of its effects, together with a complete account of the principles which it observed, and the effects of observing those principles for, of course, it is the effects (what obeying them in fact consists in) which give content to the principles

Consciência moral e ação comunicativa

Embora a teoria decisionista elaborada por Hare faça melhor jus ao fato de que realmente disputamos com razões conflitos acerca de questões práticas do que as teorias emotivistas e, em sentido estrito, imperativistas, todas essas abordagens metaéticas conduzem ao mesmo ponto de ceticismo. Elas declaram que o sentido de nosso vocabulário moral consiste na verdade em dizer algo para o que declarações de vivência, imperativos ou proposições de intenção seriam as formas linguísticas mais adequadas. A nenhum desses tipos de proposição é possível ligar uma pretensão de verdade ou, em geral, uma pretensão de validade inscrita em uma argumentação. Por essa razão, a suposição de que existe algo como "verdades morais" acabaria expressando uma ilusão sugerida pela compreensão cotidiana intuitiva. As abordagens não cognitivistas desvalorizam em um único golpe o mundo das intuições morais cotidianas. De acordo com essas teorias, só é possível falar sobre a moral de uma perspectiva científica em termos empíricos. Nesse caso,

---

too. Thus, if pressed to justify a decision completely, we have to give a complete specification of the *way of life* of which it is a part". [A verdade é que, se peço que uma decisão qualquer seja justificada da forma mais completa possível, temos de considerar tanto efeitos – para dar conteúdo à decisão – quanto princípios, e os efeitos gerais decorrentes da observação desses princípios, e assim por diante, até que tenhamos satisfeito nosso arguidor. Assim, uma justificação completa da decisão consistiria em um relato completo de seus efeitos, junto com um relato completo dos princípios que ela segue, e dos efeitos de seguir tais princípios, pois, é claro, são os efeitos (o que de fato consiste em obedecê-los) que também dão conteúdo aos princípios. Então, se pressionados a justificar uma decisão completamente, temos de oferecer uma especificação completa da *forma de vida* da qual ela faz parte. (N. T.)] Outra variante do decisionismo foi desenvolvida por H. Albert a partir do criticismo de Popper apoiando-se em Max Weber. Cf. Albert, *Fehlbare Vernunft*.

adotamos uma atitude objetivante e nos limitamos a descrever quais funções satisfazem proposições e sentimentos, os quais, da perspectiva interna dos participantes, são qualificados como morais. Essas teorias não querem nem podem concorrer com as éticas filosóficas; elas preparam o terreno para investigações empíricas, *uma vez que* parece estar claro que questões práticas não são capazes de ser verdadeiras e que investigações éticas perdem seu objeto no sentido de uma teoria normativa.

No entanto, mesmo essa afirmação metaética não é tão incontroversa como supõem os céticos. O ponto de vista não cognitivista se apoia, sobretudo, em dois argumentos: a) na referência empírica segundo a qual o conflito nas questões de princípios morais normalmente não pode ser apaziguado; e b) no fracasso já mencionado da tentativa de explicar a validade veritativa de proposições normativas ou no sentido do intuicionismo, ou no sentido do direito natural clássico (o qual não preciso discutir aqui), ou no sentido da ética material de valor (Scheler, Hartmann).[26] A primeira objeção é enfraquecida se for possível indicar um princípio que supostamente permita suscitar o acordo em argumentações morais. A segunda objeção deixa de existir tão logo prescindimos da premissa de que proposições normativas, caso *em geral* aparecessem junto a uma pretensão de validade, só poderiam ser válidas ou não válidas no sentido da verdade proposicional.

No dia a dia, vinculamos enunciados normativos com pretensões de validade prontas para serem defendidas contra críti-

---

26 Sobre o pano de fundo histórico, em relação ao qual o intuicionismo de Moore e a ética material de valor de Scheler se apresentam como variantes, cf. o excelente capítulo sobre "valores" em Schnädelbach, *Philosophie in Deutschland 1831-1933*, p.198 *ss.*

Consciência moral e ação comunicativa

cas. Discutimos questões práticas do tipo "O que eu devo/nós devemos fazer?" pressupondo que não devemos respondê-las a bel-prazer, pois, em princípio, confiamos poder distinguir normas e mandamentos corretos daqueles que são falsos. Se, por outro lado, proposições normativas não são capazes de ser verdadeiras em sentido estrito, ou seja, não *no mesmo sentido* em que enunciados descritivos podem ser verdadeiros ou falsos, temos de lidar com a tarefa de explicar o sentido da "verdade moral" ou – se seguirmos essa expressão na direção errada – o sentido da "correção normativa" sem cair na tentação de assimilar um tipo de proposição ao outro. Temos de partir da suposição fraca de uma pretensão de validade *análoga à verdade* e voltar à apreensão do problema que Toulmin havia oferecido à questão fundamental da ética filosófica: "Que tipo de argumento, de raciocínio, nos é apropriado aceitar para sustentar decisões morais?".[27] Toulmin não se atém mais à análise semântica de expressões e proposições; ele se concentra na questão acerca do modo de fundamentação de proposições normativas, da *forma dos argumentos* que aduzimos a favor ou contra normas e mandamentos, dos critérios para "boas razões" que, por força de nosso discernimento, nos motivam a reconhecer exigências como obrigações morais. Ele efetua a passagem para o plano da teoria da argumentação com a questão: "Que tipos de coisa tornam uma conclusão digna de crédito?".[28]

---

27 Toulmin, *An Examination of the Place of Reason in Ethics*, op. cit., p.64. [Em inglês, no original: "What kind of argument, of reasoning is it proper for us to accept in support of moral decisions?". (N. T.)]

28 Ibid., p.74. [Em inglês, no original: "What kinds of thing make a conclusion worthy of belief?". (N. T.)]

II

As considerações propedêuticas que apresentei até aqui serviram à finalidade de defender a abordagem cognitivista da ética contra as manobras metaéticas desviantes dos céticos em relação a valores e abrir caminho para responder à questão de saber em que sentido e de que modo mandamentos e normas morais podem ser fundamentados. Na parte construtiva de minhas reflexões, pretendo relembrar de início o papel das pretensões de validade normativas na práxis cotidiana com o intuito de explicar de que maneira a pretensão deontológica, vinculada a mandamentos e normas, se diferencia da pretensão de validade assertórica e fundamentar a razão de se recomendar que a teoria moral seja enfrentada na forma de uma investigação de argumentações morais (3). Em seguida, introduzo o princípio de universalização ("U") como o princípio-ponte que torna possível o acordo em argumentações morais, mais precisamente segundo uma versão que exclui a aplicação monológica dessa regra de argumentação (4). Por fim, ao confrontar as reflexões de Tugendhat, pretendo mostrar que fundamentações morais dependem da condução real de argumentações não por razões pragmáticas de equilíbrio de poder, mas por razões internas concernentes à possibilitação de discernimentos morais (5).

(3) A tentativa de fundamentar a ética na forma de uma lógica da argumentação moral só tem perspectiva de êxito se pudermos identificar uma pretensão de validade especial, vinculada a mandamentos e normas, na dimensão em que, de início, os dilemas morais surgem pela primeira vez: no horizonte do mundo da vida, onde também Strawson teve de investigar os fenômenos morais para usar contra os céticos as evidências da linguagem cotidiana. Se aqui, nos contextos da ação comu-

nicativa, ou seja, antes de toda reflexão, já não aparecem pretensões de validade no plural, então não é possível esperar que haja uma diferenciação entre verdade e correção normativa no âmbito da argumentação.

Não quero repetir a análise da ação orientada ao entendimento que empreendi em outro lugar,[29] mas gostaria de relembrar uma ideia fundamental. Denomino comunicativas as interações em que os participantes coordenam em comum acordo seus planos de ação; nisso, o acordo obtido a cada vez se mistura ao reconhecimento intersubjetivo de pretensões de validade. No caso de processos de entendimento explicitados em termos linguísticos, os atores, ao se entenderem uns com os outros sobre algo, erguem com seus atos de fala pretensões de validade, mais precisamente pretensões de verdade, de correção e de veracidade dependendo de estarem ou não se referindo a algo no mundo objetivo (enquanto a totalidade dos estados de coisas existentes), a algo no mundo social comum (enquanto a totalidade das relações interpessoais legitimamente reguladas de um grupo social) ou a algo no próprio mundo subjetivo (enquanto a totalidade de vivências a que se tem acesso privilegiado). Se na ação estratégica um pode *influir* empiricamente sobre o outro com ameaça de sanções ou pela perspectiva de gratificações, *levando* assim ao prosseguimento desejado de uma interação, na ação comunicativa um é *racionalmente motivado* pelo outro a agir em conexão, e isso por força do efeito de vínculo ilocucionário de uma oferta dos atos de fala.

---

29 Habermas, *Theorie des kommunikativen Handeln*, op. cit., v.I, cap.3: Soziales Handeln, Zwecktätigkeit und Kommunikation [Ação social, atividade com respeito a fins e comunicação], p.367 *ss.*

Jürgen Habermas

Um falante poder motivar racionalmente um ouvinte a assumir tal oferta é algo que não se explica a partir da validez do que foi dito, mas da *garantia*, eficaz para a coordenação, que o falante assume de, se necessário, esforçar-se por resgatar a pretensão a ser validada. No caso de pretensões de verdade e de correção, o falante pode resgatar sua garantia de forma discursiva, ou seja, fornecendo razões; no caso de pretensões de veracidade, ele o faz ao apresentar um comportamento consistente. (Alguém pensar o que de fato diz é algo que ele só pode tornar crível pela consequência de seu agir, não pela indicação de razões.) Tão logo o ouvinte se fia na garantia indicada pelo falante, entram em vigor aquelas *obrigatoriedades relevantes para a sequência da interação* que estão contidas no significado do dito. As obrigações relativas à ação no caso de ordens e diretrizes, por exemplo, valem primeiramente para os destinatários; no caso de promessas e anúncios, para o falante; no caso de convenções e contratos, simetricamente para ambos os lados; no caso de recomendações e advertências, assimetricamente para ambos os lados.

Diferentemente desses atos de fala regulativos, o significado dos atos de fala constativos só geram obrigatoriedades se falante e ouvinte entram em acordo sobre apoiar sua ação em interpretações da situação que não contradizem o enunciado aceito como verdadeiro a cada vez. Do significado de atos de fala regulativos seguem-se imediatamente obrigações relativas à ação pelo modo como o falante especifica que seu comportamento não se encontra — ou não caiu — em contradição. Portanto, graças à base de validade da comunicação direcionada ao entendimento, um falante pode, ao assumir a garantia pelo resgate de uma pretensão de validade criticável, motivar um

Consciência moral e ação comunicativa

ouvinte a aceitar a oferta de seu ato de fala e, com isso, dar à continuidade da interação um efeito de acoplamento que assegure a conexão.

Contudo, a verdade proposicional e a correção normativa, ou seja, as duas pretensões de validade que são *resgatáveis em termos discursivos*, e que nos interessam, satisfazem de modo diverso o papel de coordenação da ação. O fato de elas terem um "lugar" diferente na práxis comunicativa cotidiana pode ser comprovado por uma série de assimetrias.

Ao primeiro golpe de vista, as proposições assertóricas empregadas em atos de fala constativos se comportam diante de fatos do mesmo modo que as proposições normativas empregadas em atos de fala regulativos em face de relações interpessoais legitimamente ordenadas. A verdade das proposições significa a existência de estados de coisas do mesmo modo que a correção das ações em relação à satisfação de normas. Em um segundo momento, no entanto, mostram-se diferenças interessantes. Pois atos de fala se comportam em relação a normas de maneira diferente do que diante de estados de coisas. Observemos o caso de normas morais que podem ser formuladas na forma de proposições de dever universais indeterminadas:

(I) Não se deve matar ninguém.
(I') É imperativo não matar ninguém.

Referimo-nos a normas de ação desse tipo com atos de fala regulativos de formas diversas ao dar ordens, fechar contratos, iniciar sessões, fazer advertências, abrir exceções, dar conselhos etc. Todavia, uma norma moral reivindica sentido e validade mesmo independentemente de ter sido anunciada ou reivindicada deste ou daquele modo. Uma norma pode ser

Jürgen Habermas

formulada com a ajuda de uma proposição como (1) sem que essa formulação – por exemplo, o apontamento de uma proposição – *deva* ser compreendida *como* um ato de fala, ou seja, como algo diferente de uma expressão impessoal para a própria norma. Proposições como (1) representam mandamentos aos quais podemos nos referir de maneira *secundária* com atos de fala deste ou daquele modo. Para tanto, falta um equivalente do lado dos fatos. Não existem proposições assertóricas que, passando ao largo dos atos de fala, por assim dizer, pudessem manter uma autonomia da mesma maneira que normas. Para que tais proposições tenham em geral um sentido pragmático, elas *precisam* ser empregadas em um ato de fala. Falta a possibilidade de que proposições descritivas como

(2) O ferro é magnético
(2') É o caso que o ferro é magnético

sejam pronunciadas ou empregadas de modo que, como (1) e (1'), ou seja, sem considerar o papel ilocucionário de certos atos de fala, conservem sua força assertórica.

Essa assimetria se explica pelo fato de que pretensões de verdade residem *apenas* em atos de fala, enquanto pretensões de validade normativas encontram seu lugar antes de tudo em normas e só de *modo derivado* em atos de fala.[30] Se quisermos

---

30 Contudo, poderíamos colocar teorias, na qualidade de sistemas de enunciados de nível superior, ao lado de normas. Porém, questiona-se se teorias podem ser verdadeiras ou falsas no mesmo sentido que descrições, predições e explicações derivadas delas, enquanto normas são tão corretas ou incorretas quanto as ações pelas quais elas são satisfeitas ou violadas.

Consciência moral e ação comunicativa

admitir um modo de falar ontológico, podemos atribuir a assimetria ao fato de que as ordens da sociedade, em relação às quais podemos nos comportar de maneira conforme ou desviante, não são constituídas *isentas de validade* como as ordens da natureza, diante das quais adotamos apenas uma atitude objetivante. A realidade social, à qual nos referimos com atos de fala regulativos, já se encontra *de saída* internamente relacionada com pretensões de validade normativas. Em contrapartida, pretensões de verdade não são imanentes às próprias entidades, mas somente aos atos de fala constativos com os quais, em discursos que constatam fatos, referimo-nos às entidades para reproduzir um estado de coisas.

De um lado, portanto, o mundo das normas, graças às pretensões de validade normativas implícitas nelas, não desfruta da mesma espécie notável de objetividade em relação aos atos de fala regulativos que o mundo dos fatos conserva em relação aos atos de fala constativos. Certamente, fala-se aqui de "objetividade" apenas no sentido da independência do "espírito objetivo". Pois, de outro lado, entidades e fatos são independentes em um sentido totalmente diferente do que atribuímos ao mundo social na atitude conforme a normas. Por exemplo, normas dependem de que sempre se gerem relações interpessoais ordenadas de forma legítima. Elas assumiriam um sentido "utópico" no mau sentido, até perderiam de fato seu sentido, se ao menos não *acrescentássemos* atores e ações que pudessem obedecer ou satisfazer as normas. Em contraposição a isso, somos conceitualmente obrigados a supor que estados de coisas existem mesmo independentemente de serem ou não constatados com a ajuda de proposições verdadeiras.

Jürgen Habermas

Pretensões de validade normativas *fazem* manifestamente *a mediação* da *dependência recíproca* entre a linguagem e o mundo social, dependência ausente na relação entre linguagem e mundo objetivo. A esse entrelaçamento entre pretensões de validade que encontram nas normas o seu lugar e pretensões de validade que erguemos com atos de fala regulativos vincula-se também o *caráter ambíguo da validade deontológica*. Enquanto há uma relação evidente entre estados de coisas existentes e enunciados verdadeiros, a "existência" ou a validade social das normas não implica saber se estas também são válidas. Precisamos distinguir entre o fato social do reconhecimento intersubjetivo e a dignidade atrelada ao reconhecimento de uma norma. Pode haver boas razões para considerar injustificável a pretensão de validade de uma norma socialmente válida; e porque a pretensão de validade de uma norma poderia ser resgatada em termos discursivos, isso não significa que ela também tem de contar com reconhecimento factual. A *imposição* de normas é duplamente codificada porque os motivos para o reconhecimento de pretensões de validade normativas podem recorrer tanto a convicções quanto a sanções, ou a uma combinação de discernimento e coerção. Em regra, o *assentimento* racionalmente motivado se vincula à *aceitação* provocada de maneira empírica por armas ou bens materiais, cujos componentes não são simples de analisar. Mas tais composições são interessantes na medida em que formam um indício de que a *vigência* positivada de normas não basta para assegurar sua validade social *de maneira duradoura*. A imposição duradoura de uma norma *também* depende de saber se em dados contextos tradicionais é possível mobilizar razões para que a pretensão de validade correspondente possa ao menos parecer justificada no círculo de seus destinatários. Se aplicarmos essa ideia a socie-

Consciência moral e ação comunicativa

dades modernas, isso significa que, sem legitimidade, não há lealdade das massas.[31]

Mas se a validade social de uma norma ao longo do tempo também depende de que seja aceita no círculo de seus destinatários, e se esse reconhecimento se apoia, por seu turno, sobre a expectativa de que a pretensão de validade correspondente possa ser resgatada com razões, então entre a "existência" de normas de ação, por um lado, e a fundamentalidade das correspondentes proposições de dever, por outro, há uma conexão para a qual não se encontra paralelo do lado ôntico. Sem dúvida, existe uma relação interna entre a existência de estados de coisas e a verdade de proposições assertóricas correspondentes, porém não entre a existência de estados de coisas e a *expectativa* de um círculo determinado de pessoas de que essas proposições possam ser fundamentadas. Essa circunstância pode explicar por que a questão sobre as condições de validez de juízos morais sugere *imediatamente* a passagem para uma lógica dos discursos práticos, ao passo que a questão sobre as condições de validez de juízos empíricos requer considerações da teoria do conhecimento e da ciência que, de início, são independentes de uma lógica de discursos teóricos.

(4) Não poderei discutir aqui os traços fundamentais de uma teoria da argumentação de que, apoiando-me em Toulmin,[32]

---

31 Cf. Habermas, Legitimationsprobleme im modernen Staat, em *Zur Rekonstruktion des Historischen Materialismus*, p.271 *ss*. Sobre a relação entre fundamentação de normas, vigência e imposição de normas, cf. também Kuhlmann, Ist eine philosophische Letzbegründung von Normen möglich?, *Funkkolleg Ethik*, apost.8, p.32, 1981.

32 Toulmin, *The Uses of Argument*.

tratei em outro lugar.[33] Para o que se segue, pressuporei que a teoria da argumentação tem de ser conduzida na forma de uma "lógica informal", porque um acordo sobre questões teóricas ou prático-morais não pode ser *forçado* nem dedutivamente nem mediante evidências empíricas. Na medida em que argumentos se tornam forçosos em razão de relações lógicas consequentes, eles não põem a descoberto nada de substancialmente novo; e, caso possuam conteúdo substancial, apoiam-se em experiências e necessidades que podem ser diversamente interpretadas à luz de teorias cambiantes com a ajuda de sistemas descritivos cambiantes e, assim, não oferecem nenhum fundamento *último*. No discurso teórico, portanto, o vão entre observações singulares e hipóteses universais é transposto pelos variados cânones da indução. No discurso prático, é preciso um princípio-ponte correspondente.[34] Por isso, todas as investigações sobre a lógica da argumentação moral logo levam à necessidade de introduzir um princípio moral que, na qualidade de regra de argumentação, desempenhe um papel equivalente ao do princípio de indução no discurso das ciências empíricas.

É interessante o modo como autores de diferentes ascendências filosóficas tentam indicar um tal princípio moral sempre com base em princípios aos quais subjaz a mesma ideia. Pois *todas* as éticas cognitivistas se apoiam naquela intuição que Kant enunciou no imperativo categórico. Não estou interessado aqui nas diferentes formulações de Kant, mas sim na ideia

---

33 Habermas, Wahrheitstheorien, em Fahrenbach (org.), *Festschrift für W. Schulz*, p.211 *ss.*; ver também *Theorie des kommunikativen Handelns*, op. cit., v.I, p.44 *ss.*

34 Sobre a lógica dos discursos práticos, cf. McCarthy, *Kritik der Verständigungsverhältnisse*, p.352 *ss.*

Consciência moral e ação comunicativa

subjacente que deve ser levada em conta no caráter impessoal ou universal de mandamentos morais válidos.[35] O princípio moral é compreendido de modo a excluir as normas consideradas inválidas que não poderiam encontrar o assentimento qualificado de todos os possíveis concernidos. Portanto, o princípio-ponte que possibilita o consenso deve garantir que sejam aceitas como válidas apenas as normas que expressem uma *vontade universal*: elas têm de se prestar, como Kant sempre formula, a uma "lei universal". O imperativo categórico pode ser compreendido como um princípio que exige a capacidade de universalização dos *modos de ação* e *máximas* ou dos *interesses* neles considerados (ou seja, incorporados nas normas de ação). Kant pretende eliminar como inválidas todas aquelas normas que "contradizem" essa exigência. Ele "tem em vista aquela contradição que aparece na máxima de um agente quando seu modo de comportamento em geral pode conduzir a um modo de comportamento que não é universal".[36] Contudo, a exigência de consistência, que pode ser deduzida dessa e de semelhantes versões do princípio-ponte, levou a *mal-entendidos formalistas* e a *enfoques de leitura seletivos*.

O princípio de universalização não se esgota absolutamente na exigência de que normas morais precisem ter *a forma* de proposições de dever universais indeterminadas. A forma *gramatical* de proposições normativas que proíbe a referência ou a destinação a determinados grupos ou indivíduos não é condição suficiente para mandamentos morais válidos, já que também podemos emprestar essa forma a mandamentos manifestamente imorais. Em outro aspecto ainda, essa exigência seria

---

35 Wimmer, *Universalisierung in der Ethik*, op. cit., p.174 ss.
36 Patzig, *Tatsachen, Normen, Sätze*, p.162.

excessivamente restritiva, pois pode fazer sentido que também normas de ação não morais, cujo domínio de validade é especificado em termos sociais e espaçotemporais, tornem-se objeto de um discurso prático e se submetam a um teste de universalização (relativizado pelo círculo de seus destinatários).

Outros autores compreendem a exigência de consistência requerida pelo princípio de universalização de maneira não tão formalista. Eles gostariam de evitar aquelas contradições que surgem quando casos iguais são tratados de maneira desigual e casos desiguais são tratados de maneira igual. R. M. Hare dá a essa formulação a forma de um postulado semântico. Tal como na atribuição de predicados descritivos ("– é vermelho"), também na atribuição de predicados normativos ("– é valioso", "– é bom", "– é correto" etc) é possível se comportar *conforme a regras*, empregando a mesma expressão em todos os casos que se igualam segundo os respectivos aspectos relevantes. Se considerarmos os juízos morais, essa exigência de consistência resultará no fato de que cada um, antes de basear seu juízo em determinada norma, deveria examinar se pode querer que qualquer outro, que se encontra em uma situação comparável, reivindique a mesma norma para o seu juízo. Ora, certamente esse ou outros postulados semelhantes só podem se prestar a um princípio moral se puderem ser compreendidos no sentido de garantidor de uma formação imparcial do juízo. Mas o significado de imparcialidade dificilmente pode ser obtido do conceito de emprego consistente da linguagem.

K. Baier[37] e B. Gert[38] se aproximam desse sentido do princípio de universalização ao exigirem que normas morais válidas

---

37 Baier, *The Moral Point of View*.
38 Gert, *The Moral Rules*.

Consciência moral e ação comunicativa

sejam universalmente ensináveis e publicamente defendidas; algo semelhante também vale para M. G. Singer,[39] ao requerer que sejam válidas somente as normas que assegurem tratamento igual. Entretanto, assim como o teste empírico da admissão de possibilidades contraditórias não assegura uma formação imparcial do juízo, tampouco uma norma vale como expressão do interesse comum de todos os possíveis concernidos caso ela pareça aceitável para alguns deles sob a condição de uma aplicação não discriminante. A intuição que se expressa na ideia da capacidade de universalização das máximas denota antes que normas válidas têm de *receber* o reconhecimento por parte de *todos* os concernidos. Logo, não basta que *indivíduos* examinem:

— se podem querer a entrada em vigor de uma norma estrita em consideração às consequências e efeitos colaterais que decorreriam se ela fosse obedecida por todos; ou
— se cada um que se encontrasse na sua situação poderia querer a entrada em vigor de tal norma.

Nos dois casos, a formação do juízo efetua-se relativamente à posição ou à perspectiva de *alguns* concernidos, não de *todos*. Só é imparcial o ponto de vista a partir do qual são capazes de universalização precisamente aquelas normas que, por incorporar reconhecidamente um interesse comum a todos os concernidos, podem contar então com assentimento universal — e, nessa medida, recebem reconhecimento intersubjetivo. Com isso, a formação do juízo imparcial se expressa em um princípio que obriga *cada um* no círculo dos concernidos a adotar

---

39 Singer, *Generalization in Ethics*.

a perspectiva de *todos os outros*. O princípio de universalização deve exigir aquela *troca universal de papéis* que G. H. Mead descreveu como *ideal role-taking* [assunção ideal de papéis] ou *universal discourse* [discurso universal].[40] Assim, toda norma válida tem de satisfazer a condição

— de que as consequências e efeitos colaterais que resultarem (presumivelmente) a cada vez de sua observância *universal* para a satisfação dos interesses de *cada* indivíduo podem ser aceitos por *todos* os concernidos (e preferidos em relação aos efeitos das possibilidades de regulação alternativas conhecidas).[41]

No entanto, não podemos confundir esse princípio de universalização com um princípio no qual já se enuncia a ideia básica de uma ética do discurso. Pois, de acordo com a ética do discurso, uma norma só pode pretender validade se todos

---

40 Mead, Fragments on Ethics, em *Mind, Self, Society*, p.379 *ss.* Sobre isso, cf. Joas, *Praktische Intersubjektivität*, p.120 *ss.*; Habermas, *Theorie des kommunikativen Handelns*, op. cit., v.2, p.141 *ss.*

41 Fazendo referência a Gert (*The Moral Rules*, op. cit., p.72), Nunner levanta a objeção de que "U" não é suficiente para, entre as normas que satisfazem as condições mencionadas, assinalar as normas morais em sentido estrito e excluir outras normas (por exemplo, "Você deve sorrir ao cumprimentar outras pessoas"). Pelo que posso ver, essa objeção é suprimida quando se retém que só podem ser denominadas "morais" aquelas normas que são universalizáveis em sentido estrito, ou seja, não variam em relação ao espaço social e ao tempo histórico. Esse uso da linguagem na teoria moral não coincide com o uso descritivo da linguagem do sociólogo ou do historiador, que também descrevem as regras específicas de uma cultura ou de uma época como regras morais, já que são assim consideradas por seus próprios membros.

Consciência moral e ação comunicativa

os seus possíveis concernidos, *na qualidade de participantes de um discurso prático*, chegarem ao acordo de que essa norma é válida. Esse *princípio da ética do discurso* ("D"), que retomo apoiando-me na fundamentação do *princípio de universalização* ("U"), já pressupõe que a escolha de normas *pode* ser fundamentada. Neste momento, trata-se *desta* pressuposição. Introduzi ("U") como uma regra de argumentação que sempre possibilita o acordo em discursos práticos se as matérias puderem ser reguladas no interesse simétrico de todos os concernidos. Só com a fundamentação desse princípio-ponte poderemos dar o próximo passo rumo à ética do discurso. Contudo, dei a ("U") uma versão que exclui uma aplicação monológica desse princípio; ele regula apenas argumentações entre diferentes participantes e contém até mesmo a perspectiva de argumentações conduzidas de modo real nas quais todos os concernidos são respectivamente admitidos na qualidade de participantes. Nesse aspecto, nosso princípio de universalização se diferencia da conhecida proposta de John Rawls.

Rawls gostaria de ver assegurada a consideração imparcial de todos os interesses coadunados ao colocar o sujeito que julga moralmente em uma posição original fictícia que exclui diferenças de poder, garante liberdades iguais para todos e o mantém desinformado acerca das posições que ele próprio assumiria em uma futura ordem social, por mais organizada que fosse. Assim como Kant, Rawls operacionaliza o ponto de vista imparcial de modo que cada indivíduo possa empreender unicamente por si mesmo a tentativa de justificação de normas fundamentais. Isso também vale para os próprios filósofos morais. De maneira consequente, Rawls compreende a parte material de sua investigação, por exemplo, o desenvolvimento do princípio de utilidade média, não enquanto *contribuição* de um participante da argumentação para a formação discursiva da vontade sobre as instituições básicas de uma sociedade de capitalismo tardio, mas sim como resultado de uma "teoria da justiça", para a qual ele é competente na qualidade de especialista.

Se atualizarmos o papel de coordenação da ação desempenhado pelas pretensões de validade normativas, vê-se, contudo, por que as tarefas que devem ser resolvidas em argumentações morais não podem ser superadas de forma monológica, pois exigem um esforço coletivo. Ao entrar em uma argumentação moral, os participantes dão continuidade à sua ação comunicativa em uma atitude reflexiva com o objetivo de restabelecer um consenso perturbado. Portanto, argumentações morais servem para a solução consensual de conflitos de ação. Conflitos no âmbito de interações guiadas por normas recorrem imediatamente a um acordo normativo que foi perturbado. Por isso, a operação de reparação só pode consistir em assegurar o reconhecimento intersubjetivo de uma pretensão de validade que era de início duvidosa e até então não havia sido problematizada, ou de uma outra que substituiria aquela. Essa espécie de acordo expressa uma *vontade comum*. Porém, se argumentações morais devem produzir essa espécie de acordo, então não basta que um indivíduo reflita se poderia consentir com uma norma. Não basta que todos os indivíduos conduzam primeiro essa reflexão — mais precisamente cada um por si — e depois deixem registrar suas escolhas. É preciso antes uma argumentação "real" em que os concernidos participam cooperativamente. Apenas um processo de entendimento intersubjetivo pode levar a um acordo que é de natureza reflexiva: só assim os participantes podem saber que convenceram uns aos outros a respeito de algo.

Consciência moral e ação comunicativa

Dessa perspectiva, também o imperativo categórico carece de uma reformulação no sentido proposto: "Em vez de prescrever a todos os outros como válida uma máxima que eu quero que seja uma lei universal, tenho de submeter minha máxima a todos os outros para que sua pretensão de validade possa ser discursivamente examinada. O peso se desloca do que todo indivíduo pode sem contradição querer que seja uma lei universal para o que todos querem em concordância reconhecer como norma universal".[42] De fato, a formulação dada do princípio de universalização visa à condução cooperativa da respectiva argumentação. Por um lado, apenas a participação real de cada um dos concernidos pode evitar a interpretação distorcida dos respectivos interesses de uns pela perspectiva dos outros. Nesse sentido pragmático, cada um é a instância última para a avaliação do que realmente está situado no interesse próprio. Por outro lado, porém, a descrição, na qual cada um percebe seus interesses, também precisa continuar acessível à crítica por parte dos outros. Necessidades são interpretadas à luz de valores culturais; e uma vez que tais valores são sempre componentes de uma tradição partilhada intersubjetivamente, a revisão de valores interpretantes das necessidades não é um assunto sobre o qual os indivíduos dispõem de maneira monológica.[43]

(5) *Excurso*. Uma ética do discurso, portanto, ergue-se e desaba com as duas suposições de que: a) pretensões de validade normativas possuem um sentido cognitivo e podem ser tratadas *como* pretensões de verdade; e que b) a fundamentação de nor-

---

42 McCarthy, *Kritik der Verständigungsverhältnisse*, op. cit., p.371.

43 Benhabib, The Methodological Illusions of Modern Political Theory: The Case of Rawls and Habermas, *Neue Hefte für Philosophie*, v.21, p.47 *ss.*, 1982.

mas e mandamentos exige a condução de um discurso real e, *em última instância*, não é possível na forma de uma argumentação simulada de maneira hipotética apenas no espírito. Antes de retomar o conflito entre cognitivistas éticos e céticos, eu gostaria de discutir uma concepção desenvolvida recentemente por Ernst Tugendhat que atravessa essa discussão. Tugendhat se atém, de um lado, à intuição que enunciamos na forma de um princípio de universalização: uma norma só é considerada justificada se for "em igual medida boa" para cada um dos concernidos. E os próprios concernidos têm de constatar em um discurso real se esse é o caso. De outro lado, Tugendhat repele a suposição (a) e rejeita, para a suposição (b), uma interpretação nos termos da ética do discurso. Embora queira evitar conclusões neutras em relação a valores, Tugendhat partilha da suposição cética fundamental segundo a qual a validade deontológica de normas não se deixa compreender em analogia com a validade veritativa de proposições. Mas se a validade deontológica de normas não tem um sentido cognitivo, e sim volitivo, o discurso prático deveria servir também para *algo diferente* da elucidação argumentativa de uma pretensão de validade estrita. Tugendhat compreende o discurso como uma precaução voltada a assegurar mediante regras da comunicação que todos os concernidos tenham oportunidades iguais de participar de uma formação equitativa de compromisso. A necessidade da argumentação resulta das razões de possibilitação da participação, e não do conhecimento. Eu gostaria de, inicialmente, esboçar a problematização a partir da qual Tugendhat desenvolve essa tese.[44]

---

44 No que se segue, refiro-me à terceira das preleções que Tugendhat ministrou em 1981 no contexto das Christian Gauss Lectures: Morality and Communication (manusc.).

Consciência moral e ação comunicativa

A problematização. Tugendhat distingue regras semânticas, que fixam o significado de uma expressão linguística, de regras pragmáticas, que determinam como falante e ouvinte empregam tais expressões de forma comunicativa. Proposições que, como os componentes ilocucionários de nossa linguagem, por exemplo, só podem ser empregadas comunicativamente exigem uma análise pragmática — não importando se entram em uma situação de fala real ou apenas "no espírito". Outras proposições, ao que parece, podem, sem perda de significado, ser despojadas de suas pressuposições pragmáticas e empregadas de forma monológica; elas servem primariamente ao pensamento, e não à comunicação. A esse gênero pertencem proposições assertóricas e intencionais: seu significado pode ser explicitado exaustivamente com a ajuda de uma análise semântica. Em acordo com a tradição que remete a Frege, Tugendhat parte do fato de que a validade veritativa das proposições é um conceito semântico. Segundo essa concepção, a fundamentação de enunciados também é um assunto monológico; se um predicado pode ou não ser atribuído a um objeto é uma questão que todo sujeito capaz de julgar pode decidir unicamente por si mesmo em virtude de regras semânticas. Nesse caso, não é necessária uma argumentação intersubjetivamente organizada, mesmo se de fato conduzíssemos tais argumentações de maneira cooperativa, isto é, na forma de um intercâmbio de argumentos entre vários participantes. Por sua vez, a justificação de normas (ao contrário da fundamentação de proposições) é um assunto *essencialmente* comunicativo, não apenas casual. Se uma norma estrita é em igual medida boa para cada um dos concernidos, trata-se de uma questão que precisa ser decidida segundo regras pragmáticas na forma de um discurso real. Com a justificação de normas, portanto, entra em cena um conceito genuinamente pragmático.

Para a outra análise de Tugendhat, é importante, sobretudo, a suposição de que questões de validade são questões *exclusivamente* semânticas. Sob essa pressuposição, o sentido pragmático da justificação de normas não pode se referir a algo como a "validade" de normas, em todo caso não se essa expressão for compreendida em analogia com a verdade das proposições. Algo *distinto* tem de se ocultar por trás disso: a representação de uma imparcialidade que se relaciona tanto à formação da vontade quanto à formação do juízo.

É problemática nessa abordagem a pressuposição semântica que aqui não posso discutir em pormenor. O conceito semântico de verdade, em geral a tese de que o conflito em torno da validez das proposições só pode ser decidido *in foro interno* segundo regras semânticas, resulta de uma análise que se orienta por proposições predicativas de uma linguagem voltada a coisas e eventos.[45] Esse modelo é inapropriado porque proposições elementares como "Essa bola é vermelha" expõem componentes da comunicação cotidiana cuja verdade normalmente não suscita conflito algum. Temos de procurar exemplos analiticamente frutíferos nos lugares onde irrompem controvérsias substanciais e pretensões de verdade são questionadas de maneira sistemática. Mas se considerarmos a dinâmica do aumento do saber, mesmo o crescimento do saber teórico, e examinarmos como na comunidade de argumentação dos cientistas são fundamentadas, por exemplo, proposições de existência, proposições de condições irreais, proposições com

---

45 Tugendhat, *Einführung in die sprachanalytische Philosophie*.

índice temporal etc., as representações de verificação derivadas da semântica da verdade perdem sua plausibilidade.[46] Precisamente as controvérsias substanciais não podem ser decididas com argumentos baseados na aplicação monológica de regras semânticas; foi essa circunstância, como se sabe, que fez Toulmin se ver forçado a elaborar sua abordagem pragmática de uma teoria da argumentação informal.

O argumento. Quando partimos da pressuposição semanticista mencionada, resulta a questão de por que em geral discursos reais são necessários para a justificação de normas. O que podemos visar com a fundamentação de normas se estão proibidas todas as analogias com a fundamentação de proposições? Razões que entram em discursos práticos, assim responde Tugendhat, são razões em prol da ou contra a intenção, ou a resolução de aceitar um determinado modo de ação. O padrão oferece a fundamentação para uma proposição intencional da primeira pessoa. Tenho boas razões para agir de um determinado modo se isso for do meu interesse ou, se for bom para mim, realizar fins correspondentes. De início, trata-se de questões da ação teleológica "O que eu quero fazer?" e "O que eu posso fazer?", não da questão moral "O que eu devo fazer?". Tugendhat coloca em cena o ponto de vista deontológico ao ampliar a fundamentação das intenções respectivas para a fundamentação da intenção comum da ação de um grupo: "Com qual modo de ação comum queremos nos comprometer?". Ou: "A qual modo de ação queremos nos obrigar?". Com isso, introduz-se um elemento

---

46 Dummett, *What Is a Theory of Meaning?*, em Evans; McDowell (orgs.), *Truth and Meaning*, p.67 *ss.*; Habermas, *Theorie des kommunikativen Handeln*, op. cit., v.I, p.424 *ss.*

pragmático. Pois, se o modo de ação carente de fundamentação é de natureza coletiva, os membros do coletivo têm de chegar a uma resolução *comum*. Eles precisam tentar se convencer reciprocamente que é do interesse de cada um deles que todos ajam assim. Nesse processo, *um apresenta ao outro razões* de por que ele pode querer que um modo de ação se torne socialmente vinculante. Cada concernido tem de poder se convencer de que, sob dadas circunstâncias, a norma proposta é "em igual medida boa" para todos. E denominamos tal processo justamente de discurso prático. Uma norma que entrou em vigor por essa via pode ser considerada "justificada" porque, mediante a resolução obtida de forma argumentativa, está indicado que ela serve ao predicado "em igual medida boa para todos os concernidos".

Ao compreender a justificação de normas nesse sentido, também se esclarece, de acordo com Tugendhat, o significado dos discursos práticos. Pois a questão a ser racionalmente decidida — se um modo de ação atende a cada vez ao interesse próprio — deve, ao final, ser respondida por cada um dos indivíduos: proposições de intenção evidentemente deveriam poder ser fundamentadas de maneira monológica segundo regras semânticas. A título de organização intersubjetiva, a argumentação só é necessária porque, para a definição de um modo de ação coletivo, é preciso coordenar as intenções individuais e, através disso, chegar a uma resolução comum. Mas apenas se a resolução procede de argumentações, ou seja, se for obtida segundo as regras pragmáticas de um discurso, pode a norma deliberada ser considerada justificada. Pois é preciso garantir que todo concernido tenha a oportunidade de dar o seu assentimento de livre vontade. A forma da argumentação deve evitar que alguns possam meramente sugerir ou até mesmo prescre-

Consciência moral e ação comunicativa

ver aos outros o que é bom para eles. Ela deve possibilitar não somente a *imparcialidade do juízo*, mas sobretudo a *não influência sobre a formação da vontade*, isto é, sua autonomia. Nessa medida, as próprias regras do discurso possuem um conteúdo normativo; elas neutralizam os desequilíbrios de poder e cuidam da imposição dos respectivos interesses próprios em igualdade de oportunidades.

Desse modo, a forma da argumentação resulta das necessidades de participação e de *ajuste de poder*:

> Isso me parece então ser a razão por que questões morais, e em particular questões de moralidade política, precisam ser justificadas em um discurso entre todos os concernidos. A razão não consiste, como pensa Habermas, no fato de o processo do raciocínio moral ser inerentemente comunicativo, mas o contrário: uma das regras que resultam do raciocínio moral, que, enquanto tal, pode ser levada a cabo de forma solidária, prescreve que são moralmente justificadas apenas normas legais que foram obtidas mediante acordo entre todos os concernidos. E podemos ver agora que o aspecto irredutivelmente comunicativo não é um fator cognitivo, mas volitivo. É o respeito moralmente obrigatório pela autonomia da vontade de todos os concernidos que torna necessária a exigência de um acordo. (Manusc., 1981, p.10-1)*

---

* Em inglês, no original: "This then seems to me to be the reason why moral questions, and in particular questions of political morality, must be justified in a discourse among those concerned. The reason is not, as Habermas thinks, that the process of moral reasoning is in itself essentially communicative, but it is the other way around: one of the rules which result from moral reasoning, which

Jürgen Habermas

Essa própria concepção moral continua assim sendo insatisfatória caso a pressuposição semântica sobre a qual ela se apoia seja aceita. Pois ela não pode prestar contas sobre aquela intuição que só é renegada com certa dificuldade: a ideia da *imparcialidade*, que éticas cognitivas desenvolvem na forma de princípios de universalização, não pode ser reduzida à ideia de um *equilíbrio de poder*. O teste para saber se o predicado assinalado por Tugendhat "em igual medida bom para todos" pode ser atribuído a uma norma exige a *avaliação* imparcial dos interesses de todos os concernidos. Essa exigência ainda não é satisfeita pela oportunidade igualmente distribuída de *imposição* dos próprios interesses. A imparcialidade da formação do juízo não pode ser *substituída* pela autonomia da formação da vontade. Tugendhat confunde as condições para a obtenção discursiva de um acordo racionalmente motivado com as condições para a negociação de um compromisso equitativo. Em um caso, supõe-se que os concernidos são capazes de *discernir* o que é do interesse comum de todos; no outro caso, toma-se como ponto de partida que de modo algum estão em jogo interesses universalizáveis. No discurso prático, os participantes tentam se esclarecer acerca de um interesse comum; na negociação de um compromisso, eles tentam suscitar um ajuste entre interesses particulares que entram em conflito uns com os outros. Mesmo compromissos se encontram sob condições restritivas, porque supõe-se que

---

as such may be carried through in solidary thinking, prescribes that only such legal norms are morally justified that are arrived at in an agreement by everybody concerned. And we can now see that the irreducibly communicative aspect is not a cognitive but a volitional factor. It is the morally obligatory respect for the autonomy of the will of everybody concerned that makes it necessary to require an agreement". (N. T.)

Consciência moral e ação comunicativa

um ajuste equitativo somente pode ser gerado pela participação em pé de igualdade de todos os concernidos. Porém, tais *princípios* de formação de compromissos deveriam, por sua vez, ser justificados em discursos práticos. Logo, discursos práticos não se encontram submetidos de novo à mesma pretensão de ajuste entre interesses concorrentes.

Tugendhat tem de pagar um preço por assimilar as argumentações aos processos de formação da vontade; ele não pode dar conta da distinção entre a validez [*Gültigkeit*] e a validade social [*soziale Geltung*] de normas:

> Para haver certeza, queremos que o acordo seja um *acordo racional*, um acordo baseado em argumentos e, se possível, em argumentos morais, e ainda assim o decisivo no fim é o *acordo factual*, e não temos direito de o desconsiderar dizendo que ele não foi racional [...]. Aqui temos de fato um ato que é irredutivelmente pragmático, e isso precisamente por não se tratar de um ato da *razão*, mas de um ato da *vontade*, um ato de *escolha* coletiva. O problema com que estamos nos confrontando não é um problema de *justificação*, mas de *participação* no poder, no poder de quem decide o que é ou não é permitido. (Manusc., op. cit., p.11)*

---

* Em inglês, no original: "To be sure we want the agreement to be a *rational agreement*, an agreement based on arguments and if possible on moral arguments, and yet what is finally decisive is the *factual agreement*, and we have no right to disregard it by arguing that it was not rational [...]. Here we do have an act which is irreducibly pragmatic, and this precisely because it is not an act of *reason*, but an act of the *will*, an act of collective *choice*. The problem we are confronted with is not a problem of *justification* but of the *participation* in power, in power of who is to make the decisions about what is permitted and what not". (N. T.)

Jürgen Habermas

Essa consequência não está em uníssono com a intensão de defender o cerne racional de um acordo moral produzido de forma argumentativa. Ela é inconciliável com a tentativa de levar em conta a intuição fundamental segundo a qual no "sim" e "não" dirigidos a normas e mandamentos expressa-se algo distinto do puro arbítrio daquele que se submete ou se opõe a uma pretensão imperativista de poder. A assimilação das pretensões de validade às pretensões de poder tira o chão do próprio empreendimento de Tugendhat de diferenciar normas justificadas e injustificadas. Tugendhat quer reservar as condições de validez a uma análise semântica, separando-as das regras do discurso que devem ser analisadas em termos pragmáticos; mas, com isso, ele reduz o processo intersubjetivamente organizado de justificação a um processo comunicativo contingente e de onde foram removidas todas as referências à validade.

Ao se confundir a dimensão da validez de normas, na qual proponentes e oponentes podem discutir com razões, com a validade social de normas que são factualmente colocadas em vigor, a validade deontológica é privada de seu sentido autônomo. Em sua impressionante análise, Durkheim nos alertou a respeito da falácia genética de atribuir o caráter obrigatório das normas de ação à disposição obediente diante de um poder de mando sancionador. Por isso, Durkheim se interessa pelo caso original do sacrilégio, em geral pelas normas pré-estatais. Pune-se o atentado contra normas porque estas pretendem ter validade em virtude de sua autoridade moral, não porque estão ligadas a sanções que forçam à obediência.[47]

A reinterpretação empirista dos fenômenos morais encontra aqui a sua raiz: a validade normativa é erroneamente assimilada

---

47 Habermas, *Theorie des kommunikativen Handeln*, op. cit., v.2, p.75 *ss.*

Consciência moral e ação comunicativa

a imperativos de poder. Mesmo Tugendhat ainda segue essa estratégia conceitual quando reduz a autoridade de normas justificadas à universalização de imperativos que os concernidos destinam a si mesmos a cada vez na forma de proposições de intenção. Mas, de fato, na validade deontológica se expressa a autoridade de uma vontade *universal partilhada* por todos os concernidos que afastou toda qualidade imperativista e assumiu uma qualidade moral, porque se refere a um interesse universal *discursivamente* constatável, portanto *cognitivamente* apreensível, e que é discernível da perspectiva dos participantes.[48]

Tugendhat priva a validade das normas de seu sentido cognitivo, atendo-se antes à necessidade de justificação das normas. Dessas intenções conflitantes pode-se explicar um interessante *déficit de fundamentação*. Tugendhat parte da questão semântica de como devemos compreender o predicado "em igual medida bom para todos"; por isso, ele precisa fundamentar por que normas que recebem precisamente esse predicado podem ser consideradas justificadas. Como se sabe, "justiça" significa de início apenas que os concernidos têm boas razões para se decidirem por um modo de ação comum; e toda imagem de mundo religiosa ou metafísica se presta como recurso para "boas razões". Por que então só chamaríamos de "boas" aquelas razões que podem ser subordinadas ao predicado "em igual medida bom para todos"? Em termos de estratégia de argumentação, essa questão tem um valor posicional semelhante ao nosso problema já tratado de início, que consiste em saber por que o princípio de universalização seria aceito a título de regra de argumentação.

---

48 Nesse momento, G. H. Mead se atém ao conceito de *generalized other* [outro generalizado]; sobre isso, cf. Habermas, *Theorie des kommunikativen Handeln*, op. cit., v.2, p.61 *ss.*, 141 *ss.*

Jürgen Habermas

Pois bem, Tugendhat recorre a uma situação conhecida por nós, em que imagens de mundo religiosas ou metafísicas perderam sua força de convencimento e passaram a concorrer umas com as outras na qualidade de poderes de crença subjetivados, deixando de garantir, em todo caso, proposições de crença *coletivamente vinculantes*. Nessa situação, um ponto de vista neutro quanto ao conteúdo, como aquele de acordo com o qual todos os concernidos poderiam ter boas razões para adotar um modo de ação comum, é evidentemente superior aos pontos de vista determinados em termos de conteúdo, mas que dependem da tradição:

> Onde as concepções morais dependiam de crenças superiores, essas crenças também consistiam na crença de que algo ser o caso é uma razão para querer se submeter à norma. O que é diferente agora é que temos dois níveis para tais crenças. Há um nível inferior de *crenças pré-morais*, que dizem respeito à questão de o apoio a uma norma ser do interesse do indivíduo A ou do interesse de um indivíduo B etc. Agora, apenas essas crenças empíricas pré-morais estão sendo pressupostas, e a crença moral de que uma norma é justificada se todos puderem concordar com ela não está sendo pressuposta, mas é o resultado do processo comunicativo em que um justifica ao outro um curso comum de ação com base naquelas crenças pré-morais. (Manusc., op. cit., p.17)*

---

* Em inglês, no original: "Where the moral conceptions relied on higher beliefs these beliefs also consisted in the belief that something being the case is a reason for wanting to submit to the norm. What is different now is that we have two levels of such beliefs. There is a lower level of *premoral beliefs* which concern the question whether

Consciência moral e ação comunicativa

É evidente que os participantes da argumentação com orientações axiológicas concorrentes podem chegar a um acordo sobre modos de ação comuns se recorrerem a pontos de vista abstratos, que são neutros em relação a conteúdos duvidosos. Pois, em primeiro lugar, poderia haver *outros* pontos de vista formais que estivessem em um plano de abstração *igual* e oferecessem uma oportunidade *equivalente* de obtenção de acordo. Tugendhat deveria fundamentar por que nós assinalaríamos precisamente o predicado proposto por ele. Em segundo lugar, a preferência por um ponto de vista mais formal, de nível superior, torna-se plausível de início apenas em referência àquela posição inicial contingente, em que reconhecemos nossa situação atual não tão por acaso. Se nos colocássemos em uma outra situação, onde, digamos, uma única religião teria se propagado de maneira universal e adquirido credibilidade, veríamos logo que seria necessária uma *outra espécie de argumentos* para explicar por que normas morais só deveriam ser justificadas com o recurso a princípios universais e procedimentos e não apelando a proposições dogmaticamente abonadas. Para fundamentar a *superioridade de um modo de justificação reflexivo* e das representações pós-tradicionais do direito e da moral desenvolvidas nesse nível, é preciso uma teoria normativa. Porém, justamente nesse ponto Tugendhat interrompe sua cadeia argumentativa.

---

the endorsement of a norm is in the interest of the individual A and whether it is in the interest of an individual B etc. It is now only these premoral empirical beliefs that are being pressupposed, and the moral belief that the norm is justified if everybody can agree to it is not pressupposed but the result of the communicative process of justifying to each other a common course of action on the basis of those premoral beliefs". (N. T.)

Esse déficit de fundamentação só pode ser compensado se não recorrermos ao quadro semântico para explicar o significado de um predicado, mas expressarmos o que se visa com o predicado "em igual medida bom para todos" por meio de uma regra de argumentação para discursos práticos. Assim, é possível tentar fundamentar em geral essa regra de argumentação pela via de uma investigação das pressuposições pragmáticas da argumentação. Desse modo, mostra-se que a ideia de imparcialidade está *enraizada nas próprias* estruturas da argumentação e não é necessário que venha a ser *introduzida* nelas como um conteúdo normativo adicional.

III

Com a introdução do princípio de universalização, deu-se o primeiro passo para a fundamentação de uma ética do discurso. Podemos atualizar o conteúdo sistemático das considerações feitas até agora na forma de um diálogo entre os advogados do cognitivismo e do ceticismo. Na rodada introdutória, tratou-se de abrir os olhos do cético obstinado para o domínio dos *fenômenos morais*. Na segunda rodada, colocou-se em discussão a *capacidade de questões práticas serem verdadeiras*. Vimos que, ao desempenhar o papel do subjetivista ético, o cético pôde colocar em campo boas razões contra o objetivista ético. Certamente, o cognitivista pôde resgatar sua posição na medida em que outorgou aos enunciados normativos apenas uma pretensão de validade análoga à verdade. A terceira rodada foi aberta com a referência realista do cético segundo o qual em questões que envolvem princípios morais com frequência não se chega a um consenso, nem mesmo com boa vontade. Em face desse

Consciência moral e ação comunicativa

fato ceticamente atestado do *pluralismo de orientações axiológicas últimas*, o cognitivista precisa se empenhar em demonstrar um princípio-ponte que torne possível o consenso. Ora, depois que um princípio moral foi proposto, a questão do relativismo cultural passou a dominar a próxima rodada da argumentação. O cético faz a objeção de que o princípio "U" consiste em uma generalização precipitada das intuições morais de nossa própria cultura ocidental, enquanto o cognitivista respondeu a esse desafio com uma fundamentação transcendental de seu princípio moral. Na quinta rodada, o cético tem a chance de fazer uma outra objeção contra *a estratégia de fundamentação da pragmática transcendental*, à qual o cognitivista se contrapôs com uma versão cuidadosa do argumento de Apel. Na sexta rodada, diante dessa fundamentação promissora de uma ética do discurso, o cético pode ainda buscar *refúgio na recusa do discurso*. Veremos, contudo, como ele se move em uma situação desesperada. O tema da sétima e última rodada de discussão é a renovação cética da *reserva* que Hegel faz a Kant *contra o formalismo ético*. Sob esse aspecto, o cognitivista prudente não hesitará em ser complacente com a objeção ponderada de seu oponente.

Se observarmos a forma externa da minha apresentação, eu não segui exatamente o curso ideal das sete rodadas de discussão que acabo de esboçar. Contra as reduções empiristas profundamente arraigadas do conceito de racionalidade e contra a reinterpretação correspondente das experiências morais fundamentais, eu havia ressaltado em termos fenomenológicos (na seção 1) a rede de sentimentos morais e de atitudes que se tornou habitual na práxis cotidiana. Em seguida (na seção 2), discuti tentativas metaéticas de explicação que contestavam a capacidade de questões práticas serem verdadeiras. Essa objeção perdeu seu efeito porque paramos de identificar de maneira errônea pretensões de validade normativas e assertóricas e (na seção 3) mostramos que a verdade proposicional e a correção normativa assumem diferentes papéis pragmáticos na comunicação cotidiana. O cético não se deixou influenciar por tal argumento e renovou sua dúvida no sentido de que também as pretensões de validade específicas, ligadas a mandamentos e normas, não podiam ser fundamentadas. Essa objeção cai por terra quando se permite o princípio de universalização (discutido na seção 4) e é possível demonstrar (como na seção 5) que, no caso desse princípio moral, trata-se de uma regra de argumentação comparável a um princípio de indução e não de um princípio de participação encoberto. Nesse momento do diálogo, o cético exigirá uma fundamentação também para esse princípio-ponte. Contra a objeção da falácia etnocêntrica, eu gostaria (na seção 6 que se segue) de trazer ao jogo a proposta de Apel de uma fundamentação pragmático-transcendental da ética. Modificarei o argumento de Apel (na seção 7) para que eu possa abandonar sem prejuízo a pretensão de uma "fundamentação última". Contra as objeções que o cético ético pode reapresentar a isso, é possível defender (na seção 8) o princípio da ética do discurso de modo a mostrar como argumentações morais estão inseridas nos contextos da ação comunicativa. Essa ligação interna entre moral e eticidade não limita a universalidade das pretensões de validade morais. Contudo, ela impõe aos discursos práticos restrições às quais os discursos teóricos não se submetem do mesmo modo.

(6) A exigência de fundamentação do princípio moral não parece injustificada quando se pondera que Kant, com o imperativo categórico (assim como fizeram os cognitivistas que

Consciência moral e ação comunicativa

o seguiram com suas variações do princípio moral), expressa uma intuição moral cujo alcance é questionável. Certamente, apenas aquelas normas de ação que incorporam os respectivos interesses universalizáveis correspondem às *nossas* representações da justiça. Mas esse *moral point of view* [ponto de vista moral] poderia expressar as representações morais particulares de nossa cultura ocidental. A objeção que Charles Taylor ergue contra a proposta de K. Baier pode ser estendida a todas as formulações do princípio de universalização. Considerando as evidências antropológicas, precisamos admitir que o código moral embutido nas teorias morais kantianas é apenas um entre muitos outros:

> Por mais profundamente que nossa consciência e nossa atitude moral possam ter sido moldadas por ele, temos de reconhecer que outras sociedades na história do mundo foram capazes de funcionar com base em outros códigos. [...] Afirmar que uma pessoa que é membro dessas sociedades e conhece seu código moral ainda assim não possui convicções morais verdadeiras é, ao que me parece, fundamentalmente correto. Mas essa afirmação não pode ser justificada com base no nosso conceito de ponto de vista moral, pois isso consiste em pressupor que o código moral da sociedade liberal do Ocidente é a única moralidade genuína.[49]

---

49 Taylor, The Ethnocentric Fallacy, em *The Monist*, v.47, p.570, 1963. [Em inglês, no original: "However deeply our own conscience and moral outlook may have been shaped by it, we must recognize that other societies in the history of the world have been able to function on the basis of other codes. [...] To claim that a person who is a member of those societies and who knows its moral code, nevertheless does not have true moral convictions is, it seems to

Há uma suspeita fundamentada de que a pretensão de universalidade que cognitivistas éticos criam para o princípio moral privilegiado todas as vezes por eles seja tributária de uma "falácia etnocêntrica". Eles não podem se subtrair da exigência de fundamentação dos céticos.

Ora, por não se contentar simplesmente com um "fato da razão" [*Faktum der Vernunft*], Kant fundamenta o imperativo categórico nos conceitos normativamente substanciais de autonomia e de vontade livre; com isso, ele se expõe à objeção de uma *petitio principii* [petição de princípio]. Todavia, a fundamentação do imperativo categórico está de tal modo entrelaçada com a arquitetônica do sistema kantiano que não seria fácil conseguir defendê-lo a partir de premissas modificadas. Os teóricos morais contemporâneos de maneira alguma oferecem para o princípio moral primeiro uma fundamentação, mas se limitam, como se pode ver, por exemplo, com o conceito de equilíbrio reflexivo (*reflective equilibrium*) de Rawls,[50] a uma reconstrução do saber pré-teórico. Isso também vale para a proposta construtivista de uma linguagem para argumentações morais; pois a introdução de um princípio moral, a qual normaliza a linguagem, tira sua força de convencimento unicamente da explicação conceitual de intuições *encontradas*.[51]

---

me, fundamentally correct. But such a claim cannot be justified on the ground of our concept of the moral point of view for that is to assume that the moral code of liberal western society is the only genuine morality". (N. T.)]

50 Rawls, *Theorie der Gerechtigkeit*, p.38 ss., 68 ss.

51 Lorenzen; Schwemmer, *Konstruktive Logik, Ethik und Wissenschaftstheorie*, p.107 ss.

Não é exagero dizer que, nesse ponto da argumentação, os cognitivistas, por causa da exigência de fundamentação da validez do princípio de universalização, encontram dificuldades.[52] Logo, o cético se sente encorajado a intensificar sua dúvida quanto à possibilidade de fundamentação de uma moral universalista, chegando a considerá-la impossível. Sabe-se que H. Albert assumiu esse papel, com seu *Traktat über kritische Vernunft* [Tratado sobre a razão crítica],[53] ao transpor o modelo de um exame crítico que foi desenvolvido por Popper no campo da teoria da ciência, e que deveria substituir as ideias tradicionais de fundamentação e de justificação, para o campo da filosofia prática. A tentativa de fundamentação de princípios morais universalmente válidos, tal é a tese, enreda os cognitivistas no "trilema de Münchhausen" de ter de escolher entre três alternativas que são em igual medida inaceitáveis: a saber, ou aceitar um regresso ao infinito, ou romper de maneira arbitrária com a cadeia dedutiva ou, por fim, proceder de forma circular. Contudo, esse trilema tem um valor posicional problemático. Ele resulta apenas da pressuposição de um *conceito semântico de fundamentação* que se orienta pela relação dedutiva entre proposições e se apoia somente no conceito de consequência lógica. Essa representação dedutivista de fundamentação claramente é demasiado seletiva para a exposição das relações pragmáticas entre atos de fala argumentativos: princípios de indução e de universalização são introduzidos como regras de argumentação com a finalidade de lançar uma ponte sobre o vão lógico nas

---

52 Wimmer, *Universalisierung in der Ethik*, op. cit., p.358 ss.
53 Albert, *Traktat über kritische Vernunft*.

relações não dedutivas. Por essa razão, não se pode esperar para o próprio princípio-ponte uma fundamentação dedutiva como a permitida só no trilema de Münchhausen.

Desse ponto de vista, K. O. Apel submeteu o falibilismo a uma metacrítica convincente e enfraqueceu a objeção do trilema de Münchhausen.[54] Não preciso discutir essa questão em detalhe. Pois, no contexto da nossa problemática, cabe a Apel, sobretudo, o mérito de ter posto a descoberto a dimensão entrementes soterrada de fundamentação não dedutiva de normas éticas fundamentais. Apel renova o modo de fundamentação transcendental com os meios da pragmática linguística. Para tanto, ele utiliza o conceito de *contradição performativa*, que entra em cena quando um ato de fala constativo "Kp" se apoia em pressuposições não contingentes cujo conteúdo proposicional contradiz o enunciado afirmado "p". Apoiando-se em uma reflexão de Hintikka, Apel ilustra o significado das contradições performativas para a compreensão dos clássicos argumentos da filosofia da consciência a partir do exemplo do *Cogito, ergo sum* [Penso, logo existo]. Se expressamos o juízo de um oponente na forma do ato de fala "Duvido que eu existo", então o argumento de Descartes pode ser reconstruído com a ajuda de uma contradição performativa. Para o enunciado

(I) Eu não existo (aqui e agora)

o falante ergue uma pretensão de verdade; ao mesmo tempo, *na medida em que a exprime*, ele faz uma pressuposição inevitável

---

54 Apel, Das Apriori der Kommunikationsgemeinschaft, em *Transformation der Philosophie*, v.2, p.405 *ss.*

Consciência moral e ação comunicativa

de existência, cujo conteúdo proposicional pode ser expresso no enunciado:

(2) Eu existo (aqui e agora)

(em que, nas duas proposições, o pronome pessoal se refere à mesma pessoa).[55]

De modo análogo, Apel descobre uma contradição performativa na objeção do "falibilista consequente" que no papel do cético ético contesta a possibilidade de fundamentação de princípios morais ao trazer à tona o trilema mencionado. Apel caracteriza esse estágio da discussão mediante uma tese do proponente, a qual se apoia no trilema de Münchhausen ("t") e conclui de "t" que a tentativa de fundamentar a validade universal dos princípios não tem sentido: seria este o princípio do falibilismo. Porém, o oponente se depararia então com uma contradição performativa se o proponente pudesse demonstrar que, ao inserir-se nessa argumentação, aquele teria de contar com certas pressuposições inevitáveis *em cada* jogo argumentativo entregue a exame crítico, fazendo que seu conteúdo proposicional entrasse em contradição com o princípio "f". Isso de fato é o caso, uma vez que o oponente, ao apresentar sua objeção, pressupõe de maneira inevitável a validez ao menos daquelas regras lógicas que não podem ser substituídas quando se deve compreender o argumento apresentado como uma refutação. Mesmo o crítico, quando participa de uma argumentação,

---

55 Id., Das Problem der philosophischen Letztbegründung im Lichte einer transzendentalen Sprachpragmatik, em Kanitscheider (org.), *Sprache und Erkenntnis*, p. 55 ss.

já aceita como válida uma parcela mínima de regras não rejeitáveis da crítica. E essa constatação é incompatível com "f".

Esse debate conduzido dentro do campo crítico-racionalista sobre uma "lógica mínima"[56] interessa a Apel na medida em que enfraquece a afirmação de impossibilidade feita pelo cético. Mas isso não isenta o cognitivista ético do ônus da prova. Pois essa controvérsia também chamou a atenção para o fato de que a regra da contradição performativa a ser evitada pode ser aplicada não apenas em atos de fala ou argumentos individuais, mas no discurso argumentativo em seu todo. Com essa "argumentação em geral", Apel obtém um ponto de referência que é tão fundamental para a análise das regras não rejeitáveis quanto o "eu penso" ou a "consciência em geral" para a filosofia da reflexão. Assim como aquele que se interessa por uma teoria do conhecimento não consegue recuar aquém de seu próprio ato de conhecer (permanecendo preso no caráter autorreferencial do sujeito cognoscente), tampouco aquele que desenvolve uma teoria da argumentação moral pode recuar aquém da situação que é determinada pela sua própria participação em argumentações (exemplificado pelo cético que persegue cada um de seus passos como uma sombra). Para ele, a situação argumentativa é tão "incontornável" quanto o conhecimento para os filósofos transcendentais. O teórico da argumentação é consciente do caráter autorreferencial da sua argumentação do mesmo modo que o teórico do conhecimento em relação ao caráter autorreferencial do seu conhecimento.

---

56 Lenk, Philosophische Logikbegründung und rationaler Kritizismus, *Zeitschrift für Philosophische Forschung*, v.24, p.183 *ss.*, 1970.

Consciência moral e ação comunicativa

Essa atualização significa, simultaneamente, a renúncia dos esforços não auspiciosos de uma fundamentação dedutiva de princípios "últimos" e o retorno à explicação das pressuposições "inevitáveis", ou seja, universais e necessárias. Assim, o teórico moral assume o papel do cético a título de ensaio para demonstrar se o repúdio de um princípio moral proposto cai em contradição performativa com as pressuposições inevitáveis da argumentação moral em geral. Por essa via indireta, ele pode demonstrar ao cético que, ao inserir-se em determinada argumentação com o objetivo de refutar o cognitivismo ético, ele admite pressuposições inevitáveis da argumentação cujo conteúdo proposicional contradiz sua objeção. Apel estiliza essa forma de refutação performativa do cético em um modo de fundamentação que ele descreve como se segue:

> Algo que não consigo refutar sem incorrer em uma auto-contradição performativa real e, ao mesmo tempo, não posso fundamentar de maneira dedutiva sem *petitio principii* [petição de princípio] nos termos da lógica formal pertence àquelas pressuposições pragmático-transcendentais da argumentação que sempre precisamos reconhecer caso devamos conservar o sentido do jogo de linguagem da argumentação.[57]

De acordo com isso, a fundamentação exigida do princípio moral proposto poderia assumir a forma segundo a qual toda argumentação, não importando em quais contextos ela seja conduzida, apoia-se em pressuposições pragmáticas cujo

---

57 Apel, Das Problem der philosophischen Letztbegründung im Lichte einer transzendentalen Sprachpragmatik, op. cit., p.72 *ss*.

Jürgen Habermas

conteúdo proposicional pode ser derivado do princípio de universalização "U".

(7) Depois que me certifiquei da possibilidade de uma fundamentação pragmático-transcendental do princípio moral, gostaria de apresentar o argumento propriamente dito. De início, pretendo indicar algumas condições que os argumentos da pragmática transcendental precisam satisfazer para, em vista desses critérios, avaliar as duas propostas mais conhecidas, a saber, a de R. S. Peters e a de K. O. Apel (a). Em seguida, gostaria de dar uma versão ao argumento da pragmática transcendental que resista às objeções conhecidas (b). Por fim, quero mostrar que essa fundamentação da ética do discurso não pode tomar o lugar de uma fundamentação última, já que não precisa reclamar para si esse *status* (c).

(a) Na Inglaterra, dando seguimento a Collingwood, propagou-se um tipo de análise que corresponde com bastante precisão ao procedimento caracterizado por Apel como pragmático-transcendental. A. J. Watt a denomina *analysis of the presuppositions of a mode of discourse* [análise das pressuposições de um modo de discurso] e descreve sua estrutura da seguinte maneira:

> A estratégia dessa forma de argumento consiste em aceitar a conclusão cética de que esses princípios não estão abertos a nenhum tipo de evidência, sendo pressuposições do raciocínio mais do que conclusões a partir dele, e afirmar que o comprometimento com eles é racionalmente inescapável, porque eles têm de, logicamente, ser presumidos se alguém pretende se engajar em um modo de pensamento essencial para qualquer tipo de vida humana racional. A afirmação não é exatamente que tais princí-

Consciência moral e ação comunicativa

pios são *verdadeiros*, mas que sua adoção não resulta de um mero debate social sobre decisões pessoais livres; é um equívoco repudiá-los enquanto continuamos a usar a forma do pensamento e do discurso em questão.[58]

A influência de Collingwood vem à tona na medida em que a análise das pressuposições é aplicada ao modo como determinadas *questões* são levantadas e tratadas: "Uma justificação pressuposicional mostraria que alguém estaria comprometido com certos princípios ao levantar e considerar uma certa gama de *questões*" (ibid., p.41).*

Esses argumentos visam demonstrar a inevitabilidade das pressuposições de determinados discursos; e princípios morais deveriam poder ser obtidos do conteúdo proposicional de tais pressuposições. O peso desse argumento aumenta quanto mais universal for o tipo de discurso cujas pressuposições norma-

---

58 Watt, Transcendental Arguments and Moral Principles, op. cit. [Em inglês, no original: "The strategy of this form of argument is to accept the sceptical conclusion that these principles are not open to any proof, being presuppositions of reasoning rather than conclusions from it, but to go on to argue that commitment to them is rationally inescapable, because they must, logically, be assumed if one is to engage in a mode of thought essential to any rational human life. The claim is not exactly that the principles are *true*, but that their adoption is not a result of mere social conversation on free personal decision: that a mistake is involved in repudiating them while continuing to use the form of thought and discourse in question". (N. T.)]

* Em inglês, no original: "A presuppositional justification would show that one was committed to certain principles by raising and considering a certain range of *questions*". (N. T.)

tivamente substanciais podem ser demonstradas. Em rigor, os argumentos só poderiam ser chamados "transcendentais" se se dirigissem a discursos ou a competências correspondentes que, por serem universais, não podem ser substituídos por equivalentes funcionais; eles devem ser constituídos de tal modo a só poderem ser substituídos pelos mesmos tipos de discursos ou competências. Portanto, é importante especificar com precisão o domínio de objetos ao qual o procedimento de análise das pressuposições deve ser aplicado.

Por outro lado, a delimitação do domínio de objetos não prejudica previamente o conteúdo normativo de suas pressuposições; caso contrário, culparíamos alguém por incorrer em uma *petitio principii* [petição de princípio] evitável. R. S. Peters quer satisfazer ambas as condições. Ele se restringe aos discursos práticos, ou seja, àqueles processos de entendimento que servem para responder a questões práticas do tipo "O que eu devo/nós devemos fazer?". Com isso, Peters pretende discriminar uma ordem autossubstitutiva e, ao mesmo tempo, evitar pré-decisões normativas ao delimitar os discursos práticos:

> É sempre possível produzir argumentos *ad hominem* que apontem o que ele de fato diz. Mas tais argumentos estão fadados a ser muito contingentes, dependendo das idiossincrasias privadas, e obviamente seriam pouco úteis no desenvolvimento de uma teoria ética geral. Muito mais importantes são os argumentos que apontam para o que todo indivíduo *tem de* pressupor na medida em que usa uma forma pública de discurso ao discutir seriamente com os outros ou com ele mesmo sobre o que ele deve fazer. De maneira similar, é possível perguntar sobre as pressuposições do uso do discurso científico. Esses argumentos não visariam

Consciência moral e ação comunicativa

se intrometer em idiossincrasias individuais, mas sim investigar pressuposições públicas.[59]

Apenas tais pressuposições *públicas* são equiparáveis às condições transcendentais que Kant havia indicado em sua análise; só para elas vale o caráter inevitável das pressuposições de discursos não substituíveis e, nesse sentido, universais.[60]

---

59 Peters, *Ethics and Education*, p.114 *ss*. [Em inglês, no original: "It is always possible to produce *ad hominem* arguments pointing out what he actually says. But these are bound to be very contingent, depending upon private idiosyncrasies, and would obviously be of little use in developing a general ethical theory. Of far more importance are arguments pointing to what any individual *must* presuppose in so far as he uses a public form of discourse in seriously discussing with others or with himself what he ought to do. In a similar way one might inquire into the presuppositions of using scientific discourse. These arguments would be concerned not with prying into individual idiosyncrasies but with probing public presuppositions". (N. T.)]

60 O próprio Peters se refere a isso: "Se fosse possível mostrar que certos princípios são necessários para que uma forma de discurso tenha sentido, seja aplicada ou vise a um objetivo, isso seria um argumento muito forte para a justificação dos princípios em questão. Eles mostrariam com o que todos devem estar comprometidos ao empregá-los seriamente. Evidentemente, qualquer um poderia dizer que não está tão comprometido assim porque não usa essa forma de discurso ou porque desistirá dela agora que percebeu suas pressuposições. Essa seria uma posição bem plausível de se adotar em relação, por exemplo, ao discurso da feitiçaria ou da astrologia, pois os indivíduos não são necessariamente iniciados nelas em nossa sociedade, e pensar e falar dessa forma ou não fica a critério deles. Muitos, talvez de maneira equivocada, desistiram de usar uma linguagem religiosa, por exemplo, porque foram levados a ver que seu uso os compromete, por exemplo, a dizer coisas que ale-

Jürgen Habermas

Ora, Peters tenta derivar das pressuposições de discursos práticos determinadas normas fundamentais: primeiro, um princípio de equidade ("Todas as demandas das pessoas deveriam ser igualmente consideradas"),* depois princípios concretos, como o da liberdade de opinião. Contudo, Peters faz considerações *ad hoc* em vez de identificar uma depois da outra as pressuposições relevantes de discursos práticos e submeter seu conteúdo a uma análise sistemática. De modo algum con-

---

gam ser verdadeiras mas cujas condições de verdade nunca poderão ser produzidas. Entretanto, essa seria uma posição muito difícil de ser adotada em relação ao discurso moral, pois isso implicaria uma recusa resoluta a falar ou pensar sobre o que deve ser feito". [Em inglês, no original: "If it could be shown that certain principles are necessary for a form of discourse to have meaning, to be applied or to have point, then this would be a very strong argument for the justification of the principles in question. They would show what anyone must be committed to who uses it seriously. Of course, it would be open for anyone to say that he is not so committed because he does not use this form of discourse or because he will give it up now that he realizes its presuppositions. This would be quite a feasible position to adopt in relation, for instance, to the discourse of witchcraft or astrology; for individuals are not necessarily initiated into it in our society, and they can exercise their discretion about whether they think and talk in this way or not. Many have, perhaps mistakenly, given up using religious language, for instance, because they have been brought to see that its use commits them to, e.g., saying things which purport to be true for which the truth conditions can never be produced. But it would be a very difficult position to adopt in relation to moral discourse. For it would entail a resolute refusal to talk or think about what ought to be done" (ibid., p.115-6). (N. T.)]

* Em inglês, no original: "all people's claims should be equally considered". (N. T.)

Consciência moral e ação comunicativa

sidero inúteis as análises de Peters; porém, na forma como foram conduzidas, elas se expõem a duas objeções.

A *primeira objeção* varia a censura da *petitio principii* [petição de princípio]; ela assinala que Peters se limita a extrair aquele conteúdo normativo das pressuposições do discurso que ele previamente havia introduzido na definição implícita do que gostaria de ver compreendido como discurso prático. Essa objeção pode ser feita, por exemplo, contra a derivação semântica do princípio de tratamento igual.[61]

Apel tenta responder a essa objeção ao não limitar a análise das pressuposições à argumentação *moral*, mas aplicá-la às condições de possibilidade do discurso argumentativo *em geral*. Ele pretende mostrar que todo sujeito capaz de fala e ação, logo que entra em alguma argumentação para examinar criticamente uma pretensão de validade hipotética, tem de aceitar pressuposições dotadas de teor normativo. Com essa estratégia argumentativa, ele atinge também o cético que insiste no tratamento metaético de questões da teoria moral e se recusa consequentemente a entrar em argumentações *morais*. Apel quer tornar esse cético consciente de que, com sua primeira objeção e com sua primeira defesa, ele já se inseriu em um jogo de argumentação e, desse modo, aceitou pressuposições com as quais se enreda em contradições performativas. Peters também se serve ocasionalmente dessa versão mais radical, por exemplo na fundamentação do princípio de liberdade de opinião:

O argumento não precisa estar baseado simplesmente no interesse manifesto de alguém que com seriedade pergunta "O que

---

61 Ibid., p.121.

Jürgen Habermas

eu devo fazer?", pois o princípio de liberdade, ao menos na esfera da opinião, é, sem dúvida, um (pressuposto geral dessa forma de) discurso em que todo ser racional é iniciado quando laboriosamente aprende a usar a razão. Nos assuntos em que a razão é primordial, o argumento, e não a força ou a compreensão interna, é decisivo. As condições do argumento incluem deixar qualquer ser racional contribuir com uma discussão pública.[62]

Diante de tais argumentos, no entanto, impõe-se uma *segunda objeção* que não é tão fácil de ser invalidada. Parece óbvio que a liberdade de opinião, no sentido de uma proteção contra interferências externas no processo de formação da opinião, pertence às pressuposições pragmáticas inevitáveis de toda argumentação; com isso, o cético pode vir a perceber que já tem de reconhecer um correspondente "princípio de liberdade de opinião" na qualidade de *participante da argumentação*. Esse argumento não tem alcance suficiente para também convencê-lo na qualidade de *ator*. A validade de uma norma de ação, por exemplo, de um direito fundamental sancionado pelo Estado à livre expressão da opinião não pode ser fundamentada desse modo. Pois não é evidente por si mesmo que regras consi-

---

62 Ibid., p.181. [Em inglês, no original: "The argument need not be based simply on the manifest interest of anyone who seriously asks the question 'What ought I to do?'. For the principle of liberty, at least in the sphere of opinion, is also surely a (general presupposition of this form of) discourse into which any rational being is initiated when he laboriously learns to reason. In matters where reason is paramount it is argument rather than force or inner illumination that is decisive. The conditions of argument include letting any rational being contribute to a public discussion". (N. T.)]

Consciência moral e ação comunicativa

deradas inevitáveis *no interior* de discursos possam pretender validade também para a regulação de ações *fora* das argumentações. Mesmo se os participantes da argumentação fossem obrigados a aceitar pressuposições dotadas de teor normativo (por exemplo, respeitando-se reciprocamente como sujeitos responsáveis, tratando-se como parceiros em pé de igualdade, supondo veracidade uns em relação aos outros e interagindo de maneira cooperativa entre si),[63] ainda assim eles poderiam se livrar dessa coação pragmático-transcendental tão logo deixassem o círculo da argumentação. Aquela coação não converte imediatamente discurso em ação. Todavia, a força *reguladora da ação*, que está inscrita no conteúdo normativo desvendado nas pressuposições pragmáticas da *argumentação*, carecia de uma fundamentação especial.[64]

Uma tal conversão não pode ser demonstrada como pretendem Peters e Apel ao tentarem derivar normas éticas fundamentais *imediatamente* das pressuposições da argumentação. Normas fundamentais do direito e da moral em geral não caem na jurisdição da teoria moral; elas precisam ser consideradas como conteúdos que carecem de fundamentação em discursos práticos. Na medida em que mudam as circunstâncias históricas, cada época lança sua própria luz sobre as representações básicas das práticas morais. Contudo, em tais discursos sempre fazemos uso de regras de argumentação normativamente dotadas

---

63 Kuhlmann, Ist eine philosophische Letztbegründung von Normen möglich?, op. cit., p.64 *ss*.

64 Com isso, revejo afirmações anteriores. Cf. Habermas; Luhmann, *Theorie der Gesellschaft oder Sozialtechnologie*, p.136 *ss*. De maneira análoga, cf. Apel, Das Apriori der Kommunikationsgemeinschaft, op. cit., p.424 *ss*.

de conteúdo; e *essas* regras podem ser derivadas nos termos de uma pragmática transcendental.

(b) Portanto, temos de retornar ao problema da fundamentação do princípio de universalização. O papel que pode ser assumido pelo argumento pragmático-transcendental deixa-se descrever agora na medida em que, com sua ajuda, demonstraríamos *de que maneira o princípio de universalização, funcionando como regra de argumentação, está implícito nas pressuposições da argumentação em geral*. Essa exigência está satisfeita se for possível mostrar que

— qualquer um que aceitar as pressuposições comunicativas universais e necessárias dos discursos argumentativos e souber o que significa justificar uma norma de ação tem de supor implicitamente a validez do princípio de universalização (seja na versão oferecida anteriormente ou em alguma outra versão equivalente).

Recomenda-se (a partir dos pontos de vista do cânone aristotélico) diferenciar três âmbitos de pressuposições da argumentação: pressuposições no âmbito lógico dos produtos, no âmbito dialético dos procedimentos e no âmbito retórico dos processos.[65] De início, argumentações são orientadas a *produzir* argumentos válidos que são convincentes em virtude de propriedades intrínsecas e com os quais pretensões de validade são resgatadas ou repelidas. Nesse âmbito se encontram, por exemplo, as regras de uma lógica mínima que foram discutidas na escola de Popper ou aquelas exigências de consistência

---

65 Burleson, On the Foundation of Rationality, *Journal of the American Forensic Association*, v.16, p.112 *ss.*, 1979.

Consciência moral e ação comunicativa

indicadas, entre outros, por Hare. Para simplificar, atenho-me ao catálogo de pressuposições argumentativas proposto por R. Alexy.[66] Para o âmbito lógico, podem valer como *exemplos* as seguintes regras:[67]

(1.1) A nenhum falante é permitido se contradizer.

(1.2) Todo falante que aplicar um predicado "F" a um objeto "*a*" tem de estar disposto a aplicar "F" a qualquer outro objeto que se compare a "*a*" em todos os aspectos relevantes.

(1.3) Não é permitido a diferentes falantes empregar a mesma expressão com significados diferentes.

Nesse âmbito, são pressupostas regras lógicas e semânticas que não possuem conteúdo ético. Elas não oferecem um ponto de partida apropriado para o argumento pragmático-transcendental procurado.

De pontos de vista *procedimentais*, as argumentações aparecem, em seguida, como processos de entendimento que são regulados de tal modo que proponentes e oponentes podem, em atitude hipotética e desonerados da pressão da ação e da experiência, examinar pretensões de validade tornadas problemáticas. Nesse âmbito se encontram pressuposições pragmáticas de uma forma especial de interação, a saber, tudo o que é necessário para uma busca cooperativa da verdade organizada como disputa: por exemplo, o reconhecimento da imputabilidade e da sinceridade de todos os participantes. Também fazem

---

66 Alexy, Eine Theorie des praktischen Diskurses, em Oelmüller (org.), *Transzendentalphilosophische Normenbegründungen*.

67 Ibid., p.37 — numeração modificada.

Jürgen Habermas

parte disso regras universais de competência e relevância para a distribuição do ônus da argumentação, para a ordem dos temas e das contribuições etc.[68] Do catálogo de regras especificado por Alexy, tomo como *exemplos*:

(2.1) A todo falante só é permitido afirmar aquilo em que ele mesmo acredita.

(2.2) Quem atacar um enunciado ou uma norma que não é objeto de discussão vê-se obrigado a apresentar uma razão para fazer isso.

Algumas dessas regras evidentemente possuem um conteúdo ético. Nesse âmbito, impõem-se pressuposições que o discurso partilha em geral com a ação orientada ao entendimento, por exemplo, relações de reconhecimento recíproco.

Porém, isso significaria dar o segundo passo antes do primeiro caso recorrêssemos imediatamente aos fundamentos da argumentação nos termos de uma teoria da ação. No entanto, as pressuposições para uma disputa sem reservas acerca do melhor argumento são relevantes na medida em que, considerando nosso propósito, tais pressuposições são incompatíveis com éticas tradicionais, as quais precisam subtrair de toda crítica o cerne dogmático de convicções fundamentais.

Por fim, sob aspectos *processuais*, o discurso argumentativo se apresenta como processo de comunicação que, tendo em conta o objetivo de um acordo racionalmente motivado, precisa sa-

---

68 Na medida em que essas regras são de natureza especial e, em geral, não podem ser obtidas do sentido de uma disputa acerca dos melhores argumentos, trata-se de precauções *institucionais* que se encontram em um *outro* âmbito (como veremos adiante).

Consciência moral e ação comunicativa

tisfazer condições improváveis. Nos discursos argumentativos mostram-se estruturas de uma situação de fala que é imunizada de modo particular contra a repressão e a desigualdade: elas se apresentam como uma forma de comunicação que se aproxima o suficiente de condições ideais. Por essa razão, em outro momento tentei descrever as pressuposições da argumentação como determinações de uma situação ideal de fala;[69] e a presente contribuição é retratada como "esboço" sobretudo porque aqui não posso oferecer a precisão, a elaboração e a revisão inadiáveis daquelas minhas análises. Mas ainda continua me parecendo correta a intenção de reconstruir aquelas condições universais de simetria que todo falante competente tem de pressupor como sendo suficientemente satisfeitas quando pensa afinal entrar em uma argumentação. Pela via de uma investigação sistemática das contradições performativas, é possível demonstrar a pressuposição de algo como uma "comunidade de comunicação ilimitada" – Apel desenvolve essa ideia apoiando-se em Peirce e Mead. Os participantes da argumentação não podem evitar a pressuposição de que a estrutura de sua comunicação, em razão de critérios a serem formalmente descritos, exclui toda coerção que interfira de fora no processo de entendimento ou que provenha dele mesmo, a não ser aquela do melhor argumento, neutralizando assim também todos os motivos fora o da busca cooperativa da verdade. Em continuação às minhas análises, Alexy propôs as seguintes regras do discurso:[70]

---

69 Habermas, Wahrheitstheorien, op. cit., p.211 *ss.*
70 Alexy, Eine Theorie des praktischen Diskurses, op. cit., p.40-1.

(3.1) É permitido a todo sujeito capaz de fala e ação participar dos discursos.

(3.2) a. É permitido a qualquer um problematizar toda e qualquer afirmação.

b. É permitido a qualquer um introduzir no discurso toda e qualquer afirmação.

c. Qualquer um pode manifestar suas atitudes, desejos e necessidades.[71]

(3.3) Não é permitido impedir falante algum, por coerção exercida dentro ou fora do discurso, de zelar por seus direitos definidos em (3.1) e (3.2).

Alguns esclarecimentos adicionais. A regra (3.1) determina o círculo dos participantes potenciais no sentido de uma inclusão de todos os sujeitos, sem exceção, que dispõem da capacidade de participar de argumentações. A regra (3.2) assegura a todos os participantes iguais oportunidades de contribuir com a argumentação e fazer valer seus próprios argumentos. A regra (3.3) exige condições de comunicação sob as quais tanto o direito ao acesso universal quanto o direito à participação igual no discurso podem ser observados (de maneira *simétrica*, portanto) sem repressão encoberta ou mesmo sutil.

Ora, se não se trata apenas de uma descrição definidora de uma forma ideal de comunicação, que na verdade prejudicaria todo o resto, é preciso mostrar que as regras do discurso não constituem simplesmente *convenções*, mas pressuposições inevitáveis.

---

71 Evidentemente, essa pressuposição *não* é relevante para discursos teóricos, em que só pretensões de validade assertóricas são examinadas; todavia, ela pertence às pressuposições pragmáticas da argumentação em geral.

Consciência moral e ação comunicativa

As próprias pressuposições só podem ser identificadas na medida em que aquele que contesta as reconstruções oferecidas inicialmente de maneira hipotética passa a ver como ele mesmo se enreda em contradições performativas. Ao fazer isso, temos de apelar à pré-compreensão intuitiva com a qual todo sujeito capaz de fala e ação entra em argumentações. Neste ponto só consigo mostrar de maneira exemplificada como tal análise poderia ser conduzida.

A seguinte proposição

(1) Eu finalmente convenci H com boas razões que p

deixa-se compreender enquanto relato sobre a conclusão de um discurso em que o falante motivou com boas razões um ouvinte a aceitar uma pretensão de verdade vinculada à afirmação "p", ou seja, a tomar "p" por verdadeira. Pertence universalmente ao significado da expressão "convencer" que um sujeito manifeste sua opinião com base em boas razões. Por isso, a proposição

(1)* Eu finalmente convenci H com uma mentira que p

é paradoxal. Ela poderia ser corrigida em outro sentido:

(2) Eu finalmente persuadi H com ajuda de uma mentira a acreditar (eu o fiz acreditar) que p.

Se não nos contentarmos com a referência lexical do significado de "convencer", mas quisermos explicar *por que* (1)* é um paradoxo semântico que pode ser solucionado por (2), é possível partir da relação interna que existe entre as duas expressões "convencer alguém de algo" e "obter um acordo fundamentado a respeito de algo". Convicções se baseiam *em última instância* em um consenso suscitado discursivamente. Mas assim (1)*

Jürgen Habermas

significa que *H* deveria formar sua convicção sob condições nas quais não se podem formar convicções. Pois essas contradizem pressuposições pragmáticas da argumentação em geral, nesse caso a regra (2.1). O fato de que essa pressuposição não se aplique apenas aqui e ali, mas a toda argumentação de maneira inevitável, permite mostrar, ademais, que um proponente que se comprometeu a defender a verdade de (1)* acaba percebendo que está se enredando em uma *contradição performativa*. Na medida em que o proponente arrola alguma razão para a verdade de (1)*, entrando, com isso, em uma argumentação, ele aceitou, entre outras coisas, o pressuposto de que nunca poderia *convencer* o oponente com ajuda de uma mentira, mas apenas *persuadi-lo* de tomar algo por verdadeiro. Porém, nesse caso, o conteúdo da afirmação a ser fundamentada contradiz uma das pressuposições sob as quais o proferimento do proponente pode contar unicamente como uma fundamentação.

De modo análogo, contradições performativas se deixariam demonstrar para proferimentos de um proponente que gostaria de fundamentar a seguinte proposição:

> (3)* Uma vez que havíamos excluído *A, B, C...* da discussão (ou os havíamos feito calar ou impingimos sobre eles nossa interpretação), pudemos finalmente nos convencer de que *N* está correto

em que *A, B, C...* a) pertencem ao círculo daqueles que seriam *atingidos* pela vigência da norma *N*; e b) em nenhum aspecto relevante se diferenciam *na qualidade de participantes da argumentação* dos demais participantes. Em toda tentativa de *fundamentar* (3)*, o proponente cairia em contradição com as pressuposições da argumentação expostas de (3.1) a (3.3).

Consciência moral e ação comunicativa

Contudo, a forma de regras em que Alexy expõe essas pressuposições sugere o mal-entendido como se todos os discursos executados de modo efetivo pudessem satisfazer essas regras. É evidente que em muitos casos isso não acontece, e em todos os casos temos de nos contentar com aproximações. De início, o mal-entendido pode estar vinculado à ambiguidade da palavra "regra". Pois regras do discurso, no sentido de Alexy, não são *constitutivas* para discursos no mesmo sentido que, por exemplo, regras de xadrez para os jogos de xadrez efetivamente executados. Enquanto regras de xadrez *determinam* uma práxis de jogo factual, regras do discurso são apenas uma forma de *apresentação* de pressuposições tacitamente efetuadas e intuitivamente sabidas de uma práxis discursiva bem-sucedida. Se se quiser equiparar a sério a argumentação com a práxis do jogo de xadrez, como equivalente para as regras do jogo de xadrez oferecem-se de preferência aquelas regras de acordo com as quais argumentos individuais são construídos e trocados. Essas regras precisam *de fato* ser obedecidas para que seja gerada uma práxis argumentativa isenta de erros. Em contrapartida, as regras do discurso de (3.1) a (3.3) significam apenas que os participantes da argumentação têm de *supor* uma satisfação aproximada, e aceitável para os fins da argumentação, das referidas condições, não importando se ou em que medida essa suposição, dado o caso, possui ou não *caráter contrafactual*.

Ora, uma vez que discursos estão sujeitos às restrições de espaço e tempo e se realizam em contextos sociais; já que os participantes da argumentação não possuem um caráter inteligível, movendo-se também a partir de outros motivos que não o único admissível da busca cooperativa da verdade; uma vez que é preciso ordenar temas e contribuições, regular início, término e retomada das discussões, garantir aspectos relevantes e avaliar competências, são necessárias então *precauções institucionais* para neutralizar restrições empíricas inevitáveis e influências externas e internas consideradas evitáveis, de sorte que as condições idealizadas pressupostas pelos participantes da argumentação possam ao menos ser cumpridas de forma satisfatoriamente aproximada. Essas necessidades triviais de *institucionalização de discursos* de modo algum contradizem o conteúdo em parte contrafactual das pressuposições do discurso. Antes, as tentativas de institucionalização obedecem, por sua vez, a objetivos normativos que extraímos *involuntariamente* da pré-compreensão intuitiva da argumentação em geral. Essa afirmação pode ser empiricamente comprovada com base naquelas autorizações, imunizações, regulamentações etc. com ajuda das quais discursos teóricos foram institucionalizados em discursos científicos e discursos práticos, por exemplo, em atividade parlamentar.[72] Se quisermos evitar uma *fallacy of misplaced concreteness* [falácia da concretude deslocada], é preciso distinguir com cuidado regras do discurso e convenções que servem à institucionalização de discursos, ou seja, que consideram o conteúdo ideal das pressuposições da argumentação sob condições empíricas.

Se, depois desses esclarecimentos superficiais e sob reservas de análises mais precisas, aceitarmos as regras que, por enquanto, foram propostas por Alexy, e em vínculo com um conceito fraco de justificação de normas, ou seja, que não apela a prejulgamentos, dispomos então de premissas suficientemente fortes para a derivação de "U".

---

72 Cf. Habermas, Die Utopie des guten Herrschers, em *Kleine Politische Schriften I-IV*, p.318 *ss.*

Consciência moral e ação comunicativa

Se todo aquele que entra em argumentações tem, entre outras coisas, de fazer pressuposições cujo conteúdo pode ser apresentado na forma das regras do discurso de (3.1) a (3.3) e se, além disso, sabemos o que significa discutir em termos hipotéticos se normas de ação devem entrar em vigor; então todo aquele que tenta seriamente resgatar *discursivamente* pretensões de validade normativas aceita de maneira intuitiva as condições procedimentais que correspondem a um reconhecimento implícito de "U". Logo, das regras do discurso mencionadas resulta que uma norma duvidosa só pode encontrar assentimento entre os participantes de um discurso prático se "U" for válido, ou seja,

— se as consequências e efeitos colaterais que resultarem previsivelmente de uma observância *universal* da norma duvidosa para a satisfação dos interesses de *cada um dos indivíduos* puderem ser aceitos *sem coerção* por todos.

Mas ao mostrar como o princípio de universalização pode ser fundamentado pela via de uma derivação pragmático-transcendental dos pressupostos da argumentação, a *própria ética do discurso* pode ser reduzida ao parcimonioso princípio "D", segundo o qual

— só podem pretender validade as normas que encontram (ou poderiam encontrar) o assentimento de todos os concernidos como participantes de um discurso prático.[73]

---

73 Uma formulação um pouco distinta do mesmo princípio se encontra em Kambartel, Moralisches Argumentieren, em *Praktische Philosophie und konstruktive Wissenschaftstheorie*, p.54 ss. Kambartel julga fundamentadas aquelas normas para as quais é possível obter o consentimento

Jürgen Habermas

A fundamentação esboçada da ética do discurso evita confusões no uso da expressão "princípio moral". O único princípio moral é o princípio indicado de universalização, que vale como regra de argumentação e pertence à lógica do discurso prático. "U" precisa ser cuidadosamente diferenciado

— de quaisquer princípios substanciais ou normas fundamentais que podem formar apenas o *objeto* de argumentações morais;
— do conteúdo normativo de pressuposições da argumentação que podem ser explicitadas na forma de regras, como em 3.1 a 3.3;
— de "D", do princípio da ética do discurso, que expressa a noção fundamental de uma teoria moral mas não pertence à lógica da argumentação.

As tentativas feitas até então de fundamentar uma ética do discurso padeceram do fato de que *regras* de argumentação entraram em curto-circuito com os *conteúdos* e *pressuposições* da argumentação — e são confundidas com "princípios morais" enquanto princípios de uma ética filosófica. "D" é a meta que o filósofo procura fundamentar na qualidade de teórico moral. Talvez já possamos dizer que o programa de fundamentação esboçado descreve como *caminho* mais promissor a fundamentação pragmático-transcendental de uma regra de argumentação do-

---

de todos os concernidos em um "discurso racional". A fundamentação depende de um "diálogo racional (ou do projeto de tal diálogo) que conduz ao assentimento de todos os participantes, na medida em que a orientação em questão pode encontrar o assentimento de todos os concernidos em uma situação comunicativa não distorcida simulada para ela" (ibid., p.68).

Consciência moral e ação comunicativa

tada de teor normativo. Ela certamente é seletiva, mas formal; não é compatível com todos os princípios substanciais da moral e do direito, mas, na qualidade de regra de argumentação, ela não prejulga regulações substanciais. Todo conteúdo, por mais que repouse em normas de ação fundamentais, deve depender de discursos reais (ou de discursos efetuados em substituição e conduzidos advocatoriamente). O teórico moral pode participar deles como concernido, dependendo do caso como especialista, porém não pode conduzir esses discursos *por conta própria*. Uma teoria moral, como a teoria da justiça de Rawls, que se estende ao domínio substantivo, tem de ser compreendida como contribuição para um discurso levado a cabo entre cidadãos.

(c) Kambartel caracterizou a fundamentação pragmático-transcendental da ética do discurso como um procedimento no qual o proponente tenta provar a seu oponente, "que pergunta pela fundamentação de um princípio de razão constituído em termos argumentativos, que ele, com seu questionamento corretamente concebido, já se apoia sobre esse próprio princípio".[74] Cabe perguntar qual *status* esse tipo de fundamentação pode pretender. *Um dos lados* rejeita falar, em geral, de fundamentação, uma vez que (como assinala C. F. Gethmann), diferentemente do reconhecimento de algo fundamentado, o reconhecimento de algo pressuposto é sempre hipotético, ou seja, depende de uma colocação de fins previamente aceita. Em contraposição a isso, o pragmático transcendental destaca que a coação a reconhecer como válido o conteúdo proposicional de pressuposições inevitáveis é tão

---

74 Kambartel, Wie ist praktische Philosophie konstruktiv möglich?, em *Praktische Philosophie und konstruktive Wissenschaftstheorie*, op. cit., p.11.

Jürgen Habermas

pouco hipotética quanto são universais os discursos e as competências correspondentes em que são aplicadas as análises das pressuposições. Não podemos proceder de maneira tão arbitrária em relação ao "fim" da argumentação em geral quanto com fins contingentes da ação; esse fim está de tal modo entretecido na forma de vida intersubjetiva de sujeitos capazes de fala e ação que não podemos nem o estabelecer nem o contornar de livre vontade. *O outro lado* carrega a pragmática transcendental com uma pretensão de longo alcance por parte da fundamentação última, uma vez que (como assinala, por exemplo, W. Kuhlmann) esta deve possibilitar uma base absolutamente segura que escapa ao falibilismo do conhecimento empírico, do saber iniludível por excelência:

> O que não se deixa contestar com algum sentido – sem auto-contradição – porque tem de pressupor uma argumentação dotada de sentido e o que, pelas mesmas razões, também não se deixa fundamentar com algum sentido sem derivação – sem *petitio principii* – isso é uma *base segura, que não pode ser abalada por nada*. Na qualidade de argumentadores, nós já sempre reconhecemos necessariamente os enunciados e as regras pertencentes a essas pressuposições e não estamos em condições de, colocando-as em dúvida, retroceder aquém delas, seja para contestar sua validade, seja para aduzir razões para sua validade.[75]

Sobre isso, é preciso dizer que o tipo de argumento caracterizado por H. Lenk como *petitio tollendi* [petição de supressão] só é adequado para demonstrar a *não rejeitabilidade* de determi-

---

75 Kuhlmann, Ist eine philosophische Letztbegründung von Normen möglich?, op. cit., p.57.

Consciência moral e ação comunicativa

nadas condições ou regras; com sua ajuda, pode-se mostrar a um oponente que ele assume performativamente uma pretensão a ser superada.

A demonstração de contradições performativas é apropriada para a identificação de regras sem as quais o jogo de argumentação não funciona: não existem equivalentes para elas caso se queira em geral argumentar. Com isso, mostra-se a *ausência de alternativas* dessas regras para a práxis argumentativa, sem que esta mesma fosse *fundamentada*. Certamente, os participantes precisam já ter reconhecido essas regras como um fato da razão unicamente porque se envolveram em uma argumentação. Mas uma dedução transcendental no sentido de Kant não pode ser efetuada com esses meios argumentativos. Para a investigação pragmático-transcendental das pressuposições da argumentação empreendida por Apel vale o mesmo que para a investigação semântico-transcendental das pressuposições dos juízos empíricos de Strawson:

> O sistema conceitual que subjaz à nossa experiência se deve à nossa necessidade de ausência de alternativas. Mostra-se assim que qualquer tentativa de desenvolver um sistema conceitual alternativo malogra, já que este reivindica elementos estruturais do sistema concorrente e que deve ser substituído [...] Na medida em que o método de Strawson se dirige desse modo para as relações de implicação imanentes aos conceitos, então não há possibilidade de um sistema conceitual se justificar *a priori*, uma vez que, em princípio, tem de permanecer em aberto se os sujeitos cognoscentes não vão mudar alguma vez o modo como pensam o mundo.[76]

---

76 Schönrich, *Kategorien und Transzendentale Argumentation*, p.196-7.

Jürgen Habermas

Schönrich se volta de maneira provocativa contra uma sobrecarga dessa *forma fraca de análise transcendental* com a seguinte observação: "Desse modo, a aceitação pelo cético de uma relação de implicação conceitual determinada não pode pretender nada mais do que uma validade quase empírica".[77]

Contudo, o fato de Apel se ater obstinadamente à pretensão de fundamentação última da pragmática transcendental explica-se, como presumo, por um retorno inconsequente a figuras de pensamento que ele mesmo criticou com a mudança de paradigma energicamente empreendida da filosofia da consciência para a filosofia da linguagem. Não é por acaso que, no interessante ensaio sobre o *a priori* da comunidade de comunicação, ele lembre de Fichte, que, "por meio da efetuação conjunta e da reconstituição lúcidas", "gostaria de dissolver" progressivamente o fato da razão "em sua mera facticidade".[78]

---

77 Ibid., p.200.

78 Apel, Das Apriori der Kommunikationsgemeinschaft, op. cit., v.2, p.419. "Nosso caminho consiste quase sempre em que a) efetuamos algo, nessa efetuação guiados, sem dúvida, por uma lei da razão imediatamente ativa em nós. – O que verdadeiramente somos nesse caso, em nosso próprio e mais alto ápice, e onde nos esgotamos, isso ainda é a facticidade. – Que, em seguida, b) nós próprios investigamos e desvendamos a lei que nos guiava de forma mecânica precisamente nesse primeiro efetuar; portanto, o que antes havia sido imediatamente discernido, discernimos de maneira mediada a partir do princípio e da razão de seu ser assim, ou seja, penetramos na gênese de sua determinação. Desse modo, elevar-nos-emos dos elos factuais para os genéticos; e já que esse elo genético pode sempre, sob outro aspecto, ser novamente factual, somos então coagidos a, em relação a essa facticidade, elevarmo-nos de novo em direção ao genético, até ascendermos à gênese absoluta, à gênese da doutrina da ciência" (Fichte, *Werke*, v.IV, p.206).

Consciência moral e ação comunicativa

Embora Apel fale do "dogmatismo metafísico residual" de Fichte, se vejo corretamente, ele ainda apoia a pretensão de fundamentação última da pragmática transcendental exatamente sobre aquela identificação entre verdade dos enunciados e vivência das certezas, a qual só pode ser reflexivamente efetuada em uma operação realizada previamente de maneira intuitiva, ou seja, sob condições da filosofia da consciência. Essa identificação nos é vetada tão logo nos movemos no plano analítico da pragmática linguística. Isso ficará claro se separarmos os passos de fundamentação no modo esboçado antes e os detalharmos com clareza um depois do outro. A fundamentação da ética do discurso, que aqui é exposta de forma programática, exige, assim,

(1) a indicação de um princípio de universalização funcionando como regra de argumentação;

(2) a identificação de pressuposições pragmáticas da argumentação que são consideradas inevitáveis e dotadas de teor normativo;

(3) a apresentação explícita desse teor normativo, por exemplo, na forma de regras do discurso; e

(4) a demonstração de que entre (3) e (1) existe uma relação de implicação material vinculada à ideia de justificação de normas.

O passo de análise (2), para o qual a busca de contradições performativas constitui o fio condutor, apoia-se em um procedimento maiêutico que serve para

(2a) chamar a atenção do cético, que faz uma objeção, para as pressuposições intuitivamente conscientes;

(2b) dar a esse saber pré-teórico uma forma explícita, de sorte que ele possa reconhecer nessa descrição suas próprias intuições;

(2c) examinar com base em contraexemplos a afirmação proposta pelo proponente acerca da ausência de alternativa diante das pressuposições explicitadas.

Os passos de análise (2b) e (2c) contêm elementos hipotéticos inequívocos. A descrição de como um *know how* [saber como] deve se tornar um *know that* [saber que] consiste em uma reconstrução hipotética que reproduz as intuições de maneira mais ou menos correta; por isso, ela precisa de uma confirmação maiêutica. E a afirmação de que não há alternativas para as pressuposições dadas, que isso pertence antes à camada das pressuposições inevitáveis, isto é, universais e necessárias, possui o *status* de uma suposição; ela tem de ser examinada como uma hipótese de lei a partir dos casos. Certamente, o saber intuitivo das regras que os sujeitos capazes de fala e ação precisam empregar para poder participar de uma argumentação em geral de certo modo não é falível – mas sim nossa reconstrução desse saber pré-teórico e da pretensão de universalidade que vinculamos a ele. A *certeza* com que praticamos nosso saber de regras não se transfere à *verdade* das propostas de reconstrução para pressuposições hipoteticamente universais; pois de modo algum podemos colocá-las em discussão da mesma maneira que, por exemplo, um lógico ou um linguista em relação às suas descrições teóricas.

No entanto, não há prejuízo algum em se contestar o caráter de uma fundamentação última da pragmática transcendental. Pelo contrário, a ética do discurso se insere no círculo daque-

Consciência moral e ação comunicativa

las ciências reconstrutivas que se ocupam com o fundamento racional do conhecimento, da fala e da ação. Ao deixarmos completamente de aspirar ao fundamentalismo da filosofia transcendental transmitida, conquistamos para a ética do discurso novas possibilidades de comprovação. Em concorrência com outras éticas, ela pode ser instituída para a descrição de representações empiricamente existentes da moral e do direito, ela pode se inserir entre as teorias do desenvolvimento da consciência moral e jurídica tanto no plano do desenvolvimento sociocultural quanto da ontogênese, tornando-se, assim, acessível a uma comprovação indireta.

Também não precisamos reter a pretensão de fundamentação última da ética em razão de sua presumida relevância para o mundo da vida. As intuições *morais* cotidianas não necessitam do esclarecimento do filósofo. Nesse caso, a autocompreensão terapêutica da filosofia, tal como foi inaugurada por Wittgenstein, parece-me excepcionalmente oportuna. A ética filosófica tem uma função esclarecedora pelo menos diante das confusões que atingem a consciência das pessoas cultas, ou seja, na medida em que o ceticismo axiológico e o positivismo jurídico se estabeleceram como ideologias profissionais e se impuseram na consciência cotidiana por intermédio do sistema educacional [*Bildungssystem*]. Ambos neutralizaram as intuições naturalmente adquiridas no processo de socialização; sob circunstâncias extremas, podem contribuir para desarmar, em termos morais, as camadas acadêmicas apreendidas pelo ceticismo cultural [*Bildungsskeptizismus*].[79]

---

79 Ocorre de outro modo com a relevância política de uma ética do discurso na medida em que ela atinge os fundamentos prático-morais

Jürgen Habermas

(8) No entanto, o conflito entre o cognitivista e o cético ainda não foi resolvido de forma definitiva. Pois o cético não se dá por satisfeito com a renúncia às pretensões de fundamentação última e com a perspectiva de uma confirmação indireta da teoria do discurso. Ele pode, primeiramente, duvidar da solidez da derivação pragmático-transcendental do princípio moral (a). E mesmo que concedesse que a ética do discurso pode ser fundamentada por essa via, ainda assim ele não teria gastado toda sua munição. Em um segundo momento, o cético pode aderir à linha de combate daqueles neoaristotélicos e neo-hegelianos, os quais sustentam que a ética do discurso não contribui muito para o objetivo próprio de uma Ética Filosófica, pois ela oferece, no melhor dos casos, apenas um formalismo vazio que chega a ser funesto em seus efeitos práticos (b). Eu só pretendo discutir essas duas objeções "finais" do cético na medida em que isso é necessário para esclarecer o fundamento da ética do discurso nos termos de uma teoria da ação. Uma vez que a moralidade está embutida na eticidade, também a ética do discurso fica sujeita a certas restrições — certamente não àquelas que poderiam desvalorizar sua função crítica e reforçar o cético em seu papel de opositor do esclarecimento.

---

do sistema jurídico, em geral a deslimitação [*Entgrenzung*] política do âmbito privado da moral. Nesse aspecto, a saber, para a condução de uma práxis emancipatória, a ética do discurso pode ser importante para a orientação da ação. Contudo, não na qualidade de uma ética que seja imediatamente prescritiva, mas só pela via indireta de uma teoria crítica da sociedade tornada frutífera para a interpretação da situação na qual ela foi construída — por exemplo, tendo em vista a diferenciação entre interesses particulares e universalizáveis.

Consciência moral e ação comunicativa

(a) O fato de a estratégia de fundamentação da pragmática transcendental se tornar dependente das objeções do cético não constitui apenas uma vantagem. Esses argumentos só funcionam com um oponente que faz um favor a seu proponente ao entrar em geral em uma argumentação. Um cético que prevê poder ser apanhado por contradições performativas rejeita de antemão o jogo de ludibriação, recusando toda argumentação. O *cético consequente* retira do pragmático transcendental o solo para seus argumentos. Assim ele pode, por exemplo, comportar-se em relação à sua própria cultura como um etnólogo que, balançando a cabeça, presencia as argumentações filosóficas como se fosse um ritual incompreensível de uma tribo estranha. Essa visão exercitada por Nietzsche foi restituída, como se sabe, por Foucault. Com um só golpe, altera-se a situação da discussão: ao dar continuidade às suas reflexões, o cético poderá apenas falar *sobre* o cético, não *com* ele. Em condições normais, ele se renderá e admitirá que não há remédio para o cético que assume o papel daquele que desembarca de toda argumentação; ele dirá que a disposição para argumentar, em geral a disposição para prestar contas da sua ação, de fato precisa ser pressuposta se o tema com o qual lida a teoria moral tiver de ser levado a sério. Permaneceria um resíduo decisionista que não se deixaria eliminar de forma argumentativa — nesse ponto, o momento volitivo seria seguramente considerado.

Contudo, não me parece que o teórico moral possa se aquietar com isso. Um cético que pudesse, *por seu puro comportamento*, reter o tema em sua mão certamente não deteria a última palavra, mas só manteria a razão em termos performativos, por assim dizer — ele afirmaria sua posição de maneira silenciosa e marcante.

Jürgen Habermas

Nessa etapa da discussão (se ainda se pode falar disso), ajuda a reflexão de que, com seu comportamento, o cético revoga seu pertencimento a uma comunidade daqueles que argumentam — nada menos, mas também nada mais, do que isso. Ao evitar a argumentação, por exemplo, ele não pode, mesmo indiretamente, negar que partilha de uma forma de vida sociocultural, cresceu em contextos de ação comunicativa e neles reproduziu sua vida. Em uma palavra, ele pode renegar a moralidade, mas não a eticidade das relações de vida em que permanece, por assim dizer, todos os dias. Caso contrário, deveria buscar refúgio no suicídio ou em alguma custosa enfermidade psíquica. Em outras palavras, ele não pode se desvencilhar da práxis comunicativa cotidiana na qual é continuamente impelido a tomar posição com "sim" ou "não"; *no geral*, na medida em que permanece vivo, uma robinsonada, com a qual o cético poderia desembarcar da ação comunicativa de maneira silenciosa e marcante, não é pensável nem mesmo a título de condição experimental fictícia.

No entanto, como vimos, ao se entenderem uns com os outros sobre algo no mundo, sujeitos que agem comunicativamente também se orientam por pretensões de validade assertóricas e normativas. Por isso, não existe forma de vida sociocultural que não esteja inscrita ao menos implicitamente em meios argumentativos no prosseguimento da ação comunicativa — não importando o quão rudimentar seja a forma de argumentação, nem o quão pouco institucionalizados sejam os processos de entendimento discursivos. Argumentações são admitidas tão logo as consideremos interações reguladas de modo específico, reconhecendo-as como formas reflexivas da ação orientada ao entendimento. Elas *tomam emprestados* aqueles pressupostos

Consciência moral e ação comunicativa

pragmáticos da ação orientada ao entendimento, os quais descobrimos no âmbito procedimental das pressuposições. As reciprocidades que constituem o reconhecimento recíproco de sujeitos responsáveis estão inscritas naquela ação em que as argumentações *se enraízam*. Por isso, a recusa do cético radical em argumentar se mostra uma demonstração vazia. Mesmo aquele que desembarca de maneira consequente não pode desembarcar da práxis comunicativa cotidiana; ele permanece preso às suas pressuposições — e estas, por sua vez, são, ao menos em parte, idênticas às pressuposições da argumentação em geral.

Naturalmente, deveríamos ver em detalhe qual teor normativo uma análise das pressuposições da ação orientada ao entendimento viria a exigir. A. Gewirth oferece um exemplo ao tentar derivar normas éticas fundamentais das estruturas e das pressuposições pragmáticas universais da ação dirigida a objetivos.[80] Ele aplica a análise das pressuposições ao conceito de capacidade de agir espontaneamente e de forma dirigida a objetivos com o intuito de mostrar que todo sujeito racionalmente agente *tem de* considerar seu espaço de ação, e os recursos para a realização de fins em geral, como um bem. É interessante, porém, que o conceito teleológico de ação não baste para fundamentar o conceito de um *direito* a tais "bens necessários" do mesmo modo como ocorre com esses próprios bens.[81] Em

---

80 Gewirth, *Reason and Morality*.

81 É o que mostra MacIntyre, *After Virtue*, op. cit., p.64 *ss.*: "Gewirth argumenta que qualquer um que defender que os pré-requisitos para o exercício da agência racional são bens necessários está comprometido logicamente a defender também que ele tem direito a esses bens. Mas é evidente que a introdução do conceito de um direito carece de justificação porque, nesse ponto, trata-se de um conceito

contrapartida, se escolhermos o conceito de ação comunicativa como base, é possível por essa mesma via metodológica obter um conceito de racionalidade que poderia ser muito mais satisfatório para *estender* a derivação pragmático-transcendental do princípio moral até a base de validade da ação orientada ao entendimento.[82] Sou obrigado aqui a deixar isso de lado.[83]

---

bastante novo no argumento de Gewirth *e* por causa do caráter especial do conceito de direito. Primeiramente, é claro que a presunção de que tenho direito a fazer ou ter algo é um tipo de presunção muito diferente da presunção de que eu preciso, quero ou beneficiar-me-ei de algo. Em relação à primeira – caso seja a única consideração relevante –, segue-se que outros não devem interferir em minhas tentativas de fazer ou ter algo, seja para o meu próprio bem ou não. Em relação à segunda, isso não ocorre. E não faz diferença que tipo de bem ou benefícios está em questão". [Em inglês, no original: "Gewirth argues that anyone who holds that the prerequisites for his exercise of rational agency are necessary goods is logically committed to holding also that he has a right to these goods. But quite clearly the introduction of the concept of a right needs justification both because it is at this point a concept quite new to Gewirth's argument *and* because of the special character of the concept of a right. It is first of all clear that the claim that I have a right to do or have something is a quite different type of claim from the claim that I need or want or will be benefited by something. From the first – if it is the only relevant consideration – it follows that others ought not to interfere with my attempts to do or have whatever it is, whether it is for my own good or not. From the second it does not. And it makes no difference what kind of good or benefits is at issue". (N. T.)]

82 Habermas, *Theorie des kommunikativen Handeln*, op. cit., v.1, cap.I e III. Cf. White, On the Normative Structure of Action, *The Review of Politics*, v.44, p.282 *ss.*, abr. 1982.

83 Aliás, R. S. Peters propagou essa estratégia de análise em outros contextos: "Dizer [...] que os homens devem se apoiar mais em sua razão, que devem se preocupar mais com as justificações que eles

Consciência moral e ação comunicativa

Quando substituímos o conceito de ação dirigida a objetivos pelo conceito mais abrangente de ação orientada ao entendimento que subjaz à análise da pragmática transcendental, o cético certamente traz à cena mais uma vez a questão de saber se essa descrição de um conceito de ação social dotado de teor normativo não prejudicaria o objetivo da investigação da teoria moral em seu todo.[84] Se se parte de que os tipos de ação

---

próprios vivenciaram, é afirmar que eles estão falhando sistematicamente em uma atividade na qual já se engajaram. Não é cometer alguma versão da falácia naturalista ao basear uma demanda por um tipo de vida em características da vida humana que a tornam distintivamente humana, uma vez que isso seria repetir os erros da velha doutrina grega da função. Antes, trata-se de dizer que a vida humana já dá testemunho das demandas da razão. Sem algum grau de aceitação dos homens por tais demandas, sua vida seria ininteligível. Mas, dada a aceitação de tais demandas, eles estão procedendo de forma inapropriada para satisfazê-las. A preocupação com a verdade está inscrita na vida humana". [Em inglês, no original: "To say [...] that men ought to rely more on their reason, that they ought to be more concerned with first-hand justification, is to claim that they are systematically falling down on a job on which they are already engaged. It is not to commit some version of the naturalistic fallacy by basing a demand for a type of life on features of human life which make it distinctively human. For this would be to repeat the errors of the old Greek doctrine of function. Rather it is to say that human life already bears witness to the demands of reason. Without some acceptance by men of such demands their life would be unintelligible. But given the acceptance of such demands they are proceeding in a way which is inappropriate to satisfying them. Concern for truth is written into human life". (N. T.)] Peters, *Education and the Education of Teachers*, p.104 *ss*.

84 Essa questão foi formulada de maneira contundente por McCarthy em Oelmüller (org.), *Transzendentalphilosophische Normenbegründungen*, p.134 *ss*.

orientada ao entendimento e orientada ao êxito formam uma disjunção completa, a opção pela passagem da ação comunicativa para a estratégica oferece imediatamente ao cético uma nova oportunidade. Pois ele poderia insistir em não apenas não argumentar, mas também em não agir mais em termos comunicativos — e, com isso, retirar *pela segunda vez* o solo sobre o qual se apoia a análise das pressuposições que abrangem desde o discurso até a ação.

Para enfrentá-lo, é preciso poder mostrar que os contextos da ação comunicativa formam uma ordem autossubstitutiva. Neste ponto, eu gostaria de renunciar a argumentos conceituais e me contentar com uma referência empírica que pode tornar plausível o valor posicional central da ação comunicativa. A possibilidade de *escolher* entre ação comunicativa e estratégica é abstrata porque só está dada a partir da perspectiva contingente do ator individual. Da perspectiva do mundo da vida, ao qual o ator sempre pertence, esses modos de ação não se encontram à livre disposição. Pois as estruturas simbólicas de qualquer mundo da vida se reproduzem nas formas da tradição cultural, da integração social e da socialização — e esses processos, como mostrei em outro lugar,[85] efetuam-se unicamente pelo *medium* da ação orientada ao entendimento. Não há equivalente para esse *medium* no que diz respeito à satisfação daquelas funções. Por essa razão, apenas em um sentido abstrato, ou seja, caso a caso, a escolha entre ação comunicativa e estratégica se encontra aberta aos indivíduos, os quais só podem adquirir e afirmar sua identidade por intermédio da apropriação de tradições, da pertença a grupos sociais e da participação

---

85 Habermas, *Theorie des kommunikativen Handeln*, op. cit., v.2, p.212 *ss.*

Consciência moral e ação comunicativa

em interações socializadoras. Eles não têm a opção de desembarcar por muito tempo dos contextos da ação orientada ao entendimento. Isso significaria uma retirada para o isolamento monádico da ação estratégica – ou para a esquizofrenia e para o suicídio. Em longo prazo, isso se torna destrutivo.

(b) Se o cético tivesse acompanhado a argumentação que prosseguiu por sobre sua cabeça e discernido que o desembarque manifesto da argumentação e da ação orientada ao entendimento o levaria a um impasse existencial, talvez estivesse disposto finalmente a assumir a fundamentação proposta do princípio moral e aceitar o princípio da ética do discurso que foi introduzido. Contudo, ele só faz isso para esgotar as possibilidades de argumentação que agora ainda lhe restam: ele põe em dúvida o próprio sentido de uma tal ética formalista. O enraizamento da práxis argumentativa nos contextos da ação comunicativa que compõem o mundo da vida o relembram da crítica de Hegel a Kant, reforçando a posição do cético contra o cognitivista.

Segundo a formulação de A. Wellmer, essa objeção diz

que com a ideia de um "discurso livre de dominação" só aparentemente obtivemos um critério objetivo com o qual podemos "medir" a racionalidade prática de indivíduos ou sociedades. Na realidade, seria ilusão acreditar que poderíamos nos emancipar da facticidade normativamente carregada, por assim dizer, de nossa situação social, com suas normas transmitidas e critérios de racionalidade, para discernir como que "à margem" a história em seu todo e nossa posição dentro dela. Uma tentativa nessa direção só resultaria em arbitrariedade teórica e terror prático.[86]

---

86 Wellmer, *Praktische Philosophie und Theorie der Gesellschaft*, p.40-1.

Jürgen Habermas

Não preciso repetir o contra-argumento que Wellmer desenvolve em seu brilhante ensaio; mas pretendo ao menos enumerar os aspectos sob os quais a objeção do formalismo pode ser tratada.

i) O princípio da ética do discurso se refere a um *procedimento*, a saber, o resgate discursivo de pretensões de validade; nessa medida, a ética do discurso pode com razão ser caracterizada como *formal*. Ela não oferece orientações substanciais, mas um procedimento: o discurso prático. Esse discurso certamente não é um procedimento para produzir normas justificadas, mas para examinar a validez de normas propostas e hipoteticamente consideradas. Discursos práticos têm de deixar que seus conteúdos lhes sejam dados. Sem o horizonte do mundo da vida de um grupo social determinado e sem conflitos de ação em uma situação determinada, em que os participantes consideram tarefa sua a observância das regulações consensuais de uma matéria social duvidosa, não haveria sentido em querer levar adiante um discurso prático. O ponto de partida concreto de um acordo normativo perturbado, ao qual os discursos se referem a cada vez como antecedentes, determina objetos e problemas que "aguardam" por negociação. Sendo assim, esse procedimento não é formal no sentido da abstração de conteúdos. Em seu caráter aberto, o discurso depende precisamente de que conteúdos contingentes sejam "instilados" nele. Contudo, esses conteúdos são de tal modo elaborados no discurso que pontos de vista axiológicos particulares que não são passíveis de consenso no final são descartados. Não é essa seletividade que torna o procedimento inadequado para a solução de questões práticas?

Consciência moral e ação comunicativa

ii) Quando definimos questões práticas como questões da "vida boa", que se refere a cada vez ao todo de uma forma de vida particular ou ao todo de uma história de vida individual, então o formalismo ético de fato é decisivo: o princípio de universalização funciona como uma lâmina que faz um corte entre "o bom" e "o justo", entre enunciados valorativos e estritamente normativos. Valores culturais certamente trazem consigo uma pretensão de validade intersubjetiva, mas eles estão de tal modo entrelaçados com a totalidade de uma forma de vida particular que não podem de saída pretender uma validade normativa em sentido estrito — eles se *candidatam*, todavia, para a incorporação de normas que devem levar a um interesse universal.

Além disso, os participantes só podem se distanciar de normas e sistemas normativos que provêm da totalidade do contexto de vida social o quanto for necessário para adotar uma atitude hipotética diante deles. Indivíduos socializados não podem se comportar hipoteticamente em relação à forma de vida ou à história de vida em que formaram sua própria identidade. De tudo isso resulta a delimitação do domínio de aplicação de uma ética deontológica: ela se estende somente às questões práticas que podem ser racionalmente discutidas, mais precisamente com a perspectiva de obter consenso. Ela não tem a ver com as preferências de valores, mas com a validade deontológica de normas de ação.

iii) Porém, ainda assim persiste a dúvida hermenêutica de se não subjaz ao procedimento de fundamentação de normas da ética do discurso uma ideia efusiva e inclusive perigosa no que concerne a seus efeitos práticos. No caso do princípio da ética do discurso ocorre algo semelhante ao que ocorre com outros princípios: ele não é capaz de regular os problemas de sua própria aplicação. A aplicação de regras exige uma prudência prática que *precede* a razão prática interpretada nos termos da ética do discurso, a qual, em todo caso, não está submetida às regras do discurso. Mas, assim, o princípio da ética do discurso somente pode ter eficácia com o recurso a uma faculdade que a vincula ao acordo local do ponto de partida hermenêutico e a reconecta ao caráter provincial do horizonte histórico determinado.

Não há o que contestar quando os problemas de aplicação são observados da perspectiva de uma terceira pessoa. Apesar disso, esse discernimento reflexivo do hermeneuta não desvaloriza a pretensão do princípio do discurso de transcender todos os acordos locais: o participante da argumentação não pode se subtrair esse princípio enquanto levar a sério em atitude performativa o sentido da validade deontológica de normas e não objetivar tais normas como fatos sociais, como algo que meramente ocorre no mundo. A força transcendente de uma pretensão de validade *frontalmente compreendida* também é empiricamente eficaz e *não* pode ser *ultrapassada* pelo discernimento do hermeneuta. A história dos direitos fundamentais nos Estados constitucionais modernos oferece uma abundância de exemplos de que a aplicação de princípios, desde que primeiramente sejam reconhecidos, de modo algum varia de situação para situação, mas toma um *curso orientado*. O teor universal dessas próprias normas torna os concernidos, no reflexo de diferentes constelações de interesse, conscientes do caráter parcial e seletivo das aplicações. As aplicações podem falsear o sentido da própria norma; mesmo na dimensão da aplicação prudente, po-

Consciência moral e ação comunicativa

demos operar de maneira mais ou menos *tendenciosa*. Nela, são possíveis *processos de aprendizagem*.[87]

iv) Discursos práticos de fato estão sujeitos a restrições que precisam ser relembradas em face de uma autocompreensão fundamentalista. Wellmer ressaltou essas restrições com toda a clareza desejável em um manuscrito ainda não publicado intitulado "Reason and the Limits of Rational Discourse" [Razão e os limites do discurso racional].

Em primeiro lugar, discursos práticos, em que também tem de vir à baila a adequação da interpretação de necessidades, mantêm uma conexão interna com a crítica estética, de um lado, e com a crítica terapêutica, de outro; e essas duas formas de argumentação não se encontram sob a premissa de discursos estritos segundo a qual, *em princípio*, sempre deveria ser possível obter um acordo racionalmente motivado, e onde "em princípio" significa a seguinte reserva idealizadora: apenas se a argumentação pudesse ser conduzida de maneira suficientemente aberta e ser continuada pelo tempo necessário. Mas se as diferentes formas de argumentação, em última instância, formam um sistema e não podem ser isoladas umas das outras, uma ligação com as formas menos estritas de argumentação também sobrecarrega a pretensão mais rigorosa do discurso prático (também do discurso teórico e do discurso explicativo) com uma hipoteca que é derivada da situação histórico-social da razão.

---

87 Refiro-me aqui ao conceito de "aprendizagem normativa" que foi desenvolvido por Tugendhat e apresentado em Frankenberg; Rödel, *Von der Volkssouveränität zum Minderheitenschutz*.

Em segundo lugar, discursos práticos não podem se desonerar da pressão dos conflitos sociais na mesma medida que discursos teóricos e explicativos. Eles são menos "desonerados da ação" porque, com a manutenção de normas suscetíveis ao conflito, atinge-se o equilíbrio das relações de reconhecimento recíproco. O conflito acerca de normas permanece enraizado na "luta por reconhecimento", mesmo que seja conduzido por meios discursivos.

Em terceiro lugar, como todas as argumentações, discursos práticos se assemelham àquelas ilhas ameaçadas por inundação no mar de uma práxis em que de maneira alguma impera o padrão da solução consensual de conflitos de ação. Os meios do entendimento encontram-se constantemente reprimidos por instrumentos de poder. Portanto, a ação que se orienta por princípios éticos entra em contato com imperativos que resultam de coerções estratégicas. O problema de uma ética da responsabilidade, que tem em conta a dimensão temporal, em princípio é trivial, uma vez que a própria ética do discurso permite derivar o ponto de vista da ética da responsabilidade para uma avaliação orientada ao futuro dos efeitos colaterais da ação coletiva. Por outro lado, desse problema resultam questões de uma ética política que têm a ver com as aporias de uma práxis dirigida aos objetivos da emancipação e que precisam assumir aqueles temas que um dia tiveram lugar na teoria da revolução de Marx.

Nessa espécie de restrições, às quais os discursos práticos sempre estão sujeitos, o poder da história se faz valer diante das pretensões transcendentes e dos interesses da razão. O cético certamente está inclinado a dramatizar essas limitações. O cerne do problema consiste simplesmente em que juízos morais, que dão respostas desmotivadoras a questões des-

Consciência moral e ação comunicativa

contextualizadas, exigem um *ajuste*. É preciso tornar claras as operações de abstração às quais as morais universalistas devem sua superioridade diante de todas as morais convencionais para que assim os velhos problemas da relação entre moralidade e eticidade apareçam sob uma luz trivial.

Para o participante do discurso que examina hipóteses, a atualidade do contexto de experiência de seu mundo da vida acaba se desvanecendo; a normatividade das instituições existentes lhe parece tão abalada quanto a objetividade de coisas e eventos. No discurso, percebemos o mundo vivido da práxis comunicativa cotidiana como que a partir de uma retrospectiva artificial; pois, à luz de pretensões de validade hipoteticamente consideradas, o mundo das relações ordenadas de forma institucional é *moralizado* de modo semelhante a como o mundo de estados de coisa existentes é *teorizado* — o que até agora tinha sido considerado fato ou norma de maneira inquestionável pode apenas ser o caso ou não ser o caso, ser válido ou inválido. A arte moderna, aliás, introduziu uma onda comparável de problematização no reino da subjetividade; o mundo das vivências foi estetizado, isto é, liberado das rotinas da *percepção cotidiana* e das convenções da ação cotidiana. Por isso, recomenda-se ver a relação entre moralidade e eticidade como parte de um contexto mais complexo.

Max Weber viu, entre outras coisas, que o racionalismo ocidental se caracterizou pelo fato de que na Europa formou-se uma cultura de especialistas que elaboram as tradições culturais em uma atitude reflexiva e, ao fazer isso, isolam em sentido estrito os componentes cognitivos, estético-expressivos e prático-morais. Eles se especializam respectivamente em questões de verdade, questões de gosto e questões de justiça. Com essa diferenciação interna das chamadas "esferas de valor", da produção científica, da arte e da crítica, do direito e da moral, dividem-se em âmbitos culturais *os* elementos que formam no interior do mundo da vida uma síndrome dificilmente solucionável. Com essas esferas de valor surgem primeiro as perspectivas reflexivas a partir das quais o mundo da vida aparece como uma "práxis" que deve encontrar mediação com uma teoria, como a "vida" com a qual a arte gostaria de se reconciliar em virtude das exigências do surrealismo, ou, antes, como a "eticidade" com a qual a moralidade tem de se relacionar.

Da perspectiva de um participante em argumentações morais, o mundo da vida colocado à distância, onde evidências culturais de origem moral, cognitiva e expressiva são entrelaçadas umas com as outras, apresenta-se como esfera da eticidade. Lá, as obrigações estão de tal modo ligadas a hábitos de vida concretos que elas podem relacionar suas evidências às certezas de fundo. Questões de justiça se colocam apenas do interior do horizonte de *questões desde sempre respondidas* da vida boa. Na visão inexoravelmente moralizante do participante do discurso, essa totalidade foi privada de sua validade naturalizada, a força normativa do factual é esmorecida — mesmo as instituições confiáveis podem se converter em muitos casos de justiça problemática. A existência tradicional de normas se decompõe diante dessa visão, mais precisamente no que pode ser justificado a partir de princípios e no que vale tão somente em termos factuais. A fusão no mundo da vida entre validez e validade social foi dissolvida. Ao mesmo tempo, a práxis no cotidiano foi dividida em normas e valores, ou seja, nos componentes do universo prático que pode ser submetido às exigências de justificação moral estrita, e em um outro componente que não está

Consciência moral e ação comunicativa

sujeito à visão moral, o qual abrange orientações axiológicas que integram modos de vida individuais ou coletivos.

Certamente, os valores culturais também transcendem decursos de ação factuais; eles se condensam nas síndromes históricas de orientações axiológicas presentes no mundo da vida, em cuja luz os sujeitos podem distinguir a "vida boa" da reprodução de sua "vida nua e crua". Mas as ideias sobre a vida boa não são representações que espelham um dever-ser abstrato. Elas marcam a identidade de grupos e indivíduos a ponto de formar um componente integrado da respectiva cultura ou da personalidade. Logo, a constituição do ponto de vista moral anda de mãos dadas com uma diferenciação no interior do universo prático: as *questões morais*, que em princípio podem ser racionalmente decididas sob o aspecto da capacidade de universalização de interesses ou da *justiça*, distinguem-se das *questões valorativas*, as quais, sob um aspecto mais geral, expõem questões da *vida boa* (ou da autorrealização) e são acessíveis a uma discussão racional apenas *no interior* do horizonte não problemático de uma forma de vida historicamente concreta ou de uma conduta de vida individual.

Quando visualizamos essas operações de abstração da moralidade, duas coisas ficam claras: o ganho de racionalidade obtido ao isolar as questões de justiça e a consequência problemática de uma mediação entre moralidade e eticidade que surge daí. No interior do horizonte de um mundo da vida, juízos práticos tomam de empréstimo tanto a concretude quanto a força motivadora de ação de uma vinculação interna com as ideias inquestionavelmente válidas da vida boa, ou seja, com a eticidade institucionalizada em geral. Nesse âmbito, nenhuma problematização poderia ir tão longe a ponto de pôr a perder as

Jürgen Habermas

vantagens da eticidade existente. Isso ocorre exatamente quando se introduzem aquelas operações de abstração exigidas pelo ponto de vista moral. Por essa razão, Kohlberg fala da passagem para o estágio *pós-convencional* da consciência moral. Nesse estágio, o juízo moral se descola dos acordos locais e da coloração histórica de uma forma de vida particular; ele não pode apelar por muito tempo para a validade desse contexto do mundo da vida. E as respostas morais retêm antes de tudo a força racionalmente motivadora dos discernimentos; com as evidências inquestionáveis formadas pelo pano de fundo do mundo da vida, elas perdem o estímulo dos motivos empiricamente eficazes. Caso queira ser eficaz em termos práticos, toda moral universalista vê-se obrigada a compensar essas perdas de eticidade concreta que ela tem de aguentar em virtude da vantagem cognitiva. As morais universalistas dependem de formas de vida que, por sua vez, são "racionalizadas" na medida em que possibilitam a aplicação prudente de discernimentos morais universais e exigem motivações para transformar discernimentos em ação moral. Apenas formas de vida que são nesse sentido "conformes" às morais universalistas satisfazem condições necessárias para que as operações de abstração concernentes à descontextualização e à desmotivação também possam ser revertidas.

4
Consciência moral
e ação comunicativa*

Uma teoria discursiva da ética, para a qual acabo de apresentar um programa de fundamentação,[1] não é uma atividade autossuficiente; ela defende teses universalistas, portanto muito fortes, mas reivindica para essas teses um *status* relativamente fraco. A fundamentação consiste essencialmente em dois passos. De início, um princípio de universalização ("U") é introduzido na qualidade de regra de argumentação para discursos práticos; em seguida, essa regra é fundamentada com base no conteúdo das pressuposições pragmáticas da argumentação em geral, vinculada à explicação do sentido de pretensões de validade normativas. O princípio de universalização – seguindo o modelo do *reflective equilibrium* [equilíbrio reflexivo] de J. Rawls – deixa-se compreender como uma reconstrução daquelas intuições cotidianas que são subjacentes à avaliação imparcial de conflitos de ação morais. O segundo passo, no qual deve

---

* Sou muito agradecido a Max Miller e Gertrud Nunner-Winkler por seus comentários críticos.

1 Cf. o Capítulo 3 deste volume.

Jürgen Habermas

ser comprovada a validade universal de "U", que aponta para além da perspectiva de uma cultura determinada, apoia-se na demonstração pragmático-transcendental de pressuposições universais e necessárias da argumentação. Mas esses argumentos não podem mais ser sobrecarregados com o sentido apriorístico de uma dedução transcendental da mesma maneira que ocorre na crítica da razão formulada por Kant; eles se limitam apenas ao fato de que não existem alternativas reconhecíveis para "nossa" espécie de argumentação. Nessa medida, a ética do discurso, assim como outras ciências reconstrutivas,[2] também se limita a reconstruções hipotéticas para as quais temos de procurar confirmações plausíveis – primeiramente, claro, no plano em que a ética do discurso concorre com outras teorias morais. Porém, além disso, uma tal teoria está aberta para – e inclusive depende de – confirmação *indireta* por *outras* teorias consoantes.

A teoria do desenvolvimento da consciência moral elaborada por L. Kohlberg e seus colaboradores deixa-se interpretar como uma tal confirmação.[3] De acordo com essa teoria, o desenvolvimento da capacidade de julgar moral efetua-se desde a infância, passando pela adolescência e chegando à idade adulta segundo um padrão invariante; o ponto de referência normativo do caminho de desenvolvimento empiricamente analisado forma uma moral guiada por princípios: nesse ponto, a ética do discurso pode se reconhecer em seus traços essenciais. Nesse

---

2 Sobre a metodologia das ciências reconstrutivas, cf. Garz, *Zur Bedeutung rekonstruktiver Sozialisationstheorien in der Erziehungswissenschaft – unter besonderer Berücksichtigung der Arbeiten von L. Kohlberg.*

3 Cf. a bibliografia dos trabalhos de Kohlberg em *Essays on Moral Development*, v.I, p.423-8.

Consciência moral e ação comunicativa

caso, a consonância entre teoria normativa e teoria psicológica, considerada a partir da perspectiva da ética, consiste no seguinte. Contra éticas universalistas, geralmente ressalta-se o fato de que outras culturas dispõem de *outras* concepções morais. Contra objeções relativistas dessa espécie, a teoria do desenvolvimento moral de Kohlberg oferece as seguintes possibilidades: a) atribuir a multiplicidade de concepções morais preexistentes a uma variação de *conteúdos* diante das *formas* universais do juízo moral; e b) explicar as diferenças estruturais que também existem como diferenças de estágios no desenvolvimento da capacidade de julgar moral.

A consonância dos resultados parece, no entanto, ser enfraquecida pelas relações internas que existem entre ambas as teorias. Pois a teoria do desenvolvimento moral de Kohlberg já utiliza resultados da ética filosófica para a descrição das estruturas cognitivas que se encontram na base dos juízos morais guiados por princípios. Contudo, ao tornar uma teoria normativa, como a de J. Rawls, componente essencial de uma teoria empírica, o psicólogo a submete ao mesmo tempo a um exame indireto. A confirmação empírica das suposições da psicologia do desenvolvimento é assim transposta para *todos* os componentes da teoria, de onde são derivadas as hipóteses confirmadas. Dentre as teorias morais concorrentes, daremos primazia então àquela que melhor passar nesse teste. Não considero convincentes as objeções feitas em razão do caráter circular desse exame.

Certamente, a confirmação de uma teoria *Te* que *pressupõe* a validade das suposições fundamentais de uma teoria normativa *Tn* não conta como confirmação *independente* para *Tn*. Mas postulados de independência se revelam excessivamente fortes em muitos aspectos. Assim, os dados aduzidos para o exame da teoria Te não podem ser descritos independentemente da linguagem dessa teoria. Tampouco teorias concorrentes Te_1 e Te_2 podem ser avaliadas independentemente dos paradigmas de onde provêm seus conceitos fundamentais. Nos planos metateórico e intrateórico, só o princípio de coerência é dominante: é como na montagem de um quebra-cabeça – somos obrigados a ver quais elementos se encaixam uns nos outros. As ciências reconstrutivas, que visam à apreensão de competências universais, rompem precisamente com aquele círculo hermenêutico em que as ciências do espírito permanecem presas, incluindo as ciências sociais compreensivas; mas mesmo para um estruturalismo genético que, como as teorias do desenvolvimento moral na sucessão de Piaget, persegue ambiciosamente o questionamento universalista,[4] o círculo hermenêutico se fecha no plano metateórico. Aqui, a busca por "autoevidências independentes" não tem sentido; trata-se apenas de saber se as descrições que são reunidas à luz de *outros* holofotes teóricos podem ser compiladas em um mapa mais ou menos confiável.

Essa *divisão de trabalho* regulada pelos pontos de vista da coerência *entre ética filosófica* e uma *psicologia do desenvolvimento*, que depende de reconstruções racionais do saber pré-teórico de sujeitos que julgam de forma competente, exige tanto da ciência quanto da filosofia uma autocompreensão diferente.[5] Ela não é incompatível apenas com a pretensão de exclusividade que o programa da ciência unitária havia erguido antes para a forma padrão das ciências empíricas nomológicas, mas até mesmo

---

4 Kesselring, *Entwicklung und Widerspruch*.

5 Cf. neste volume, p.73 *ss*.

Consciência moral e ação comunicativa

com o fundamentalismo de uma filosofia transcendental que visa à fundamentação última. Tão logo os argumentos transcendentais se desacoplam do jogo de linguagem da filosofia da reflexão e são reformulados no sentido de Strawson, o recurso a uma operação de síntese da autoconsciência perde sua autoevidência, o objetivo de demonstração das deduções transcendentais perde o seu sentido, e também perde sua razão de ser aquela hierarquia que deveria existir entre o conhecimento apriorístico dos fundamentos e o conhecimento *a posteriori* dos fenômenos. O acesso reflexivo àquilo que Kant havia retido na imagem das operações constitutivas do sujeito, ou, como dizemos hoje, a reconstrução das pressuposições universais e necessárias sob as quais sujeitos capazes de fala e ação se entendem uns com os outros sobre algo no mundo – esse esforço cognitivo do filósofo não é menos falível que tudo o mais que se expõe e, *por enquanto*, resiste ao processo purificante e estafante da discussão científica.[6]

No entanto, a autocompreensão não fundamentalista libera a filosofia não apenas de tarefas que a sobrecarregavam; não apenas alivia a filosofia em relação a algo, mas lhe dá a oportunidade de uma certa desenvoltura e uma nova autoconfiança na interação cooperativa com as ciências que procedem reconstrutivamente. Desse modo, estabiliza-se uma relação de dependência recíproca.[7] Assim, a filosofia moral, para retomar o

---

6 Bubner, Selbstbezüglichkeit als Struktur transzendentaler Argumente, em Kuhlmann; Böhler (orgs.), *Kommunikation und Reflexion*, p.304 *ss*. Bubner se refere à discussão feita em Bieri; Horstmann; Krüger (orgs.), *Transcendental Arguments and Science*.

7 Cf. Habermas, A filosofia como guardador de lugar e intérprete, neste volume, p.29 *ss*.

Jürgen Habermas

nosso assunto, depende não apenas de confirmações indiretas do lado da psicologia; esta, por sua vez, se organiza tendo em vista resultados filosóficos.[8] Eu gostaria de me ocupar ilustrativamente do exemplo de Kohlberg.

I. As suposições fundamentais da teoria de Kohlberg

Lawrence Kohlberg, que se encontra na tradição do pragmatismo norte-americano, tem uma consciência clara dos fundamentos filosóficos de sua teoria.[9] Desde a publicação de *Uma teoria da justiça*, de J. Rawls, Kohlberg utiliza, sobretudo, a ética ligada a Kant e ao direito natural racional para aguçar suas concepções inspiradas inicialmente em G. H. Mead sobre a "natureza do juízo moral": "Essas análises apontam para as características de um 'ponto de vista moral', sugerindo que o argumento verdadeiramente moral envolve características como imparcialidade, universalidade, reversibilidade e prescritividade".[10] Kohlberg introduz as premissas emprestadas

---

8 Um bom exemplo é oferecido pela investigação de Keller; Reuss, Der Prozeß der moralischen Entscheidungsfindung, em *International Symposium on Moral Education*, set. 1982 (manusc.).

9 Para a recepção alemã, cf. Eckensberger (org.), *Entwicklung des moralischen Urteilens*; mais recentemente, cf. Lind; Hartmann; Wakenhut (orgs.), *Moralisches Urteilen und soziale Umwelt*.

10 Kohlberg, A Reply to Owen Flanagan, em *Ethics*, v.92, 1982; id., Justice as Reversibility, em *Essays on Moral Development*, v.I, p.190 ss. [Em inglês, no original: "These analyses point to the features of a 'moral point of view', suggesting truly moral reasoning involves features such as impartiality, universalizability, reversibility, and prescriptivity". (N. T.)]

Consciência moral e ação comunicativa

da filosofia a partir de três pontos de vista: (a) cognitivismo, (b) universalismo e (c) formalismo.

No que se segue, eu gostaria de (1) explicar por que a ética do discurso é mais apropriada para esclarecer o *moral point of view* [ponto de vista moral] em relação aos aspectos elencados de (a) a (c). Depois disso, pretendo mostrar (2) em que medida o conceito de "aprendizagem construtiva", com o qual Piaget e Kohlberg operam, é indispensável para a ética do discurso; ele é recomendado para a descrição de estruturas cognitivas que procedem de processos de aprendizagem. Por fim, a ética do discurso também pode (3) complementar a teoria de Kohlberg na medida em que remete, por seu turno, a uma teoria da ação comunicativa. Faremos uso dessa conexão interna nas próximas seções com o intuito de obter pontos de vista plausíveis para uma reconstrução dos estágios de desenvolvimento do juízo moral.

(1) Os três aspectos a partir dos quais Kohlberg procura esclarecer o conceito de moral são considerados com base em todas as éticas cognitivistas que foram desenvolvidas na tradição kantiana. Mas a posição defendida por Apel e por mim tem a vantagem de que as suposições cognitivistas, universalistas e formalistas de fundo podem ser derivadas do princípio moral fundamentado nos termos da própria ética do discurso. Para esse princípio, propus anteriormente a seguinte formulação:

("U") "Toda norma tem de satisfazer a condição de que consequências e efeitos colaterais, que resultarem previsivelmente de sua observância *universal* para a satisfação dos interesses de *cada* indivíduo, podem ser aceitos sem coerção por todos os concernidos."

Jürgen Habermas

(a) *Cognitivismo.* Já que, na qualidade de regra de argumentação, o princípio de universalização possibilita um consenso sobre máximas universalizáveis, com a fundamentação de "U" mostra-se que questões prático-morais podem ser decididas com razões. Juízos morais possuem um conteúdo cognitivo; eles expressam não apenas atitudes emotivas contingentes, preferências ou decisões do respectivo falante ou ator.[11] A ética do discurso refuta o *ceticismo ético* ao explicar como juízos morais podem ser fundamentados. Com efeito, toda teoria sobre o desenvolvimento da capacidade de julgar moral precisa pressupor que essa possibilidade de diferenciar entre juízos morais corretos e falsos está dada.

(b) *Universalismo.* Resulta imediatamente de "U" que todo aquele que participar em geral de argumentações pode em princípio chegar aos mesmos juízos acerca da aceitabilidade de normas de ação. Com a fundamentação de "U", a ética do discurso contesta as suposições de fundo do *relativismo ético*, uma vez que a validade de juízos morais só pode ser medida com base no padrão de racionalidade e de valores daquela cultura ou forma de vida à qual pertence o respectivo sujeito que julga. Se não é permitido a juízos morais erguer uma pretensão de validez universal, uma teoria do desenvolvimento moral que pretende demonstrar os caminhos de desenvolvimento universais estaria de antemão condenada ao fracasso.

(c) *Formalismo.* "U" funciona no sentido de uma regra que elimina todas as orientações axiológicas concretas, entretecidas com o todo de uma forma de vida particular ou de uma histó-

---

11 Sobre essa posição emotivista, cf. Harmann, *Das Wesen der Moral*, p.38 *ss.*

Consciência moral e ação comunicativa

ria de vida individual, cujos conteúdos não são considerados passíveis de universalização, retendo das questões valorativas da "vida boa" apenas as questões estritamente normativas da justiça enquanto questões passíveis de serem decididas argumentativamente. Com a fundamentação de "U", a ética do discurso se volta contra as suposições de fundo das *éticas materiais* que se orientam pelas questões da felicidade e descrevem ontologicamente a cada vez um tipo determinado de vida ética. Ao elaborar a esfera da validade deontológica de normas de ação, a ética do discurso restringe o domínio do que é moralmente válido em relação ao domínio dos *conteúdos* culturais de valor. Apenas desse ponto de vista estritamente deontológico da correção normativa ou da justiça é possível filtrar do conjunto de questões práticas aquelas que são acessíveis a uma decisão racional. Os dilemas morais de Kohlberg estão talhados para tais questões.

Contudo, ainda não esgotamos o teor da ética do discurso. Enquanto o *princípio de universalização* oferece uma regra de argumentação, a noção fundamental da teoria moral, que Kohlberg toma de empréstimo da teoria da comunicação de George Herbert Mead com o conceito de *ideal role-taking* [assunção ideal de papéis],[12] expressa no *princípio da ética do discurso* ("D") "que toda norma válida encontraria o assentimento de todos os concernidos apenas se estes pudessem participar em um discurso racional".

---

12 No lugar do "observador ideal" entra a "situação ideal de fala", para a qual as pressuposições pragmáticas da argumentação em geral são postuladas como satisfatórias. Cf. Alexy, *Eine Theorie des praktischen Diskurses*, em Oelmüller (org.), *Transzendentalphilosophische Normenbegründungen*.

Jürgen Habermas

A ética do discurso não oferece orientações substanciais, mas um *procedimento* rico em pressupostos que deve garantir a imparcialidade da formação do juízo. O discurso prático não é um procedimento para produzir normas justificadas, mas para comprovar a validez de normas hipoteticamente examinadas. Somente em relação a esse aspecto procedimental a ética do discurso se diferencia de *outras* éticas cognitivistas, universalistas e formalistas, inclusive da "teoria de justiça" de Rawls. "D" traz à consciência que "U" simplesmente expressa o teor normativo de um procedimento de formação discursiva da vontade e, ao fazer isso, precisa ser cuidadosamente diferenciado dos conteúdos da argumentação. *Todos* os conteúdos, mesmo ao se referirem a normas de ação consideradas fundamentais, dependem obrigatoriamente de discursos reais (ou de discursos efetuados em substituição e conduzidos advocatoriamente). O princípio da ética do discurso proíbe assinalar determinados conteúdos normativos (por exemplo, determinados princípios de justiça distributiva) em nome de uma autoridade filosófica e sancioná-los *de uma vez por todas*. Tão logo uma teoria normativa como a teoria da justiça de Rawls se estende para o domínio substancial, ela se limita a oferecer uma contribuição, talvez particularmente competente, para um discurso prático, mas não pertence à fundamentação filosófica do *moral point of view* [ponto de vista moral], o qual caracteriza discursos práticos *em geral*.

A definição procedimental do domínio moral já contém as hipóteses fundamentais antes mencionadas do cognitivismo, universalismo e formalismo, permitindo uma separação suficientemente aguda entre as estruturas cognitivas e os conteúdos de juízos morais. Pois nos procedimentos discursivos

Consciência moral e ação comunicativa

podem ser identificadas as operações que Kohlberg exige para juízos morais no nível pós-convencional: a *reversibilidade* completa dos pontos de vista a partir dos quais os participantes apresentam seus argumentos; a *universalidade* no sentido de uma inclusão de todos os concernidos; por fim, a *reciprocidade* do igual reconhecimento das pretensões de cada um dos participantes por todos os outros.

(2) Com "U" e "D", a ética do discurso assinala as características de juízos morais válidos que podem servir como ponto de referência para a descrição do caminho de desenvolvimento da capacidade de julgar moral. Kohlberg distingue inicialmente *seis estágios de juízo moral*, os quais, nas dimensões da reversibilidade, universalidade e reciprocidade, podem ser compreendidos como *aproximações progressivas* nas estruturas de avaliação imparcial ou justa de conflitos de ação moralmente relevantes:

Tabela I – Os estágios morais de Kohlberg[13]

Nível A. Nível pré-convencional

Estágio 1. O estágio da punição e da obediência

Conteúdo

O correto é literalmente obediência às regras e à autoridade, evitando a punição e sem causar danos físicos.

1. O correto é evitar quebrar as regras, obedecer em nome da obediência, evitando causar prejuízos físicos a pessoas e propriedades.
2. As razões para fazer o que é correto consistem na evitação da punição e no poder superior de autoridades.

Estágio 2. O estágio do propósito instrumental e da troca

1. O correto é seguir as regras se for do interesse imediato de alguém. Correto é agir de acordo com seus próprios interesses e necessida-

---

13 Kohlberg, *Essays on Moral Development*, op. cit., v.I, p.409 *ss.*

Jürgen Habermas

des, deixando que os outros façam o mesmo. O correto também é o que é equitativo, ou seja, que diz respeito a uma troca igual, uma negociação, um acordo.

2. A razão para fazer o que é correto consiste em servir a suas próprias necessidades e interesses em um mundo onde se é obrigado a reconhecer que outras pessoas também têm seus interesses.

Nível B. Nível convencional

Estágio 3. O estágio das expectativas interpessoais mútuas, das relações e da conformidade

Conteúdo

O correto é desempenhar um papel bom (amável), preocupando-se com as outras pessoas e seus sentimentos, sendo leal e confiável em relação a seus parceiros e motivando-se a seguir regras e expectativas.

1. O correto é viver de acordo com o que é esperado pelas pessoas próximas ou com o que as pessoas geralmente esperam daqueles que desempenham papéis de filho, irmã, amigos etc. "Ser bom" é importante e significa ter motivos bons, mostrar preocupação com os outros. Isso significa também manter relações mútuas, manter confiança, lealdade, respeito e gratidão.

2. As razões para fazer o que é correto são a necessidade de ser bom aos seus próprios olhos e aos olhos dos outros, cuidar deles, e porque, ao se colocar no lugar da outra pessoa, você gostaria de ver um bom comportamento por parte de si mesmo (Regra de Ouro).

Estágio 4. O estágio do sistema social e da manutenção da consciência

Conteúdo

O correto é fazer o que se deve em sociedade, mantendo a ordem social e o bem-estar da sociedade ou do grupo.

1. O correto é cumprir os deveres existentes com os quais se está de acordo. As leis devem ser cumpridas, exceto em casos extremos em que entram em conflito com outros deveres e direitos socialmente fixados. O correto é contribuir com a sociedade, o grupo ou a instituição.

2. As razões para fazer o que é correto consistem em manter as instituições funcionando como um todo, manter o autorrespeito ou a consciência em acordo com as obrigações definidas pelas pessoas, ou considerar as consequências: "E se todo mundo fizesse isso?".

Consciência moral e ação comunicativa

Nível C. Nível pós-convencional e orientado por princípios

Decisões morais são geradas por direitos, valores ou princípios que são (ou poderiam ser) acordados por todos os indivíduos que compõem ou criam uma sociedade designada a ter práticas equitativas e benéficas.

Estágio 5. O estágio dos direitos prévios e do contrato social ou da utilidade

Conteúdo

O correto é apoiar os direitos e valores básicos e os contratos jurídicos de uma sociedade, mesmo se entrarem em conflito com as regras concretas e as leis do grupo.

1. O correto é estar ciente do fato de que as pessoas sustentam uma variedade de valores e opiniões, que a maioria dos valores e das regras são relativas ao grupo de alguém. Contudo, essas regras "relativas" geralmente deveriam ser apoiadas no interesse da imparcialidade e porque são o contrato social. Alguns valores e direitos não relativos, como vida e liberdade, no entanto, precisam ser apoiados em qualquer sociedade e sem considerar a opinião da maioria.

2. As razões para fazer o que é certo consistem, em geral, em sentir-se obrigado a obedecer a lei porque pessoas fizeram um contrato social com o objetivo de que leis fossem feitas e acatadas, para o bem de todos e para proteger seus próprios direitos e os direitos dos outros. Obrigações ligadas à família, amizade, confiança e trabalho também são comprometimentos ou contratos em que se entra livremente e que implicam respeito pelos direitos dos outros. As pessoas percebem que leis e deveres são baseadas no cálculo racional sobre a utilidade global: "o maior bem para o maior número".

Estágio 6. O estágio dos princípios éticos universais

Conteúdo

Esse estágio é informado pelos princípios éticos universais que todos os seres humanos deveriam seguir.

1. Considerando o que é correto, o Estágio 6 é guiado por princípios éticos universais. Leis particulares ou acordos sociais geralmente são válidos porque repousam sobre tais princípios. Quando leis violam esses princípios, age-se em acordo com o princípio. Princípios são princípios universais de justiça: a igualdade dos direitos humanos e o respeito pela dignidade dos seres humanos como indivíduos. Esses

Jürgen Habermas

não são meramente valores que são reconhecidos, ainda que também sejam princípios usados para gerar decisões particulares.

2. A razão para fazer o que é correto consiste em que, na qualidade de agentes racionais, as pessoas observam a validade dos princípios e se comprometem com eles.

Kohlberg concebe a passagem de um estágio ao outro como *aprendizagem*. Desenvolvimento moral significa que o adolescente constrói e diferencia as estruturas cognitivas adquiridas a cada vez de modo a poder resolver melhor do que antes os mesmos tipos de problemas, a saber, aqueles concernentes à solução consensual de conflitos de ação moralmente relevantes. Ao fazer isso, o adolescente compreende seu próprio desenvolvimento moral como processo de aprendizagem. Pois a cada estágio superior ele tem de poder explicar em que medida os juízos morais, que nos estágios anteriores ele havia considerado corretos, mostraram-se falsos. Em conformidade com Piaget, Kohlberg interpreta esse processo de aprendizagem como uma operação construtiva de sujeitos capazes de aprender. As estruturas cognitivas subjacentes à faculdade de julgar moral não devem ser explicadas primariamente nem pelas influências do entorno nem por programas inatos ou processos de amadurecimento, mas como resultado de uma reorganização criativa de um inventário cognitivo previamente dado que é superado por problemas que retornam de maneira persistente.

A ética do discurso é favorável a esse conceito *construtivista* de aprendizagem na medida em que compreende a formação discursiva da vontade (como a argumentação em geral) a título de forma reflexiva da ação comunicativa e exige para a passagem da ação ao discurso uma *mudança de atitude* que a criança

Consciência moral e ação comunicativa

que cresce e se encontra presa à práxis comunicativa cotidiana não é capaz de dominar de saída.

Na argumentação, pretensões de validade, pelas quais os agentes se orientam sem questionamento na práxis comunicativa cotidiana, são expressamente tematizadas e problematizadas. Nesse momento, os participantes da argumentação adotam uma atitude hipotética diante de pretensões de validade controversas. Logo, no discurso prático, eles podem aferir a validez de uma norma controversa — já que só na disputa entre proponentes e oponentes é possível testar se tal norma *merece* ou não ser reconhecida. A mudança de atitude na passagem da ação comunicativa para o discurso no caso do tratamento de questões de justiça não é diferente do das questões de verdade. O que até agora, em relação ingênua com coisas e eventos, consideravam-se "fatos" tem de ser visto como algo que pode existir ou também pode não existir. E assim como fatos se convertem em "estados de coisas" que podem ou não ser o caso, assim também normas socialmente habituais se convertem em possibilidades de regulação que podem ser aceitas como válidas ou repelidas como não válidas.

Se, lançando mão de um experimento mental, representarmos a fase da adolescência como condensada em um único momento crítico, em que o adolescente adota pela primeira vez, por assim dizer, de maneira implacável e penetrante, uma atitude hipotética diante de contextos normativos de seu mundo da vida, mostra-se a *natureza do problema* que qualquer um precisa resolver na passagem do nível convencional para o pós-convencional do juízo moral. Com um só golpe, o mundo social das relações interpessoais legitimamente reguladas, que se tornou

Jürgen Habermas

ingenuamente habitual e até agora foi reconhecido de forma não problemática, é despido de sua validade naturalizada.

Portanto, se o adolescente não pode nem quer mais regressar ao tradicionalismo e à identidade inquestionada de seu mundo de origem, ele se vê obrigado a reconstruir os conceitos fundamentais das ordens normativas decompostas diante do olhar hipoteticamente desvelador (sob pena de uma perda completa de orientação). Tais ordens têm de ser de tal modo recompostas a partir das ruínas de tradições desvalorizadas, vistas como meramente convencionais e carentes de justificação, que a nova construção resista ao olhar crítico de uma pessoa desiludida, que daqui em diante não pode senão distinguir entre normas socialmente vigentes e válidas, normas factualmente reconhecidas e *dignas* de reconhecimento. De início, trata-se de princípios de acordo com os quais a nova construção pode ser planejada, ou seja, normas válidas podem ser geradas; ao final, resta somente um procedimento para a escolha racionalmente motivada de princípios que, por sua vez, carecem de justificação. Medida com base na ação moral cotidiana, a mudança de atitude que a ética do discurso precisa exigir para o procedimento priorizado por ela, precisamente na passagem para a argumentação, conserva algo de não natural — ela significa uma quebra com a ingenuidade de pretensões de validade erguidas diretamente e que deviam ser intersubjetivamente reconhecidas na práxis comunicativa cotidiana. Esse aspecto não natural é como um eco daquela catástrofe evolutiva que um dia significou historicamente a desvalorização do mundo tradicional — e provocou o esforço de reconstrução em um nível superior. Nessa medida, na passagem (que se tornou rotineira para os adultos) da ação regulada por normas para o discurso que

Consciência moral e ação comunicativa

examina normas já se forma o que Kohlberg contou como processo construtivo de aprendizagem para *todos* os estágios.

(3) Mas a teoria de Kohlberg não exige apenas a explicação esboçada em (1) do *ponto de referência normativo* do desenvolvimento moral e a explicação do processo de aprendizagem tratado em (2), mas também a análise do *modelo de estágios*. Kohlberg descreve esse modelo, tomado novamente emprestado de Piaget, para os estágios de desenvolvimento de uma competência – aqui, portanto, da capacidade de julgar moral – com ajuda de três hipóteses fortes:

I. Os estágios do juízo moral formam uma série invariante, irreversível e consecutiva de estruturas discretas. Com essa hipótese, fica excluído que:
 – diferentes pessoas testadas alcancem o mesmo objetivo através de diferentes caminhos de desenvolvimento;
 – a mesma pessoa testada regrida de um estágio superior para um inferior; e
 – no caminho de desenvolvimento ela salte um estágio.

II. Os estágios do juízo moral formam uma hierarquia no sentido de que as estruturas cognitivas de um estágio mais elevado "superam" [*aufheben*] o respectivo estágio inferior, ou seja, tanto o substituem quanto o conservam em uma forma reorganizada e diferenciada.

III. Cada estágio do juízo moral deixa-se caracterizar como um todo estruturado. Com essa hipótese, fica excluído que uma pessoa testada tenha de avaliar em um determinado momento diferentes conteúdos morais a partir de diferentes níveis. Não estão excluídos os chamados fenômenos de *decalagem*, que indicam um ancoramento sucessivo de novas estruturas adquiridas.

A segunda hipótese forma evidentemente o cerne do modelo. É possível afrouxar e modificar as duas outras hipóteses. Porém, com a noção de um caminho de desenvolvimento que pode ser descrito por uma *sequência hierarquicamente ordenada de estruturas*, ergue-se e desaba o modelo dos estágios de desenvolvimento. Para conceber essa ordem hierárquica, Kohlberg e também Piaget empregam o conceito de "lógica de desenvolvimento". Essa expressão revela antes de tudo um certo embaraço em relação ao fato de que as estruturas cognitivas admitidas de estágios sucessivos certamente se encontram entrelaçadas em relações *internas* reconhecidas de modo intuitivo, já que estas não se deixam apreender por uma análise conduzida exclusivamente segundo conceitos lógico-semânticos. Kohlberg justifica a lógica de desenvolvimento de seus seis estágios de juízo moral mediante a correlação entre perspectivas sociomorais correspondentes:

Tabela 2 – Perspectivas sociais segundo Kohlberg[14]

Estágios:

1. Esse estágio adota um ponto de vista egocêntrico. Uma pessoa nesse estágio não considera o interesse dos outros nem reconhece que difere dos interesses do ator, e não relaciona dois pontos de vista. As ações são julgadas mais em termos de consequências físicas do que em termos de interesses psicológicos dos outros. A perspectiva da autoridade se confunde com a da própria pessoa.
2. Esse estágio adota uma perspectiva individualista concreta. Nesse estágio, uma pessoa separa interesse e pontos de vista próprios daque-

---

14 Ibid.

Consciência moral e ação comunicativa

les das autoridades e dos outros. Ele ou ela está ciente de que todo mundo tem interesses individuais a perseguir e que estes entram em conflito, de sorte que o correto é relativo (no sentido individualista concreto). A pessoa integra ou relaciona interesses individuais conflitantes uns com os outros através da troca instrumental de serviços, da necessidade instrumental do outro e da boa vontade do outro ou ao dar equitativamente a cada pessoa a mesma quantia.

3. Esse estágio adota a perspectiva do indivíduo em relação com outros indivíduos. Nesse estágio, a pessoa está ciente dos sentimentos, acordos e expectativas compartilhados, os quais têm primazia sobre interesses individuais. A pessoa relaciona pontos de vista com base na "Regra de Ouro concreta", colocando-se na pele da outra pessoa. Ele ou ela não considera a perspectiva generalizada de um "sistema".

4. Esse estágio diferencia ponto de vista societal de acordos ou motivos interpessoais. Nesse estágio, a pessoa adota o ponto de vista do sistema, que define papéis e deveres. Ele ou ela considera as relações individuais em termos de lugar no sistema.

5. Esse estágio adota uma perspectiva que precede a sociedade – a de um indivíduo racional ciente dos valores e dos direitos que precedem laços e contratos sociais. A pessoa integra perspectivas pelo mecanismo formal do acordo, do contrato, da imparcialidade objetiva e do devido processo. Ele ou ela considera o ponto de vista moral e o ponto de vista legal, reconhece que ambos entram em conflito e acha difícil integrá-los.

6. Esse estágio adota a perspectiva de um ponto de vista moral a partir do qual ajustes sociais são derivados e no qual são fundados. A perspectiva é aquela de todo indivíduo racional que reconhece a natureza da moralidade ou a premissa moral básica do respeito pelas outras pessoas enquanto fins, não meios.

Kohlberg descreve as perspectivas sociomorais de modo que a correlação de estágios do juízo moral seja intuitivamente evidente. No entanto, essa plausibilidade é obtida ao custo de que a descrição confunde as condições sociocognitivas para os juízos morais com as estruturas desses próprios juízos. Além disso, as condições sociocognitivas não são concebidas tão a fundo em termos analíticos de modo que fosse possível ver sem mais por que a série dada expressa uma hierarquia no sentido da lógica de desenvolvimento. Talvez essas suspeitas pudessem ser afastadas se as perspectivas sociomorais formuladas por Kohlberg fossem substituídas pelos estágios da assunção de perspectivas que nesse meio-tempo foram investigados por R. Selman.[15] Veremos que esse passo é de fato muito útil, mas não o bastante para uma justificação dos estágios morais.

Ainda é preciso mostrar que as descrições que Kohlberg apresenta na Tabela I satisfazem as condições para um modelo de estágios baseado na lógica de desenvolvimento. Essa é uma tarefa a ser resolvida mediante análise conceitual. Tenho a impressão de que as pesquisas empíricas só serão continuadas se houver uma proposta de solução interessante e suficientemente precisa na forma de uma hipótese de reconstrução. No que se segue, eu gostaria de demonstrar se a abordagem da ética do discurso pode contribuir para a solução desse problema.

A ética do discurso se serve de argumentos transcendentais que demonstram a não rejeitabilidade de determinadas condições. Com sua ajuda, é possível mostrar a um oponente que ele reivindica algo a ser performativamente suprimido e, com isso, comete uma contradição performativa.[16] Na fundamentação de "U", trata-se especialmente da identificação de pressuposições pragmáticas sem as quais o jogo de argumentação não funciona. Todo aquele que participa de uma práxis argumentativa precisa já ter aceitado essas condições dotadas de teor normativo — não existem alternativas para tais condições.

---

15 Selman, *The Growth of Interpersonal Understanding*.

16 Lenk, Philosophische Logikbegründung und rationaler Kritizismus, op. cit.

Consciência moral e ação comunicativa

Simplesmente por se enredarem em argumentações, os participantes são obrigados a reconhecer esse fato. Portanto, a *demonstração* pragmático-transcendental serve para tornar consciente o conjunto de condições sob as quais desde sempre nos encontramos em nossa práxis argumentativa, sem a possibilidade de um *desvio por alternativas*; a ausência de alternativas significa que aquelas condições são para nós factualmente inevitáveis.

Ora, esse "fato da razão" certamente não se deixa *fundamentar* dedutivamente, mas pode antes ser *esclarecido* em um próximo passo na medida em que concebemos o discurso argumentativo como um derivado especial da ação orientada ao entendimento que merece destaque. Pois, se recuarmos ao âmbito da teoria da ação e concebermos o discurso como um prosseguimento da ação comunicativa com outros meios, compreenderemos o verdadeiro ponto da ética do discurso: nos pressupostos comunicativos da argumentação podemos encontrar o teor de "U" porque as argumentações expõem uma forma refletida da ação comunicativa e porque nas estruturas da ações orientadas ao entendimento sempre são pressupostas aquelas reciprocidades e relações de reconhecimento em torno das quais circulam *todas* as ideias morais — tanto no cotidiano quanto nas éticas filosóficas. Esse ponto, assim como já ocorre no apelo de Kant ao "fato da razão", possui uma conotação naturalista; mas ela de modo algum é tributária de uma falácia naturalista. Pois Kant, da mesma maneira que a ética do discurso, apoia-se em um tipo de argumento — e não na atitude empírica de um observador objetivante — que chama a atenção para a inevitabilidade daquelas pressuposições universais sob as quais nossa práxis comunicativa cotidiana se encontra *desde sempre*, e que não podemos "escolher", tais como marcas de automóvel ou postulados axiológicos.

O modo de fundamentação transcendental corresponde à inserção do discurso prático nos contextos da ação comunicativa; nessa medida, a ética do discurso remete a (e ela própria é dependente de) uma teoria da ação comunicativa. É dessa teoria que podemos esperar uma contribuição para a reconstrução vertical dos estágios da consciência moral; pois ela remete a estruturas de uma interação regulada por normas linguisticamente mediada, em que se *articula* o que a psicologia separa de maneira analítica de pontos de vista da assunção de perspectivas, do juízo moral e da ação.

Kohlberg impõe o ônus da fundamentação da lógica de desenvolvimento às perspectivas sociomorais. Essas perspectivas sociais devem dar expressão a capacidades de cognição social; mas os estágios reapresentados na Tabela 2 não coincidem com os estágios da assunção de perspectivas de Selman. Recomenda-se separar as duas dimensões que foram juntadas na descrição de Kohlberg: a própria estrutura de perspectivas e aquelas representações da justiça que são "extraídas" do inventário correspondente da cognição social. Esses pontos de vista normativos não precisam ser "insinuados" porque uma dimensão moral já habita os conceitos fundamentais de "mundo social" e de "interação regulada por normas".

É manifesto que, em sua construção conceitual, Kohlberg também parte de uma estrutura convencional de papéis. A criança aprende essa estrutura no estágio 3, inicialmente de uma forma particular, generalizando-a no estágio 4. O eixo no qual as perspectivas sociais giram, por assim dizer, é formado pelo "mundo social" na qualidade de totalidade das intera-

Consciência moral e ação comunicativa

ções consideradas legítimas em um grupo social, posto que são institucionalmente ordenadas. Nos *dois primeiros estágios*, o adolescente ainda não dispõe desses conceitos, enquanto nos *dois últimos estágios* ele alcança um ponto de vista com o qual deixa para trás a sociedade concreta e a partir do qual pode examinar a validez de normas existentes. Com essa passagem alteram-se os conceitos fundamentais em que o mundo social havia se constituído para o adolescente, convertendo-se imediatamente em conceitos morais fundamentais. Eu gostaria de discutir essa conexão entre cognição social e moral com a ajuda da teoria da ação comunicativa. A tentativa de esclarecer as perspectivas sociais de Kohlberg nesse quadro promete uma série de vantagens.

O conceito de ação orientada ao entendimento implica os conceitos de "mundo social" e "interação regulada por normas", os quais carecem de explicação. As perspectivas sociomorais que o adolescente forma nos estágios 3 e 4 e que aprende a manejar de modo reflexivo nos estágios 5 e 6 podem ser inscritas em um sistema de *perspectivas de mundo*. Tais perspectivas são subjacentes à ação comunicativa porque se encontram vinculadas a um sistema de *perspectivas do falante*. Além disso, a conexão entre conceitos de mundo e *pretensões de validade* abre a possibilidade de ligar a atitude reflexiva em relação ao "mundo social" (em Kohlberg: *prior-to-society perspective* [perspectiva que precede a sociedade]) com a atitude hipotética de um participante da argumentação, o qual tematiza as pretensões de validade normativas correspondentes; com isso, pode-se explicar por que o *moral point of view* [ponto de vista moral] concebido nos termos da ética do discurso decorre da reflexivação da estrutura convencional de papéis.

215

Jürgen Habermas

Essa abordagem da teoria da ação sugere compreender o desdobramento das perspectivas sociomorais em conexão com o *descentramento da compreensão de mundo*. Além disso, ela dá atenção às estruturas das próprias interações, em cujo horizonte o adolescente aprende de maneira construtiva os conceitos sociocognitivos fundamentais. O conceito de ação comunicativa é apropriado enquanto ponto de referência para uma reconstrução dos estágios de interação. Esses *estágios de interação* podem ser descritos com base nas estruturas de perspectivas que são implementadas a cada vez em diferentes tipos de ação. Na medida em que essas perspectivas incorporadas e integradas às interações se conformam naturalmente à disposição de uma lógica de desenvolvimento, os estágios do juízo moral se deixam fundamentar de modo a podermos retroceder os estágios morais de Kohlberg aos estágios de interação, passando pelas perspectivas sociais. Os próximos passos servirão a esse objetivo.

De início, retomarei alguns resultados da teoria da ação comunicativa com o intuito de mostrar de que maneira o conceito de mundo social forma um componente da compreensão descentrada de mundo, que subjaz à ação orientada ao entendimento (II). Em seguida, as investigações de Flavell e Selman sobre as assunções de perspectivas devem servir como ponto de partida para a análise de dois estágios de interação; a partir delas, pretendo perseguir a transformação dos tipos de ação pré-convencionais seguindo duas linhas: tanto a ação estratégica quanto a ação regulada por normas (III). Depois disso, eu gostaria de explicar em termos analítico-conceituais como a introdução da atitude hipotética na ação comunicativa torna possível a forma de comunicação pretensiosa do discurso;

Consciência moral e ação comunicativa

como da reflexivação do "mundo social" resulta o ponto de vista moral; e, finalmente, como os estágios do juízo moral, passando pelas perspectivas sociais, deixam-se retroceder aos estágios de interação (IV). Essa fundamentação dos estágios morais em termos de lógica de desenvolvimento tem de ser comprovada em outras investigações empíricas; por enquanto, quero aproveitar nossas reflexões apenas para esclarecer algumas anomalias e problemas não resolvidos em face dos quais a teoria de Kohlberg hoje se vê confrontada (V).

II. Sobre a estrutura de perspectivas da ação orientada ao entendimento

Mencionarei (1) alguns aspectos conceituais da ação orientada ao entendimento e esboçarei (2) como os conceitos correspondentes de mundo social e de ação regulada por normas procedem do descentramento da compreensão de mundo.

(1) Desenvolvi com detalhes em outro lugar o conceito de ação comunicativa;[17] aqui, gostaria de relembrar os aspectos mais importantes que me permitiram efetuar essa investigação nos termos de uma pragmática formal.

(a) *Orientação ao entendimento* versus *orientação ao êxito*. Interações sociais são mais ou menos cooperativas e estáveis, mais ou menos conflituosas e instáveis. A questão da teoria social acerca de como a ordem social é possível corresponde à questão da teoria da ação sobre como (ao menos dois) participantes da in-

---

17 Habermas, *Theorie des kommunikativen Handeln*; id., Erläuterungen zum Begriff des kommunikativen Handelns, em *Vorstudien und Ergänzungen zur Theorie des kommunikativen Handelns*.

teração podem coordenar suas ações de tal modo que *alter* possa "ligar" suas ações a *ego* de maneira isenta de conflitos, evitando ao menos o risco de uma derrogação da interação. Na medida em que os atores se orientam exclusivamente pelo *êxito*, ou seja, pelas *consequências* de sua ação, eles tentam alcançar os objetivos de sua ação lançando mão de influências externas, com armas ou bens, ameaças e engodos, sobre a definição da situação e sobre as decisões ou motivos de seus adversários. A coordenação das ações dos sujeitos que interagem *estrategicamente* desse modo uns com os outros depende de como os cálculos de utilidade egocêntricos se entrelaçam. O grau de cooperação e estabilidade resulta assim dos conjuntos de interesses dos participantes. Em contraposição a isso, falo de ação *comunicativa* quando os atores aceitam ajustar internamente seus planos de ação uns em relação aos outros e só perseguir seus respectivos objetivos sob a condição de um *acordo*, existente ou negociado, a respeito da situação e das consequências esperadas. Nos dois casos, a estrutura teleológica da ação é pressuposta na medida em que aos atores são atribuídos a capacidade de agir dirigidos a objetivos e o interesse em executar seus planos de ação. Porém, o *modelo de ação estratégica* pode se contentar com a descrição de estruturas da ação imediatamente orientada ao êxito, enquanto o *modelo de ação orientada ao entendimento* precisa especificar as condições para um acordo alcançado comunicativamente, sob as quais *alter* possa ligar suas ações às de *ego*.[18]

(b) *Entendimento como mecanismo de coordenação da ação.* O conceito de ação comunicativa é tratado de tal modo que os atos do entendimento, que ligam os diferentes planos de ação de

---

18 Id., *Theorie des kommunikativen Handeln*, op. cit., v.I, p.127 *ss.*

Consciência moral e ação comunicativa

diferentes participantes e articulam as ações dirigidas a objetivos em um contexto de interação, não podem ser reduzidos, por seu turno, à ação teleológica.[19] Processos de entendimento se dirigem para um acordo que depende do assentimento racionalmente motivado em relação ao conteúdo de um proferimento. O acordo não pode ser imposto ao outro lado, não pode ser conseguido com manipulação: o que é *claramente* obtido mediante influência externa não pode *contar* como acordo. Este repousa somente em convicções comuns. A obtenção de convicções pode ser analisada segundo o modelo da tomada de posição diante da oferta de um ato de fala. O ato de fala de uma pessoa só tem êxito se a outra pessoa aceitar a oferta contida nele, na medida em que, mesmo implicitamente, ela toma posição afirmativamente diante de uma pretensão de validade que, em princípio, é passível de crítica.[20]

(c) *Situação da ação e situação de fala*. Se compreendermos ação em geral como o domínio sobre situações, o conceito de ação comunicativa extrai desse domínio da situação, em paralelo ao aspecto teleológico da condução de um plano de ação, o aspecto comunicativo da interpretação comum da situação, geralmente aquele responsável por suscitar o consenso. Uma *situação* expõe um recorte discriminado tendo em conta um tema que surge do mundo da vida. Um *tema* surge em conexão com interesses e objetivos de ação dos participantes; ele abrange o *domínio relevante* de objetos tematizáveis. Os *planos de ação* individuais

---

19 Cf. Apel, Intentions, Conventions, and Reference to Things, em Parret; Bouveresse (orgs.), *Meaning and Understanding*, p.79 *ss.*; id., Läßt sich etische Vernunft von strategischer Rationalität unterscheiden? (manusc.).

20 Habermas, *Theorie des kommunikativen Handeln*, op. cit., v.2, p.82 *ss.*

Jürgen Habermas

acentuam o tema e determinam a *carência atual de entendimento* que precisa ser remediada. Sob esse aspecto, a situação da ação é ao mesmo tempo uma situação de fala na qual os agentes adotam de maneira alternada os *papéis comunicativos* de falante, destinatário e presentes. A esses papéis correspondem as *perspectivas de participante* da primeira e da segunda pessoa, assim como a perspectiva de observador da terceira pessoa, a partir das quais a relação Eu-Tu pode ser observada e, com isso, objetivada na qualidade de relação intersubjetiva. Esse sistema de *perspectivas do falante* está entrelaçado com um sistema de *perspectivas de mundo* (cf. adiante (g)).

(d) *O pano de fundo do mundo da vida*. A ação comunicativa deixa-se compreender como um processo circular em que o ator é ao mesmo tempo duas coisas: ele é o *iniciador*, que domina situações com ações imputáveis; simultaneamente, ele também é o *produto* de tradições nas quais se encontra, de grupos solidários aos quais pertence e de processos de socialização em que cresce.

Enquanto o recorte do mundo da vida relevante para a situação se impinge como que de frente ao agente a título de problema que ele é obrigado a resolver por conta própria, ele se vê sustentado *a tergo* [pelas costas] por um mundo da vida que não apenas forma o *contexto*, mas também fornece os *recursos* para os processos de entendimento. O respectivo mundo da vida comum oferece um acervo de evidências culturais de onde os participantes da comunicação, em seus esforços de interpretação, extraem o padrão hermenêutico consentido.

Essas suposições de fundo, que se tornaram culturalmente habituais, são apenas um componente do mundo da vida; também as solidariedades de grupos integrados por valores e

Consciência moral e ação comunicativa

as competências de indivíduos socializados servem, de modo diferente ao das tradições culturais, como recursos da ação orientada ao entendimento.[21]

(e) *Processo de entendimento entre mundo e mundo da vida.* O *mundo da vida* forma então o *contexto* intuitivamente pré-compreendido da situação da ação; simultaneamente, ele fornece *recursos* para os processos de interpretação com os quais os participantes da comunicação procuram remediar a carência de entendimento surgida a cada vez na situação da ação. Porém, se quiserem em comum acordo conduzir seus planos de ação com base em uma situação da ação definida conjuntamente, sujeitos que agem comunicativamente precisam se entender *sobre algo no mundo.* Eles supõem assim um conceito formal de mundo (enquanto totalidade de estados de coisas existentes) como aquele sistema de referência com ajuda do qual podem decidir o que a cada vez é o caso ou não é o caso. Todavia, a apresentação de fatos é apenas uma dentre outras funções do entendimento linguístico. Atos de fala não servem apenas à apresentação (ou à pressuposição) de estados e eventos, pelos quais o falante se refere a algo no *mundo objetivo.* Eles servem ao mesmo tempo à produção (ou à renovação) de relações interpessoais, pelas quais o falante se refere a algo no *mundo social* das interações legitimamente reguladas, bem como à manifestação de vivências, isto é, à autorrepresentação, pela qual o falante se refere a algo no *mundo subjetivo* ao qual tem um acesso privilegiado. Os participantes da comunicação baseiam seus esforços de entendimento em um sistema de referência composto de três mundos exatamente. Portanto, o acordo na práxis comunicati-

---

21 Habermas, *Theorie des kommunikativen Handeln*, op. cit., v.I, p.385 *ss.*

va cotidiana pode se apoiar simultaneamente no saber proposicional partilhado de maneira intersubjetiva, na concordância normativa e na confiança recíproca.

(f) *Referências ao mundo e pretensões de validade*. Saber se os participantes da comunicação alcançaram o entendimento é algo que se mede a cada vez a partir das tomadas de posição sim/não com as quais um destinatário aceita ou recusa as pretensões de validade erguidas por um falante. Na atitude orientada ao entendimento, o falante ergue com *cada* proferimento compreensível uma pretensão de que

- o enunciado é verdadeiro (ou que as pressuposições de existência de um conteúdo proposicional mencionado são adequadas);
- o ato de fala é correto em relação a um contexto normativo existente (ou que o próprio contexto normativo que ele deve satisfazer é legítimo); e
- a intenção manifestada pelos falantes é pensada do modo que é expressa.

Quem rejeita a oferta de um ato de fala compreensível contesta a validez do proferimento de ao menos um desses três aspectos da *verdade*, da *correção* e da *veracidade*. Ele expressa com esse "não" que o proferimento não satisfaz ao menos uma de suas funções (apresentação de estados de coisas, garantia de uma relação interpessoal ou manifestação de vivências), porque não está de acordo com o mundo de estados de coisas existentes, ou com *nosso* mundo de relações interpessoais legitimamente ordenadas ou com o *respectivo* mundo de vivências subjetivas. Na comunicação cotidiana normal esses aspectos não se distinguem com clareza; mas, em caso de dissenso e de proble-

Consciência moral e ação comunicativa

matização obstinada, falantes competentes podem diferenciar entre *referências ao mundo* individuais, tematizar *pretensões de validade* individuais e deparar-se a cada vez com atitudes como algo no mundo objetivo, normativo ou subjetivo.

(g) *Perspectivas de mundo.* Quando se explicitam então as estruturas da ação orientada ao entendimento sob os aspectos mencionados de (a) até (f), reconhecem-se as *opções* de que dispõe um falante competente segundo essa análise. Em princípio, ele pode escolher entre um *modo cognitivo, interativo e expressivo de emprego da linguagem* e as correspondentes classes de *atos de fala constativos, regulativos e representativos* sob o aspecto de uma pretensão de validade universal, seja para se concentrar em questões de verdade, questões de justiça ou questões de gosto (de expressão pessoal). Ele pode escolher entre *três atitudes fundamentais* e as correspondentes perspectivas de mundo. Além disso, isso lhe permite o descentramento da compreensão de mundo ao adotar diante da natureza externa não apenas uma atitude *objetivante*, mas também uma atitude *conforme a normas* ou *expressiva*; diante da sociedade, não apenas uma atitude conforme a normas, mas também uma atitude objetivante ou expressiva; diante da natureza interna, não apenas uma atitude expressiva, mas também uma atitude objetivante ou conforme a normas.

(2) Uma *compreensão descentrada de mundo* pressupõe assim a diferenciação de referências ao mundo, pretensões de validade e atitudes fundamentais. Esse processo, por sua vez, remete a uma *diferenciação entre mundo da vida e mundo.* Em todo processo comunicativo efetuado de forma consciente repete-se, de certo modo, essa diferenciação exercida na ontogênese da capacidade de agir e de falar: do pano de fundo de um mundo da vida difuso, que só se torna presente de maneira intuitiva e é absoluta-

Jürgen Habermas

mente sabido, desprendem-se as esferas *sobre as quais* é possível alcançar um entendimento falível. Quanto mais progride essa diferenciação, mais claramente ambos se separam: de um lado, o horizonte de evidências inquestionáveis, partilhadas inter-subjetivamente e não tematizadas; de outro lado, o que eles têm diante de si como conteúdos de sua comunicação consti-tuídos de forma intramundana – objetos que podem perceber e manipular, normas obrigatórias que podem cumprir ou in-fringir, vivências cujo acesso é privilegiado e que são capazes de manifestar. Na medida em que os participantes compreendem aquilo sobre o que se entendem como *algo em um mundo* que se desprendeu do pano de fundo do mundo da vida e se tornou sobressalente, o explicitamente *sabido* se separa das *certezas* im-plicitamente mantidas, os conteúdos comunicados assumem o caráter de um saber que está ligado a um potencial de razões e a validez passa a poder ser reivindicada e criticada, ou seja, contestada com razões.[22]

Para o nosso contexto, é importante então diferenciar as perspectivas de mundo das perspectivas dos falantes. Por um lado, os participantes da comunicação precisam ter a compe-tência para, caso necessário, adotar uma atitude objetivante em face de estados de coisas existentes, uma atitude conforme a normas em face de relações interpessoais legitimamente regu-

---

22 Essa contraposição demasiadamente simplificadora desconsidera a diferença entre os componentes do mundo da vida que *nunca* foram desligados do saber de fundo intuitivamente presente nem expressa-mente tematizados e aqueles componentes que foram tematizados ao menos *uma vez*, reintegraram-se ao mundo da vida e conseguiram, com isso, uma insuspeição *secundária* (foi U. Matthiesen quem me chamou a atenção para esse ponto).

Consciência moral e ação comunicativa

ladas e uma atitude expressiva em face das próprias vivências (e para variar uma vez mais essas atitudes diante de cada um desses três mundos). Por outro lado, para poder se *entender uns com os outros sobre algo* no mundo objetivo, social e subjetivo, eles também precisam ser capazes de adotar as atitudes que estão ligadas aos papéis comunicativos da primeira, segunda ou terceira pessoa.

A compreensão descentrada de mundo, portanto, caracteriza-se por uma *estrutura complexa de perspectivas* que *integra ambas as coisas*: tanto as *perspectivas* fundadas no sistema de referência formal dos três mundos e *ligadas às atitudes para com o mundo* quanto as *perspectivas* inscritas na própria situação de fala e *ligadas aos papéis comunicativos*. O correlato gramatical dessas perspectivas de mundo e dos falantes são os três modos fundamentais do uso da linguagem, de um lado, e o sistema de pronomes pessoais, de outro.

Pois bem, é decisivo para nossa problemática que, com o *desenvolvimento* dessa complexa estrutura de perspectivas, temos em mãos também a chave para a almejada fundamentação dos estágios morais nos termos da lógica de desenvolvimento. Antes de me referir nas duas seções seguintes às investigações correspondentes, eu gostaria de determinar as ideias fundamentais pelas quais me deixarei guiar.

Estou convencido que a *ontogênese das perspectivas do falante e das perspectivas de mundo*, a qual conduz a uma compreensão descentrada de mundo, só pode ser esclarecida em conexão com o desenvolvimento das estruturas de interação correspondentes. Se, com Piaget, partirmos da ação, isto é, da *confrontação ativa* de um sujeito *que aprende construtivamente* com seu *entorno*, é natural supor que o sistema complexo de perspectivas se desenvolve a

Jürgen Habermas

partir de duas raízes: de um lado, da perspectiva do observador, que a criança adquire na interação perceptivo-manipuladora com seu entorno físico, assim como, de outro lado, das perspectivas Eu-Tu reciprocamente relacionadas, que a criança exercita na interação simbolicamente mediada com suas pessoas de referência (no quadro da interação socializadora). A perspectiva do observador se cristaliza posteriormente na atitude objetivante em face da natureza externa (ou do mundo de estados de coisas existentes), enquanto as perspectivas Eu-Tu se estabelecem de maneira duradoura naquelas atitudes da primeira e da segunda pessoa que estão ligadas aos papéis comunicativos de falante e ouvinte. Essa estabilização é tributária de uma transformação e de uma diferenciação das perspectivas originais: a perspectiva do observador se encaixa no sistema de perspectivas de mundo; e as perspectivas Eu-Tu são completadas no sistema de perspectivas do falante. Desse modo, o desenvolvimento das estruturas de interação pode servir como fio condutor para a reconstrução desses processos.

Em segundo lugar, perseguirei a hipótese de que a *completude do sistema de perspectivas do falante* se efetua em dois grandes passos de desenvolvimento. O estágio pré-convencional de interação pode, de pontos de vista estruturais, ser concebido como implementação das perspectivas Eu-Tu exercitadas nos papéis de falante e ouvinte segundo os tipos de ação. Em seguida, a introdução da perspectiva do observador no domínio da interação e a ligação da perspectiva do observador com as perspectivas Eu-Tu tornam possível transpor a coordenação da ação para um novo nível. O sistema completo de perspectivas do falante decorre dessas duas transformações: os papéis comuni-

Consciência moral e ação comunicativa

cativos de primeira, segunda e terceira pessoa só se congregam depois da passagem para o estágio convencional de interação.

O sistema de perspectivas de mundo se completa de outro modo. Para reconstruir esse processo, podemos nos ater à observação de que dois tipos de ação se contrapõem no estágio convencional de interação: ação estratégica e interação regulada por normas. Uma vez que a criança, ao integrar a perspectiva do observador no domínio da interação, aprende a perceber as interações – e sua participação nelas – como processos no mundo objetivo, pode-se formar na linha do comportamento conflituoso guiado por interesses um tipo de ação puramente orientada ao êxito. Mas, com o exercício da ação estratégica, entra ao mesmo tempo no campo de visão a alternativa da ação não estratégica. E tão logo a *percepção* das interações sociais se diferencia nesse sentido, o adolescente não pode se subtrair ao imperativo de também reorganizar no nível convencional os tipos de ação não estratégica que, por assim dizer, ficaram para trás. Com isso, um mundo social de interações reguladas por normas e que é capaz de ser tematizado se desprende do pano de fundo do mundo da vida.

Por isso, em terceiro lugar, eu gostaria de investigar a hipótese de acordo com a qual a introdução da perspectiva do observador no domínio da interação também impulsiona a constituição de um mundo social – e pensa as ações a partir dos pontos de vista da satisfação e da violação de normas socialmente reconhecidas. Para seus membros, um mundo social é constituído exatamente pelas normas que definem quais interações pertencem a cada vez à totalidade das relações interpessoais justificadas; todos os atores, para quem um tal conjunto de normas está em vigor, pertencem ao mesmo mundo social. E com o conceito de mundo social também está ligada a atitu-

Jürgen Habermas

de conforme a normas, ou seja, *a perspectiva* a partir da qual um falante se relaciona com as normas reconhecidas.[23]

Portanto, os conceitos fundamentais de mundo social e de interação regulada por normas, que são considerados em termos de cognição social, formam-se no quadro de uma compreensão descentrada de mundo que é tributária da diferenciação entre perspectivas do falante e perspectivas de mundo. Por fim, essas pressuposições bastante complexas das perspectivas sociais de Kohlberg devem nos fornecer o fio condutor para que os estágios do juízo moral retrocedam aos estágios de interação.

No que se segue, trata-se apenas de tornar plausíveis as hipóteses desenvolvidas agora sobre a ontogênese das perspectivas do falante e do mundo com base nas investigações empíricas em questão. Uma tal reconstrução hipotética pode, no melhor dos casos, orientar outras investigações. Contudo, nossas hipóteses exigem uma distinção não tão simples de operacionalizar entre a) papéis comunicativos e perspectivas do falante; b) a implementação dessas perspectivas do falante em tipos de interação diversos; e c) a estrutura de perspectivas de uma compreensão de mundo que admite a escolha entre atitudes fundamentais em relação ao mundo objetivo, social e subjetivo. Estou ciente da dificuldade resultante de que tenho de *aduzir* à investigação a partir de fora os pontos de vista analíticos de (a) até (c).

---

23 Uma hipótese correspondente para a construção de um mundo interior delimitado por um mundo objetivo e social só nos interessa na medida em que a esse mundo subjetivo de vivências tematizadas está ligada uma outra atitude fundamental e uma terceira perspectiva que *completa* o *sistema de perspectivas de mundo.*

Consciência moral e ação comunicativa

III. A integração das perspectivas do participante e do observador e a transformação dos tipos de ação pré-convencionais

De início, interpretarei os estágios de assunção de perspectivas de R. Selman procurando saber como se constrói de maneira progressiva um sistema de perspectivas do falante completamente reversíveis (1). Além disso, descrevo quatro tipos diversos de interação em que as perspectivas Eu-Tu são incorporadas com a finalidade de mostrar, com base na transformação do comportamento conflitivo guiado por interesses na ação estratégica, o que significa a introdução da perspectiva do observador no domínio da interação (2). Por fim, reconstruo a transformação da ação regulada por autoridade e do comportamento cooperativo regulado por interesses em uma ação regulada por normas para demonstrar que só nessa linha é possível desenvolver a complexa estrutura de perspectivas da ação orientada ao entendimento (3).

(1) Em sua apresentação resumida, Selman caracteriza três estágios de assunção de perspectivas com base nos conceitos de pessoas e de relações.[24]

---

24 Ignoro o estágio 0, já que nele a criança não efetua diferenciação alguma que seja relevante para o nosso contexto. Tampouco considero o estágio 4, pois este já pressupõe o conceito de norma de ação que, como veremos, não pode ser reconstruído *unicamente* com a ajuda da assunção de perspectivas, mas exige conceitos sociocognitivos de *outra* procedência: Selman não consegue diferenciar os estágios 3 e 4 apenas a partir dos pontos de vista da assunção de perspectivas.

Jürgen Habermas

Tabela 3 – Perspectivas de ação segundo Selman

Estágio 1: O estágio da punição e da obediência. Assunção de perspectiva diferenciada e subjetiva (cerca de 5 a 9 anos de idade)

Conceitos de pessoas: Diferenciadas. No estágio 1, o avanço conceitual decisivo é a diferenciação clara das características físicas e psicológicas das pessoas. Como resultado, atos intencionais e involuntários são diferenciados e gera-se uma nova consciência de que cada pessoa tem uma vida psicológica única, subjetivamente encoberta. Pensamento, opinião ou estado emocional no interior de um indivíduo, contudo, são considerados unitários, não misturados.

Conceitos de relações: Subjetivas. As perspectivas subjetivas do eu [self] e do outro são claramente diferenciadas e reconhecidas como potencialmente diferentes. Contudo, o estado subjetivo do outro ainda é considerado legível por simples observação física. A relação de perspectivas é concebida em termos unilaterais, de mão única, em termos de perspectiva e de impacto sobre um ator. Por exemplo, nessa concepção simples, de mão única, em que se relacionam perspectivas e causalidade interpessoal, um presente torna alguém feliz. Onde há uma compreensão qualquer de reciprocidade de mão dupla, ela está limitada ao aspecto físico – a criança golpeada golpeia de volta. Os indivíduos parecem responder à ação com uma ação semelhante.

Estágio 2: Segunda pessoa/autorreflexiva e assunção recíproca de perspectiva (cerca de 7 a 12 anos de idade)

Conceitos de pessoas: Segunda pessoa/autorreflexiva. Os avanços conceituais decisivos no estágio 2 são a habilidade da criança em crescimento de pular mentalmente para fora de si mesma e assumir uma perspectiva autorreflexiva ou de segunda pessoa em relação a seus próprios pensamentos e ações e apercebendo-se de que os outros podem fazer a mesma coisa. O pensamento e os estados emocionais das outras pessoas são considerados potencialmente múltiplos, por exemplo, curiosos, assustados e felizes, ainda assim como agrupamentos de aspectos mutuamente isolados, sucessivos ou equilibrados, por exemplo, na maioria das vezes curiosos e felizes e um pouco assustados. Assim, tanto os eus [selves] quanto os outros são considerados capazes de fazer coisas (ações manifestas) que eles podem não querer (pretender) fazer. E considera-se que pessoas contam com uma orientação dual, socialmente configurada: aparência física, possivelmente encenada para se fazer notar, e a realidade oculta *mais verdadeira.*

Consciência moral e ação comunicativa

Conceitos de relações: *Recíprocas*. Diferenças entre perspectivas são consideradas de maneira relativista por causa do reconhecimento que a criança efetua no estágio 2 em relação ao caráter único da ordem de valores e de propósitos de cada pessoa. Uma nova reciprocidade de mão dupla é o caráter distintivo dos conceitos de relações do estágio 2. Trata-se da reciprocidade de pensamentos e sentimentos, não meramente de ações. A criança coloca-se no lugar da outra pessoa e se torna ciente de que a outra pessoa fará o mesmo. Em termos estritamente lógico-mecânicos, a criança agora vê a possibilidade do regresso infinito da assunção de perspectiva (eu sei que ela sabe que eu sei que ela sabe... etc.). A criança também reconhece que a distinção entre aparência externa e realidade interna significa que os eus [*selves*] podem levar os outros ao engano no que concerne a seus estados internos, o que coloca limites precisos em relação à assunção da perspectiva interna do outro. Em essência, a reciprocidade de mão dupla desse nível conduz ao resultado prático da distensão, em que ambas as partes estão satisfeitas, mas em relativo isolamento: dois indivíduos vendo o eu e o outro, mas sem constituir um sistema de relação entre eles.

Estágio 3: Terceira pessoa e assunção mútua de perspectiva (cerca de 10 a 15 anos de idade)

Conceitos de pessoas: *Terceira pessoa*. No modo de pensar do adolescente no estágio 3, as pessoas são consideradas sistemas de atitudes e valores razoavelmente consistentes ao longo do tempo, em oposição à variedade aleatoriamente modificável de estados no estágio 2. O avanço conceitual crítico se direciona à habilidade de assumir verdadeiramente a perspectiva da terceira pessoa, de abandonar não apenas a própria perspectiva imediata, mas o eu como um sistema, uma totalidade. Existem noções gerais do que pode ser chamado de "ego observador", tanto que adolescentes de fato veem a si próprios (e percebem as outras pessoas) simultaneamente como atores e objetos, simultaneamente agem e refletem sobre os efeitos da ação sobre si mesmos, refletindo sobre o eu em interação com o eu.

Conceitos de relações: *Mútuas*. A perspectiva da terceira pessoa permite mais do que assumir para si a perspectiva do outro; a verdadeira perspectiva de terceira pessoa nas relações caracterizadas pelo estágio 3 simultaneamente inclui e coordena as perspectivas do eu e do(s) outro(s), e assim o sistema ou situação, bem como todas as suas partes, são vistos da perspectiva da terceira pessoa ou do outro generalizado. Enquanto no estágio 2 a lógica do regresso infinito, encadeando para a frente e para trás, era

231

de fato aparente, suas implicações não. No estágio 3, as limitações e futilidade última das tentativas de entender as interações com base no modelo do regresso infinito se tornaram aparentes e a perspectiva da terceira pessoa nesse estágio permite ao adolescente se colocar abstratamente fora da interação interpessoal e simultânea e mutuamente coordenar e considerar as perspectivas (e as interações) de si mesmo e do(s) outro(s). Os sujeitos pensando nesse estágio veem a necessidade de coordenar perspectivas recíprocas e acreditam que a satisfação social, a compreensão ou a resolução devem ser mútuas e coordenadas para que sejam genuínas e efetivas. As relações são consideradas mais como um sistema em construção em que pensamentos e experiências são mutuamente partilhados.[25]

No grupo com idade entre 5 e 9 anos de idade, o processo de aquisição da linguagem se encerrou.[26] A assunção incompleta de perspectivas, que é característica do estágio I, já repousa sobre a base estável de uma intersubjetividade mediada pela linguagem. Se, assim como G. H. Mead, partirmos do fato de que o adolescente adquire a compreensão de significados idênticos, isto é, convenções semânticas intersubjetivamente válidas na medida em que ele assume repetidamente no contexto de interação as perspectivas e atitudes de uma pessoa de referência, então o desenvolvimento de perspectivas de *ação* investigado por Selman se vincula a uma história já acabada da assunção de perspectivas no domínio de perspectivas do falante. A criança que é capaz de falar já aprendeu como endereçar um proferimento a

---

25 Selman, *The Growth of Interpersonal Understanding*, op. cit., p.38 *ss.*; Keller, *Kognitive Entwicklung und soziale Kompetenz*; Geulen, *Perspektivenübernahme und soziales Handeln.*

26 Contudo, os indicadores de idade são relativos à situação da pesquisa. Em contextos naturais de observação, é possível notar que crianças (em sociedades ocidentais contemporâneas) já dispõem desde cedo das competências correspondentes.

Consciência moral e ação comunicativa

um falante com intenção comunicativa e, inversamente, como compreender um tal proferimento na qualidade de destinatário. Ela passa a dominar uma relação Eu-Tu recíproca entre falantes e ouvintes tão logo é capaz de distinguir entre dizer e fazer. Ela distingue então atos de entendimento com um ouvinte, ou seja, atos de *fala* e seus equivalentes, de atos de influência sobre um objeto físico ou social. Essa é, portanto, a situação de partida com a qual lidam nossas reflexões, caracterizada pelo fato de que a relação recíproca entre falante e ouvinte no plano da *comunicação* ainda não se estabeleceu no plano da *ação*. A criança compreende o que *alter pensa* com enunciados, exigências, anúncios e desejos, e sabe que *alter compreende* os proferimentos de *ego*. Mas essa reciprocidade entre as perspectivas de falante e ouvinte, que se refere ao *dito*, não significa que haja *reciprocidade das orientações de ação*, não se estende de maneira automática, em todo caso, à estrutura de expectativa de um agente, às perspectivas a partir das quais os atores projetam e perseguem seus planos de ação. A *coordenação de planos de ação* exige, para além da reciprocidade de perspectivas dos falantes, um *entrelaçamento de perspectivas de ação*. Desse ponto de vista é possível interpretar os estágios de Selman como se segue.[27]

Para o *primeiro estágio*, Selman postula que a criança certamente distingue entre as perspectivas de interpretação e de ação dos diferentes participantes da interação, mas, ao fazer uma avaliação das ações do outro, ainda é incapaz de manter seu próprio ponto de partida e, ao mesmo tempo, colocar-se

---

27 A conexão entre o uso de pronomes possessivos e perspectivas de ação foi elucidada por Böhme, *Children's Understanding and Awareness of German Possessive Pronouns*, p.156 ss.

Jürgen Habermas

no lugar do outro. Por isso, ela também não consegue avaliar suas próprias ações do ponto de vista do outro.[28] A criança começa a diferenciar entre mundo exterior e mundo interior ao qual tem acesso privilegiado; faltam a ela, contudo, os conceitos sociocognitivos fundamentais mais afiados para o mundo do normativo que Kohlberg havia estimado para o estágio convencional das perspectivas sociais. Nesse estágio, a criança faz um uso correto das proposições enunciativas, das proposições de exigência, de desejo e de intenção. Mas ainda não as vincula claramente com proposições normativas; imperativos ainda não são diferenciados pelo fato de o falante vincular a eles uma pretensão subjetiva de poder ou uma pretensão de validade normativa, ou seja, impessoal.[29]

O primeiro passo em direção à coordenação de planos de ação de diferentes participantes da interação com base em uma definição comum da situação consiste em *estender a relação recíproca entre falante e ouvinte à relação entre atores* que interpretam a *situação* comum *da ação* à luz de seus respectivos planos e a partir de perspectivas diversas. Não é casual que Selman caracterize esse estágio da assunção de perspectivas pela perspectiva da "segunda pessoa". Pois, com a passagem ao *segundo estágio*, o adolescente liga as orientações da ação do falante e do ouvinte de maneira reversível. Ele é capaz de se colocar na perspectiva

---

28 Selman, Stufen der Rollenübernahme in der mittleren Kindheit, em Döbert; Habermas; Nunner-Winkler (orgs.), *Entwicklung des Ichs*, p.111.

29 Sobre a despersonalização crescente da autoridade, cf. Damon, Zur Entwicklung der sozialen Kognition des Kindes, em Edelstein; Keller (orgs.), *Perspektivität und Interpretation*, p.110 *ss.*, cf. também p.121-2.

Consciência moral e ação comunicativa

de ação do outro, sabendo que o outro também pode se colocar na perspectiva de ação de *ego*; *ego* e *alter* conseguem assumir a atitude do outro diante de suas próprias orientações de ação. Com isso, os papéis *comunicativos* de primeira e segunda pessoa se tornam eficazes para a coordenação da *ação*. A estrutura de perspectivas inerente à atitude performativa de um falante não é mais determinante apenas para o entendimento, mas para a própria interação. Com isso, as perspectivas Eu-Tu de falante e ouvinte são utilizadas na ação com consequências para a coordenação.

Essa estrutura de perspectivas altera-se novamente com a passagem para o *terceiro estágio* logo que a perspectiva do observador é introduzida no âmbito da interação. Naturalmente, as crianças fazem há muito tempo um uso correto de pronomes de terceira pessoa na medida em que se entendem *sobre* outras pessoas, seus proferimentos, relações de posse etc. Elas também já conseguem adotar uma atitude objetivante em relação a coisas e eventos perceptíveis e manipuláveis. Porém, com base nessa perspectiva do observador, os adolescentes aprendem a se voltar às relações interpessoais que eles acolhem em atitude performativa com um participante da interação. Eles as ligam a uma atitude neutra de uma pessoa imparcialmente presente, que habita o processo de interação no papel de ouvinte ou de espectador. Sob esse pressuposto, a *reciprocidade das orientações da ação* no estágio precedente pode ser *objetificada* e trazida à consciência em seu *contexto sistêmico*.

Essa completude do sistema de perspectivas de ação significa, ao mesmo tempo, a atualização do sistema de perspectivas do falante inscrito na gramática dos pronomes pessoais,

Jürgen Habermas

o qual possibilita um novo nível de organização do diálogo.[30] A nova estrutura consiste em que o entrelaçamento recíproco das orientações de ação da primeira e da segunda pessoa pode ser compreendido enquanto tal da perspectiva de uma terceira pessoa. Tão logo a interação é reestruturada nesse sentido, os participantes não se limitam a *assumir* reciprocamente suas perspectivas de ação, mas também podem *trocar* as perspectivas de participante pela perspectiva do observador e transformá-las entre si. Nesse terceiro estágio da assunção de perspectivas, efetua-se a construção do "mundo social" que foi preparado no segundo estágio. Antes que eu possa mostrar isso, preciso primeiro caracterizar os tipos de interação que, na passagem do segundo para o terceiro estágio, se transformam em ação estratégica ou ação regulada por normas.

(2) Selman desenvolveu originalmente sua teoria com base em entrevistas clínicas que se apoiavam na exibição de duas histórias filmadas. No centro de um desses curta-metragens está Holly, uma menina de 8 anos de idade; o dilema em que ela cai reflete o conflito entre uma promessa que o pai ouviu dela e a relação com uma amiga que ela deve ajudar.[31] A história é

---

30 Auwärter; Kirsch, Zur Interdependenz von kommunikativen und interaktiven Fähigkeiten in der Ontogenese, em Martens (org.), *Kindliche Kommunikation*, p.243 *ss.*; id., Katja, spielst Du mal die Andrea?, em Mackensen; Sagebiel (orgs.), *Soziologische Analysen*, p.473 *ss.*; id., Zur Ontogenese der sozialen Interaktion (manusc.).

31 "Holly é uma menina de 8 anos de idade que gosta muito de subir em árvores. Em toda a vizinhança ninguém é tão boa quanto ela. Um dia, ao descer de uma árvore alta, ela cai do galho mais baixo, mas não se machuca. Seu pai viu como ela caiu. Ele ficou muito chocado e lhe pediu que prometesse nunca mais subir em árvores. Holly promete a ele isso. Durante o dia, Holly encontra seu amigo

Consciência moral e ação comunicativa

construída de modo que nesse conflito colidam dois sistemas de ação aos quais pertencem, em primeiro lugar, crianças de grupos etários relevantes: a família e os grupos de amigos. J. Youniss comparou, de pontos de vista estruturais, as relações sociais que existem tipicamente entre adultos e crianças, de um lado, e pessoas da mesma idade, de outro.[32] Ele as caracterizou por meio de diferentes formas de reciprocidade. A forma não simétrica de reciprocidade, a saber, uma *complementaridade entre expectativas de comportamento diferentes*, produz-se antes sob condições de um desnível de autoridade, ou seja, na família, enquanto sob condições de relações de amizade igualitárias produz-se antes a *simetria entre expectativas de comportamento similares*. Para a coordenação da ação, uma complementaridade regulada por autoridade tem por consequência o fato de que um controla a contribuição do outro na interação; uma reciprocidade, por sua vez, significa que os participantes controlam reciprocamente suas contribuições na interação.

Manifestamente, as relações sociais complementares que são reguladas por autoridade e as relações sociais simétricas que são reguladas por interesses determinam dois *tipos de ação diversos* que podem incorporar a *mesma estrutura de perspectivas*, mais precisamente aquela reciprocidade das perspectivas de ação que

---

Sean. O gatinho de Sean ficou preso no alto de uma árvore e não consegue mais descer. Alguma coisa precisa ser feita logo, pois o gatinho não consegue descer. Holly é a única que consegue subir tão bem que poderia alcançar o gatinho e trazê-lo para baixo, mas ela se lembra da promessa que havia feito ao seu pai." Selman, Stufen der Rollenübernahme in der mittleren Kindheit, op. cit., p.112.

32 Youniss, Die Entwicklung von Freundschaftsbeziehungen, em Edelstein; Keller (orgs.), *Perspektivität und Interpretation*, p.78 ss.

caracteriza o segundo estágio de assunção de perspectivas segundo Selman. Nos dois tipos de ação, as perspectivas Eu-Tu, que falante e ouvinte adotam um em relação ao outro, são implementadas. De acordo com Selman, nesse estágio as crianças também dispõem de conceitos estruturalmente análogos de expectativa de comportamento, de autoridade, de motivação e capacidade de ação. Esse aparato sociocognitivo permite uma diferenciação entre mundo exterior e a interioridade de uma pessoa, a atribuição de intenções e orientações de necessidades e a distinção entre ações intencionais e involuntárias. As crianças também adquirem com isso a capacidade de regular as interações com artimanhas, se for o caso.

Em relações cooperativas, os participantes prescindem do recurso a ilusões. Mesmo nas relações reguladas por autoridade, a parte dependente não precisa, em caso de conflito, recorrer a artimanhas. A opção de uma influência enganosa sobre o comportamento de *alter* existe apenas sob a condição de que *ego* interprete a relação social como simétrica (a) e a situação da ação do ponto de vista das necessidades em conflito (b). Esse comportamento baseado na concorrência exige a *influência recíproca* de *ego* sobre *alter*. Naturalmente, essa espécie de concorrência também encontra lugar no quadro institucional da família, ou seja, sob a condição de um desnível de autoridade objetivamente existente; mas então a criança se comporta diante dos membros da geração mais velha como se entre eles houvesse uma relação simétrica. Por essa razão, recomenda-se não diferenciar os tipos de ação pré-convencionais segundo os sistemas de ação, mas a partir dos pontos de vista abstratos das formas de reciprocidade:

Consciência moral e ação comunicativa

Tabela 4 – Tipos de ação pré-convencionais

Forma de reciprocidade	Orientação da ação	
	Cooperação	Conflito
Complementaridade regulada por autoridade	1	2
Simetria regulada por interesses	3	4

Nos casos 2 e 3, os conflitos são resolvidos com estratégias diferentes. Em caso de perceptível dependência, a criança tenta resolver o conflito entre suas próprias necessidades e as condições imperativas impostas por seu defrontante evitando sanções ameaçadoras; ela orienta sua ação por aquelas considerações que em sua estrutura se assemelham aos juízos do primeiro estágio moral de Kohlberg (Tabela 1). Em caso de perceptível distribuição igual de poder, a criança pode, em contrapartida, aproveitar-se de possibilidades de ilusão que existem em relações simétricas. J. H. Flavell simulou esse caso com ajuda do seu experimento da moeda.[33]

A pesquisa psicológica da assunção de perspectivas empenhou-se inicialmente nesse caso especial, ou seja, em um desses quatro tipos de interação. Sabe-se que Flavell escolhe para seu experimento a seguinte situação: sob duas xícaras invertidas se encontra escondida uma quantia em dinheiro (uma ou duas moedas), que também se mostra visível a partir de cima pelo lado do fundo dessa mesma xícara. Conta-se claramente às pessoas testadas que entre a etiquetagem e a quantia realmente escondida há uma relação que pode ser alterada a bel-prazer.

---

33 Flavell et al., *The Development of Role-Taking and Communication Skills in Children*.

A tarefa consiste em distribuir secretamente as quantias em dinheiro de tal modo que uma pessoa participante, que foi desafiada a escolher a xícara com a quantia supostamente maior, seja levada ao erro e saia dali sem nada. O experimento é definido de modo que as pessoas testadas aceitem e assumam o quadro de um comportamento competitivo, *influenciando indiretamente* as decisões de um defrontante. Nesse quadro, os participantes supõem que a) cada um se limita a perseguir seus próprios interesses – monetários ou outros; b) cada um conhece os interesses do outro; c) um entendimento direto está excluído – todos só precisam ter acesso a como o outro se comporta; d) artimanhas são exigidas de ambas as partes, ou pelo menos permitidas; e e) pretensões de validade normativas, que até poderiam estar ligadas às próprias regras do jogo, não aparecem *dentro* do jogo. O sentido do jogo é claro: *alter* tentará obter o máximo de ganho e *ego* deve evitar que isso aconteça. Agora, se as pessoas testadas pudessem dispor da estrutura de perspectivas que Selman reservou ao segundo estágio, elas escolheriam a *estratégia B* de Flavell. A criança presume que *alter* se deixa guiar por considerações monetárias e buscará as duas moedas escondidas sob a xícara etiquetada como contendo uma única moeda com a fundamentação de que *alter* supõe que eu quero levá-lo a erro e, logo, *não* deixaria as duas moedas na xícara etiquetada dessa forma.

Esse é um exemplo produzido de maneira experimental para um comportamento baseado na concorrência em que perspectivas Eu-Tu são incorporadas (caso 4, Tabela 4). Na mesma linha desse tipo de ação, é possível acompanhar bem a transformação do estágio pré-convencional de interação. Logo que as pessoas testadas dispuserem da estrutura de perspectivas

Consciência moral e ação comunicativa

que Selman atribui ao terceiro estágio, elas escolherão a *estratégia C*. Pois continuarão girando a espiral de reflexão e levarão em consideração que *alter* também percebe a estratégia *B* de *ego* (e a reciprocidade das perspectivas de ação subjacentes). Esse discernimento é obtido pelo adolescente assim que ele é capaz de objetivar as relações recíprocas entre *ego* e *alter* da perspectiva de um observador e as considerar um sistema. Assim, em princípio, ele tem condições de conhecer a estrutura desse jogo entre duas pessoas: pressupondo que os dois participantes se comportam racionalmente, as probabilidades de ganho e perda são igualmente repartidas, de sorte que *ego* pode tomar tanto uma quanto outra decisão.

Portanto, a *estratégia C* caracteriza uma ação que só é possível no estágio convencional de interação se, conforme sugerido, fosse exigida para tal estágio a complexa estrutura de perspectivas do terceiro estágio de Selman.[34] Desse ponto de vista,

---

34 Ibid., p.45 *ss*. Sobre a relação entre os estágios de assunção de perspectivas de Selman e as estratégias de Flavell, cf. Selman, *The Growth of Interpersonal Understanding*, op. cit., p.26-7. "O estágio 2 (B) é atribuído às respostas de crianças que indicam estar cientes de que a *outra* criança sabe que o *sujeito* sabe que: (a) Uma escolha tem certas vantagens (monetárias) em relação às outras; (b) isso pode influenciar a escolha da outra criança; e (c) isso, por sua vez, tem implicações para a escolha que o sujeito fará. Dever-se-ia enfatizar que o sucesso nesse estágio implica que a criança compreende o funcionamento recíproco do processo de consciência social; uma vez que a criança toma uma decisão atribuindo ao outro pensamentos e ações, ela também vê que o outro é capaz de similarmente atribuir pensamentos e ações ao eu [...]. O modo de pensar no estágio 3 (C) vai além da percepção da criança de que o eu precisa levar em consideração que o oponente pode também considerar os motivos e estratégias do eu. Trata-se de um nível de compreensão em que a

é possível caracterizar a transformação do comportamento pré-convencional voltado à concorrência em ação estratégica mediante a coordenação entre as perspectivas do observador e do participante.

Com isso, também se altera o conceito de sujeito agente, na medida em que agora *ego* está em condição de atribuir a *alter* um padrão de atitude ou de preferência estável ao longo do tempo. *Alter*, que até então, contudo, parecia se orientar de maneira inteligente de acordo com sua constelação cambiante de necessidades ou interesses, é percebido agora como um sujeito que segue intuitivamente regras de escolha racional. Além disso, não é necessária *nenhuma* alteração estrutural do

---

criança é capaz de se afastar abstratamente dessa díade e ver que cada jogador pode simultaneamente considerar as perspectivas do eu e do outro em si e no outro, um nível de abstração que nós chamamos agora de perspectivismo *mútuo*" (p.27). [Em inglês, no original: "Level 2 (B) is assigned to the responses of children who indicate an awareness that the *other* child knows that the *subject* knows: (a) One choice has certain advantages (monetary) over the other; (b) this might influence that other child's choice; and (c) this in turn has implications for the choice that the subject is to make. It should be stressed that success at this level implies the child has an understanding of the reciprocal functioning of the social-awareness process; as the child makes a decision on the basis of his attributing thoughts and actions to the other, the child sees that the other is capable of similarly attributing thoughts and actions to the self [...]. Level 3 (C) thinking goes beyond the child's realization that the self must take into consideration that one's opponent can take into consideration the self's motives and strategies. It is a level of understanding at which the child is able to abstractly step outside the dyad and see that each player can simultaneously consider the self's and other's perspectives on each other, a level of abstraction which we now call *mutual* perspectivism". (N. T.)]

Consciência moral e ação comunicativa

aparato sociocognitivo. Em todos os outros aspectos, o inventário pré-convencional também é suficiente para aquele que age estrategicamente; para ele, basta derivar as expectativas de comportamento das intenções atribuídas, compreender os motivos com base em conceitos orientados por recompensa e punição e interpretar a autoridade como uma faculdade de criar expectativas ou fazer ameaças com sanções positivas ou negativas (Tabela 5).

Diferentemente do comportamento elementar baseado na concorrência (caso 4, Tabela 4), os *outros* três tipos de ação pré-convencionais não podem ser adaptados com os mesmos meios escassos ao estágio convencional de interação.

(3) Até aqui, investiguei de que maneira o tipo de ação estratégica se diferencia primeiramente do comportamento baseado na concorrência. De acordo com a hipótese defendida por mim, a passagem para o estágio convencional é efetuada quando a perspectiva do observador alicerçada nas perspectivas Eu-Tu funde-se a um sistema de perspectivas de ação passíveis de transformação recíproca. Ao mesmo tempo, o sistema de perspectivas do falante é completado; com isso, a organização do diálogo alcança outro nível. Entretanto, o desenvolvimento de capacidades comunicativas não nos interessa necessariamente. Eu gostaria antes de investigar como os outros tipos de ação pré-convencionais (casos 1 a 3 na Tabela 4) se alteram na passagem para o estágio convencional de interação.

Neste ponto, limito-me uma vez mais às características estruturais e deixo de considerar de que forma a dinâmica da reestruturação das perspectivas de ação pode ser explicada. Gostaria apenas de separar em termos analíticos os caminhos de desenvolvimento da ação regulada por normas e da ação es-

Tabela 5 – Passagem para o estágio convencional de interação (I): Do comportamento pré-convencional baseado na concorrência para a ação estratégica

Tipos de ação	Aparato sociocognitivo			
	Estrutura de perspectivas	Estrutura de expectativa de comportamento	Conceito de autoridade	Conceito de motivação
Comportamento pré--convencional baseado na concorrência	Ligação recíproca de perspectivas de ação (Selman: estágio 2; Flavell: estratégia B)	Padrão particular de comportamento Atribuição de intenções latentes	Arbítrio sancionado externamente de pessoas de referência	Orientação à recompensa/ punição
Ação estratégica	Coordenação de perspectivas do observador e do participante (Selman: estágio 3; Flavell: estratégia C)			

Consciência moral e ação comunicativa

tratégica. O ponto de partida problemático seria caracterizado pelas seguintes circunstâncias:

— a força reguladora da ação que advém da autoridade de pessoas de referência ou da orientação imediata ligada às próprias necessidades não basta mais para satisfazer a carência de coordenação;

— o comportamento baseado na concorrência já se adaptou à ação estratégica e, portanto, desacoplou-se da orientação *imediata* ligada às próprias necessidades; e

— com isso, entra em cena uma polarização entre atitudes orientadas ao êxito e atitudes orientadas ao entendimento, a qual tanto obriga quanto normaliza a escolha entre tipos de ação com ou sem possibilidades de ludibriação.

Nessa situação, os modos pré-convencionais de coordenação da ação são pressionados pelos domínios do comportamento não determinados pela concorrência. O aparato sociocognitivo precisa ser reestruturado de modo que um mecanismo de coordenação da ação não estratégica, mais precisamente orientada ao entendimento, possa ser introduzido, o qual seja independente em relação a ambos os lados — tanto da relação de autoridade ligada a pessoas concretas de referência quanto da relação direta aos próprios interesses. O estágio dessa ação convencional, mas não estratégica, exige conceitos sociocognitivos fundamentais que estão centrados em torno do conceito de arbítrio suprapessoal. Pois o conceito de expectativa de comportamento (ou seja, de papel social) recoberto pela autoridade suprapessoal nivela a diferença entre imperativos alheios e intenções próprias, modificando em igual medida tanto o conceito de autoridade quanto o de interesse.

Selman e Damon[35] descreveram unanimemente em traços essenciais o desenvolvimento dos conceitos de amizade, pessoas, grupos e autoridade durante a média infância. Como mostram as observações da etologia humana nas primeiras interações entre mãe e filho, esses conceitos fundamentais têm uma história de desenvolvimento extremamente complexa que remonta aos primeiros meses de vida.[36] Parece evidente que as capacidades sociocognitivas, que a partir desse fundo das condições sociais e das relações intersubjetivas mais iniciais são gradativamente diferenciadas até a média infância, esgotam-se seletivamente apenas no âmbito do comportamento baseado na concorrência; pois o comportamento pré-convencional baseado na concorrência só pode ser reconfigurado em termos de ação estratégica sem que a introdução da perspectiva do observador no domínio de interação abarque o aparato sociocognitivo como um todo. Em contrapartida, uma reestruturação global, que Selman perseguiu em quatro dimensões,[37] é necessária para a passagem à ação regulada por normas. Ligar-se-ia a isso o fato de a reorganização que acompanha essa linha de desenvolvimento partir daqueles três tipos pré-convencionais de ação que excluiriam a ilusão permitida nos comportamen-

---

35 Selman, *The Growth of Interpersonal Understanding*, op. cit.; Damon, *The Social World of the Child*.

36 Schaffer, Acquiring the Concept of the Dialogue, em Bornstein; Kessen (orgs.), *Psychological Development from Infancy*, p.279 *ss.*; Sylvester-Bradley, Negativity in Early Infant-Adult Exchanges, em Robinson (org.), *Communication in Development*, p.1 *ss.*; Trevarthen, The Foundations of Intersubjectivity, em Olson (org.), *The Social Foundations of Language and Thought*, p.316 *ss.* Para uma visão abrangente sobre os resultados de pesquisa, cf. Auwärter; Kirsch, Zur Ontogenese der sozialen Interaktion, op. cit.

37 Selman, *The Growth of Interpersonal Understanding*, op. cit., p.131 *ss.*

Consciência moral e ação comunicativa

tos baseados na concorrência e que, em alguma medida, dependeriam de consenso. Um acesso empírico às formas prévias de ação regulada por normas é oferecido pelas investigações sobre a elaboração cooperativa de problemas de distribuição e de conflitos de ação em grupos de pares de diferentes faixas etárias.[38] A capacidade de resolver consensualmente problemas interpessoais entre pessoas de mesma idade cresce de forma regular com a idade e com o amadurecimento cognitivo. Essa capacidade é um bom indicador para os mecanismos de coordenação da ação que estão disponíveis em diferentes estágios de desenvolvimento.

No que se segue, limitar-me-ei aos conceitos de autoridade suprapessoal e de norma de ação, porque tais conceitos são constitutivos para o conceito estrito de mundo social como totalidade de relações interpessoais reguladas legitimamente. Enquanto da perspectiva da criança, por exemplo, relações de autoridade e de amizade se apresentam em um nível pré-convencional na qualidade de relações de troca (por exemplo, como troca de obediência por orientação de conduta ou segurança, de reivindicação por recompensa, de benefício por benefício ou prova de confiança), a categoria de troca não é a mais apropriada para as relações reorganizadas no estágio convencional.[39] As noções de vínculo social, autoridade e lealdade se descolam dos contextos particulares e das pessoas de refe-

---

38 Miller; Klein, Moral Argumentations among Children, *Linguistische Berichte*, cad.74/81, p.I *ss.*, 1981; Miller, Argumentationen als moralische Lernprozesse, em *Zeitschrift für Pädagogik*, v.28, n.2, p.299 *ss.*, 1982.

39 Isso se mostra precisamente na tentativa de descrever o estágio convencional de interação em conceitos de uma teoria das trocas. Cf. Damon, Zur Entwicklung der sozialen Kognition des Kindes,

rência e se convertem nos conceitos normativos de obrigação moral, de legitimidade de regras, de validade deontológica de ordens autorizadoras etc.

Um tal passo já se encontra preparado no segundo estágio de interação, ou seja, com base em perspectivas de ação que se entrelaçam reciprocamente quando o adolescente A aprende, na interação com uma determinada pessoa de referência B, padrões de comportamento de traço particular.[40] Para a reconstrução dessa passagem, fiz uma sugestão em outro lugar que, no entanto, serve apenas à análise conceitual.[41]

Uma vez que, para a criança, por trás das expectativas particulares de comportamento dos pais se encontra apenas a autoridade de um defrontante que lhe causa muita impressão, e por quem está fortemente investido de afetos, a tarefa da passagem ao estágio convencional de interação deve ser vista como se o arbítrio imperativo de uma pessoa considerada fosse elaborado enquanto autoridade de um arbítrio suprapessoal que se

---

op. cit., p.121 ss., especialmente o terceiro nível de regulação social, p.128.

40 No caso mais simples, as expectativas de B de que A siga seus imperativos "q", assim como a expectativa recíproca de A de que seu desejo "r" seja satisfeito por B, estão ligadas em pares. No quadro da interação socializadora, essa ligação, para B, resulta de normas que regulam a relação pais-filho; no contexto desse cuidado parental, A *experimenta*, todavia, a ligação normativa de expectativas de comportamento complementares simplesmente como regularidade empírica. Ao manifestar "r", A antecipará que B satisfará esse desejo na *expectativa* de que A, por sua vez, obedecerá ao imperativo "q" proferido por B. Ao assumir para si próprio essa expectativa de B, A adquire o conceito de *padrão de comportamento* que liga condicionalmente as expectativas de comportamento particulares entrelaçadas de forma complementar.

41 Para o que se segue, cf. Habermas, *Theorie des kommunikativen Handeln*, op. cit., v.2, p.554 ss.

Consciência moral e ação comunicativa

descolou dessa pessoa determinada. Sabe-se que Freud e Mead admitiram unanimemente que padrões particulares de comportamento se desassociam de intenções ligadas a contextos e de atos de fala de pessoas particulares e conservam a forma externa de normas sociais na medida em que as sanções ligadas a tais padrões são *internalizadas* pela assunção de atitudes, isto é, são integradas na personalidade do adolescente e, com isso, tornam-se independentes do poder de sanção de pessoas de referência concretas. Nesse caso, o sentido imperativo da "expectativa" se desloca na medida em que A e B subordinam suas respectivas vontades individuais a um arbítrio *combinado*, como que *delegado* à expectativa de comportamento socialmente *generalizada*. Por essa via, surge para A o *imperativo de nível superior* de um padrão generalizado para além de todos os membros de um grupo social que tanto A quanto B reivindicam quando manifestam o imperativo "q" ou o desejo "r".

Enquanto Freud esclarece o lado psicodinâmico desse processo, Mead se interessa pelas *condições sociocognitivas de internalização*. Ele explica por que padrões particulares de comportamento só podem ser generalizados se A aprendeu a adotar diante de sua própria ação uma atitude objetivante e assim distinguir entre o sistema de perspectivas de ação que se entrelaçam entre A e B e os contextos particulares em que essas duas pessoas se encontram a cada vez. Apenas quando A, em sua interação com B, assumir simultaneamente a atitude que um membro de seu grupo social adotaria diante deles, ele pode se tornar consciente da *permutabilidade* das posições adotadas entre A e B. Ao fazer isso, A também toma conhecimento de que o que para ele parecia um padrão de comportamento talhado para essa criança e para esses pais já havia resultado para B desde sempre de uma compreensão intuitiva das normas que regulam as relações entre crianças e pais em geral. Com a internalização de expectativas concretas, A constrói o conceito de um padrão de comportamento socialmente generalizado, a saber, que aponta para além de *todos* os membros de grupos cujos lugares não estão reservados a *ego* e *alter*, mas em princípio pode ser adotado por todos os membros de seu grupo social.

Essa generalização social do padrão de comportamento não deixa intocado o *sentido imperativo* a ele vinculado. De agora em diante, A compreende as interações em que A, B, C, D... manifestam e perseguem seus imperativos ou desejos como satisfação da *vontade coletiva do grupo* à qual A e B submetem em comum seus arbítrios. Por trás do *papel social* se encontra a autoridade de um imperativo generalizado em termos de especificação de grupo, o poder unificado de um grupo concreto, que exige lealdade e que se opõe à lealdade. Com isso, alteram-se também as formas de reciprocidade inscritas nas relações sociais. Na medida em que os participantes espelham seus papéis sociais com consciência de que na qualidade de membros de um grupo social estão *autorizados* em dadas situações a esperar uns dos outros determinadas expectativas de ação e, ao mesmo tempo, são *obrigados* a satisfazer as expectativas de comportamento justificadas dos outros, eles se apoiam em uma forma simétrica de reciprocidade, embora o *conteúdo* dos papéis continue sendo distribuído de maneira complementar entre os diferentes destinatários.

No entanto, o poder de sanção do grupo social que se encontra por trás dos papéis sociais perde o caráter de um imperativo de nível superior uma vez que o adolescente internaliza de novo o poder das instituições que de início o confronta factualmente e se ancora em seu *self* como um sistema de controles internos de comportamento. Só quando A considera as sanções do grupo como suas próprias, como sanções *dele mesmo*

Consciência moral e ação comunicativa

que se orientam *contra ele próprio*, ele *pressupõe* seu assentimento a uma norma cuja violação teria de punir. Diferentemente de imperativos socialmente generalizados, instituições possuem uma validade que remete ao reconhecimento intersubjetivo, ao assentimento dos concernidos. As tomadas de posição afirmativas que sustentam esse consenso conservam de início um *status* ambíguo. De um lado, elas *não* significam *mais* simplesmente o "sim" com o qual um ouvinte disposto a obedecer responde a um imperativo "q". Esse "sim" seria equivalente a uma proposição de intenção, que se refere à ação exigida $h_{(q)}$, e seria uma expressão do mero arbítrio, sem vinculação normativa. De outro lado, aquelas tomadas de posição *ainda não* são da espécie de um "sim" que se ergue diante de pretensões de validade criticáveis. Caso contrário, deveríamos supor que desde o início e por toda a parte a validade factual de normas de ação se baseia no acordo racionalmente motivado de todos os concernidos — contra isso fala com evidência o caráter repressivo que se manifesta nesse processo, já que a maioria das normas se torna eficaz na forma de controle social. Todavia, o controle social que é exercido sobre as normas válidas para grupos específicos não se apoia *unicamente* na repressão.

Essa compreensão ainda tradicionalista e dual já se apoia na representação da legitimidade de normas de ação. Nesse horizonte de representação, os papéis sociais que de início estão ligados a grupos primários podem ser generalizados para os componentes de um sistema de normas. Com isso, constitui-se um mundo de relações interpessoais legitimamente ordenadas e o conceito de ação baseada em papéis é reelaborado no de interação regulada por normas. A Tabela 6 fornece uma visão de conjunto sobre as respectivas transformações do aparato sociocognitivo, as quais não preciso discutir em pormenor.

Tabela 6 – Passagem para o estágio convencional de interação (2): Do comportamento pré-convencional baseado na cooperação para a ação regulada por normas

Tipos de ação	Conceitos sociocognitivos fundamentais			
	Estrutura de perspectivas	*Estrutura de expectativa de comportamento*	*Conceito de autoridade*	*Conceito de motivação*
Interação regulada por autoridade Cooperação regulada por interesses	Ligação recíproca de perspectivas de ação (Selman: estágio 2)	Padrão de comportamento particular	Autoridade de pessoas de referência Arbítrio sancionado externamente	Lealdade diante de pessoas Orientação à recompensa/punição
Ação baseada em papéis	Coordenação de perspectivas de observador e de participante (Selman: estágio 3)	Padrão de comportamento socialmente generalizado: papéis	Autoridade internalizada de arbítrio supraindividual = Lealdade	Dever *versus* inclinação
Interação regulada por normas		Papéis socialmente generalizados: sistema de normas	Autoridade internalizada da vontade coletiva impessoal = Legitimidade	

Consciência moral e ação comunicativa

IV. Sobre a questão de uma fundamentação dos estágios morais nos termos da lógica de desenvolvimento

Depois de desenvolver uma proposta de reconstrução dos dois estágios de interação seguindo o fio condutor das investigações sobre a assunção de perspectivas, eu gostaria de retornar à nossa questão inicial, que consistia em saber se as perspectivas sociais formuladas por Kohlberg podiam ser relacionadas de algum modo aos estágios de interação caso a fundamentação dos estágios morais nos termos da lógica de desenvolvimento se mostrasse plausível. De início, gostaria de examinar como a ontogênese da compreensão descentrada de mundo, ancorada estruturalmente na ação orientada ao entendimento, apresenta-se à luz das considerações feitas até aqui. Nesse ponto, mostra-se necessário introduzir os discursos como terceiro estágio de interação (1). A introdução de atitudes hipotéticas no domínio da interação e a passagem da ação comunicativa para o discurso significa, em referência ao mundo social, uma moralização das respectivas normas existentes. A desvalorização de instituições naturalizadas como válidas obriga a uma transformação do aparato sociocognitivo do estágio convencional em um conceito fundamental imediatamente moral (2). Por fim, reunirei os pontos de vista da lógica de desenvolvimento a partir dos quais as perspectivas sociais dos diferentes estágios de interação podem ser classificadas e as formas correspondentes de consciência moral podem ser justificadas *como* estágios (3).

(1) De acordo com Selman, o estágio pré-convencional de interação deixa-se caracterizar pela reciprocidade das perspectivas de ação dos participantes. Eu as interpretei como resultado

Jürgen Habermas

de uma implementação de perspectivas do falante nos tipos de ação – mais precisamente das perspectivas Eu-Tu que a criança já havia adquirido com os papéis comunicativos de falante e ouvinte. Logo, os estágios convencionais de interação se caracterizam por um sistema de perspectivas de ação que é obtido nos estágios precedentes pela coordenação da perspectiva do observador com as perspectivas do participante. Essa introdução da perspectiva do observador no domínio da interação possibilita (a) uma completude do sistema de perspectivas do falante, pelas quais os papéis comunicativos de primeira e segunda pessoa são conectados ao de terceira pessoa (isso afeta o nível de organização do diálogo). A nova estrutura de perspectivas é uma condição necessária (b) para a transformação do comportamento baseado no conflito e regulado por interesses em ação estratégica e (c) para a construção daqueles conceitos sociocognitivos fundamentais que estruturam a ação regulada por normas. Com a construção de um mundo social de relações interpessoais legitimamente reguladas, forma-se (d) uma atitude conforme a normas e uma perspectiva correspondente, as quais complementam as atitudes fundamentais e as perspectivas de mundo vinculadas ao mundo interno e externo. Esse sistema de perspectivas de mundo encontra seu correlato linguístico nos três modos fundamentais de emprego da linguagem que falantes competentes podem distinguir e vincular de maneira sistemática ao assumir uma atitude performativa. Com (a) até (d) são finalmente satisfeitas as pressuposições estruturais para uma ação comunicativa junto à qual (e) os planos de ação dos participantes da interação são coordenados mediante o mecanismo do entendimento linguístico. A ação

Consciência moral e ação comunicativa

regulada por normas representa um tipo puro de ação orientada ao entendimento entre outros.[42]

Em conexão com os tipos de ação analisados até aqui, contudo, a forma diferenciada de ação comunicativa só nos interessa na medida em que a forma reflexiva correspondente, a saber, o discurso, apresenta um terceiro estágio de interação, ainda que peculiarmente desonerado da ação. Argumentações servem para tematizar e examinar na ação comunicativa pretensões de validade que de início foram implicitamente erguidas e seguidas de maneira ingênua. A participação em argumentações se caracteriza por uma *atitude hipotética*; dessa perspectiva, coisas e eventos se transformam em estados de coisas que podem tanto existir quanto não existir; transformam-se do mesmo modo as normas existentes, isto é, normas factualmente reconhecidas ou socialmente válidas, já que podem ser tanto válidas, ou seja, dignas de reconhecimento, quanto não válidas. Em discussão encontram-se a verdade de enunciados assertóricos ou a correção de normas (ou enunciados normativos correspondentes).

Mesmo nesse terceiro estágio de interação, a complexidade da estrutura de perspectivas segue crescendo. No estágio convencional, foram articuladas as perspectivas recíprocas do participante e do observador (portanto, dois elementos), que já haviam se formado no estágio pré-convencional mas ainda não tinham sido coordenadas. De modo semelhante, agora, no terceiro estágio, são articulados aqueles dois sistemas de perspectivas do falante e perspectivas de mundo que foram completados no segundo estágio cada um por si, mas lá ainda não haviam sido coordenados um com o outro. De um lado, o

---

42 Habermas, *Theorie des kommunikativen Handeln*, op. cit., v.I, p.437 ss.

Jürgen Habermas

sistema de perspectivas de mundo que se romperam hipoteticamente, por assim dizer, é constitutivo para aquelas pretensões de validade que nas argumentações formam o verdadeiro tema. De outro lado, o sistema de perspectivas plenamente reversíveis do falante é constitutivo para o quadro em que os participantes da argumentação podem chegar a um acordo motivado racionalmente. Portanto, ambos os sistemas precisam referir-se um ao outro no discurso. É possível esclarecer ainda essa estrutura cada vez mais complexa de perspectivas com base nas seguintes considerações. No estágio convencional, a operação característica consistia em que, ao efetuar uma ação e se relacionar de maneira recíproca com um defrontante, os atores podem se compreender como participantes, mas, *ao mesmo tempo*, saindo do plano da ação, também podem se observar na qualidade de objetos, a saber, enquanto componentes de um contexto de interação. As perspectivas devem se entrelaçar no quadro interpessoal da interação: a perspectiva do observador foi especificada e vinculada ao papel comunicativo da terceira pessoa, ou seja, à presença não participante. De modo semelhante, vale unicamente para o acordo alcançado discursivamente que, no ato de assentimento, os atores se permitam a reversibilidade completa de suas relações em face de todos os outros participantes da argumentação, mas *ao mesmo tempo*, independentemente de um consenso suscitado factualmente, atribuam sua tomada de posição apenas à força de convencimento do melhor argumento. As perspectivas se entrelaçam também aqui no quadro interpessoal de uma comunicação improvável em seus pressupostos: as perspectivas de mundo reflexivamente rompidas são vinculadas aos papéis de oponentes e proponentes, que criticam e defendem pretensões de validade.

Consciência moral e ação comunicativa

Contudo, o estágio a cada vez superior de interação não se caracteriza apenas pela coordenação das *perspectivas* que até aqui foram separadas, mas também pelos *tipos de interação* que até aqui foram separados. Foi assim que, como vimos, no tipo de ação baseada em papéis, chegou-se a uma integração de duas formas de reciprocidade que no primeiro estágio haviam se expressado em tipos de ação diversos. Não só no conceito amadurecido de validade deontológica, mas já no conceito de imperativo de nível superior, que se desligou de pessoas particulares e, nessa medida, expressa a autoridade intersubjetiva de uma vontade comum, foram sintetizadas relações complementares e simétricas – o que ocorreu, todavia, pelo preço da polarização entre ação regulada por normas, de um lado, e ação estratégica, de outro. Em certo aspecto, mesmo essa divisão é superada no terceiro estágio de interação. Todavia, oponentes e proponentes travam na argumentação uma *concorrência com argumentos* para convencer um ao outro, ou seja, chegar a um consenso. Essa estrutura dialética de papéis coloca à disposição formas erísticas para a busca cooperativa da verdade. Ela pode servir ao conflito entre concorrências orientadas pelo êxito com a finalidade de produzir consenso, na medida em que os argumentos não funcionam como meio para a influência recíproca – no discurso, a coerção do melhor argumento só se comunica às convicções de uma forma "isenta de coerção", ou seja, internamente, pela via das mudanças de atitude racionalmente motivadas.

(2) Com a passagem para o estágio pós-convencional de interação, o adulto se livra da ingenuidade da práxis cotidiana. Ele deixa o mundo social naturalizado em que havia entrado na passagem para o estágio convencional de interação. Para o participante do discurso, a atualidade do contexto de experiência empalidece, a normatividade das ordens existentes empalidece

não menos do que a objetividade de coisas e eventos. Desse plano metacomunicativo, só retrospectivas continuam abertas ao mundo vivido: à luz de pretensões de validade hipotéticas, o mundo de estados de coisas existentes é teorizado e o mundo de relações legitimamente ordenadas, moralizado. Na medida em que a sociedade se moraliza, ou seja, aquela estrutura relacional normativamente integrada, da qual o adolescente deveria se apropriar antes de tudo de forma construtiva, esmaece a força normativa do factual – do ponto de vista isolado da validade deontológica, as instituições que foram despidas de seu caráter naturalizado podem se transformar em outros tantos casos de justiça problemática. Essa problematização bloqueia a ação, por assim dizer. Ela detém a efetuação da ação comunicativa, corta os vínculos entre mundo social e seu contexto do mundo da vida, abalando aquelas certezas que afluíam intuitivamente do mundo da vida para o mundo social. Ao mesmo tempo, as interações aparecem sob uma outra luz. Pois tão logo são submetidas a uma avaliação com base em pontos de vista puramente morais, as interações se emancipam, por um lado, de acordos locais e, por outro, veem-se privadas da forte coloração histórica de uma forma de vida particular. As interações acompanhadas da pretensão da ação autônoma e regulada por princípios são peculiarmente abstratas.

Na medida em que o mundo social se desprende do contexto de uma forma de vida tornada factualmente habitual, mas que se apresenta no modo de uma certeza de fundo, e é colocado à distância pelo participante do discurso ao adotar uma atitude hipotética, os sistemas de normas que perderam seu alicerce passam certamente a carecer de um *outro* fundamento. Esse novo fundamento tem de ser obtido da reorganização dos conceitos sociocognitivos fundamentais que se encontram disponíveis no

Consciência moral e ação comunicativa

estágio de interação precedente. Nisso, a própria estrutura de perspectivas de uma compreensão plenamente descentrada de mundo, que produz pela primeira vez o problema, também oferece o meio de sua solução. Por seu turno, normas de ação são representadas como normatizáveis; elas são subordinadas a princípios, isto é, normas de nível superior. O conceito de legitimidade de normas de ação é dividido no componente do reconhecimento factual e no componente digno de reconhecimento; a validade social de normas existentes não coincide mais com a validez de normas justificadas. A essas diferenciações nos conceitos de norma e de validade deontológica corresponde uma diferenciação no conceito de dever; pois o respeito pela lei não conta mais *per se* como motivo ético. À heteronomia, isto é, à dependência de normas existentes, contrapõe-se a exigência de que, em vez da validade social de uma norma, o agente considere antes sua validez como razão determinante de sua ação.

Com esse conceito de autonomia, desloca-se também o conceito de capacidade para agir de maneira responsável. A responsabilidade se torna um caso especial de imputabilidade; esta significa a orientação da ação a um acordo racionalmente motivado e representado como universal — age moralmente aquele que agir com discernimento.

O conceito de capacidade de ação, que se constitui no estágio pós-convencional, permite esclarecer que a ação moral expõe aquele caso de ação regulada por normas segundo a qual o agente se orienta às pretensões de validade reflexivamente examinadas. A ação moral se encontra sob a pretensão de a solução de conflitos de ação se apoiar unicamente em juízos fundamentados — trata-se de uma ação orientada por discernimentos morais.

Esse conceito perspicaz de moralidade só pode ser constituído no estágio pós-convencional. Mesmo nos estágios pre-

Jürgen Habermas

cedentes, a intuição do aspecto moral se liga à noção de uma solução consensual de conflitos de ação. Mas, nesse caso, os participantes partem, digamos, de ideias da vida boa e justa que lhes permitem ordenar transitivamente as necessidades conflitantes. Só o desacoplamento entre mundo social e o fluxo das autoevidências culturais faz da fundamentação autônoma da moral um problema inevitável: os pontos de vista que devem possibilitar o consenso são eles mesmos controversos. Independentemente dos compartilhamentos contingentes de origem social, de pertencimento político, de herança cultural, de forma de vida transmitida etc., os sujeitos competentes da ação só podem se referir a um *moral point of view* [ponto de vista moral], um *ponto de vista subtraído das controvérsias*, se não puderem deixar de aceitá-lo mesmo no caso de orientações axiológicas divergentes. Por isso, eles têm de extrair tal ponto de referência moral das estruturas em que todos os parceiros de interação *desde sempre* se encontram na medida em que agem comunicativamente. Como mostra a ética do discurso, as pressuposições pragmáticas universais da argumentação em geral contêm um ponto de vista dessa espécie.

A passagem para um juízo moral guiado por princípios é apenas um primeiro passo, ainda carente de complementação, com o qual o adolescente se liberta do mundo tradicional das normas existentes. Pois os princípios que estão na base da avaliação de normas (por exemplo, princípios de justiça distributiva) surgem no plural e precisam eles próprios de fundamentação. O *moral point of view* [ponto de vista moral] não pode ser encontrado em um "primeiro" princípio ou em uma fundamentação "última", ou seja, fora do círculo da própria argumentação. Só o procedimento discursivo de resgate de pretensões de validade normativas contém força justificadora; e a argumentação deve essa força, em última instância, a seu enraizamento na ação co-

Consciência moral e ação comunicativa

municativa. O "ponto de vista moral" buscado, que antecede todas as controvérsias, surge de uma reciprocidade fundamental inscrita na ação orientada ao entendimento. Essa ação aparece, como vimos, nas formas de complementaridade regulada pela autoridade e na simetria regulada por interesses; depois, na reciprocidade de expectativas de comportamento que estão ligadas a normas, tanto no caso de papéis sociais quanto no da reciprocidade de direitos e deveres; e, por fim, na troca ideal de papéis da fala discursiva, que deve assegurar que os direitos de acesso universal e de participação igual na argumentação podem ser realizados em pé de igualdade e de maneira não coercitiva. Nesse terceiro estágio de interação, uma forma idealizada de reciprocidade se torna determinante para a busca cooperativa de verdade de uma comunidade de comunicação em princípio ilimitada. Desse modo, a moral fundamentada em termos ético-discursivos apoia-se em um padrão que habita desde o início, por assim dizer, o empreendimento do entendimento linguístico.

(3) Depois de fazer um sobrevoo pelo aparato sociocognitivo e pela estrutura de perspectivas dos três estágios de interação, eu gostaria de retornar às perspectivas sociomorais a partir das quais Kohlberg deriva imediatamente os estágios do juízo moral. Com a ajuda das perspectivas sociais, Kohlberg define aqueles pontos de vista a partir dos quais a cada vez é possível gerar uma ordem transitiva de interesses controversos e encontrar uma solução consensual para os conflitos. Esses pontos de vista resultam, como mostramos, da combinação da estrutura de perspectivas disponíveis a cada vez com uma ideia correspondente de vida boa ou justa. Como mostram as duas colunas da direita da Tabela 7, os dois primeiros desses componentes explicam-se por si mesmos; somente os outros componentes carecem de explicação.

Tabela 7 – Estágios de interação, perspectivas sociais e estágios morais

Tipos de ação	Estruturas cognitivas		
	Estrutura de perspectivas	Estrutura de expectativa de comportamento	Conceito de autoridade
Pré-convencional: Interação regulada por autoridade Cooperação regulada por interesses	Ligação recíproca de tipos de ação	Padrão de comportamento particular	Autoridade de pessoas de referência; arbítrio sancionado externamente
Convencional: Ação baseada em papéis Interação regulada por normas	Coordenação de perspectivas de observador e de participante	Padrão de comportamento socialmente generalizado Papéis sociais	Autoridade internalizada de arbítrio supraindividual = Lealdade
		Papéis socialmente generalizados: Sistema de normas	Autoridade internalizada de vontade coletiva suprapessoal = Legitimidade
Pós-convencional: Discurso	Integração de perspectivas de falante e de mundo	Regra para o exame de normas: Princípio	Validade ideal versus social
		Regra para o exame de princípios: Procedimento de fundamentação de normas	

Consciência moral e ação comunicativa

Conceito de motivação	Perspectivas sociais		Estágios de juízo moral
	Perspectiva	*Representação de justiça*	
Lealdade diante de pessoas; orientação à recompensa/punição	Perspectiva egocêntrica	Complementaridade entre mando e obediência	1
		Simetria de compensações	2
Dever *versus* Inclinação	Perspectiva de grupos primários	Conformidade a papéis	3
	Perspectiva de um coletivo (ponto de vista do sistema)	Conformidade com sistema de normas existente	4
Autonomia *versus* Heteronomia	Perspectiva baseada em princípios (precede a sociedade)	Orientação a princípios de justiça	5
	Perspectiva procedimental (assunção ideal de papéis)	Orientação a procedimentos de fundamentação de normas	6

Jürgen Habermas

À primeira vista não é claro como o componente normativo das perspectivas sociais, a saber, a noção de justiça, decorre do aparato sociocognitivo dos estágios de interação correspondentes.

De início, é preciso considerar a circunstância analisada por Durkheim de que a estrutura de relações de integração social possui *de saída* um caráter moral. O fenômeno moral fundamental consiste na força obrigatória de normas contra as quais os sujeitos agentes podem atentar. Por essa razão, todo conceito fundamental constitutivo para a ação regulada por normas já contém uma dimensão moral que se atualiza e se esgota na avaliação de conflitos e de atentados contra normas. Com a construção de um mundo social e com a passagem para a interação regulada por normas, todas as relações sociais conservam um caráter *implicitamente* ético. Regras de ouro e obediência às leis são imperativos éticos que meramente reivindicam o que está inscrito nos papéis sociais e nas normas antes que irrompa algum conflito moral: a complementaridade entre expectativas de comportamento e a simetria de direitos e deveres.

Mas, além disso, temos de considerar a circunstância de que o ponto de vista do asseguramento de consenso, que está ligado à conformidade em relação a expectativas baseadas em papéis e normas, resulta sem coerção do inventário sociocognitivo apenas porque no estágio convencional o mundo social está inserido no contexto do mundo da vida e reacoplado às suas certezas de fundo. A moralidade ainda não se desligou da eticidade de um mundo da vida particular que se tornou inquestionavelmente habitual, ainda não se autonomizou *como* moralidade. Por isso, os deveres ainda estão inseridos em hábitos de vida concretos, já que podem relacionar sua evidência

Consciência moral e ação comunicativa

às certezas de fundo. Questões de justiça se colocam aqui no círculo das questões *desde sempre respondidas* da vida boa. Mesmo as éticas religiosas ou as éticas da filosofia clássica, que tematizaram esse contexto de vida ético, compreendem e justificam o domínio moral não a partir de si mesmo, mas do horizonte de um todo concebido cosmologicamente ou em termos de uma história da salvação.

Vimos de que maneira essa síndrome se resolve com a introdução de uma atitude hipotética. Perante o olhar reflexivo de um participante do discurso, o mundo social se decompõe em convenções carentes de justificação; a existência factual de normas tradicionais divide-se em fatos sociais, de um lado, e normas, de outro — estas perdem sua retaguarda assegurada pelas evidências do mundo da vida e precisam ser justificadas à luz de princípios. Logo, a *orientação por princípios de justiça*, em última instância por um *procedimento discursivo de fundamentação de normas*, resulta da moralização inevitável de um mundo da vida social que se tornou questionável. Essas são as representações de justiça que no estágio pós-convencional substituem a conformidade a papéis e normas.

No estágio pré-convencional, não podemos falar de representações de justiça no mesmo sentido que nos estágios de interação seguintes. Aqui, o mundo social ainda não se constituiu no sentido mencionado. Aos conceitos sociocognitivos de que a criança dispõe, falta uma dimensão claramente recortada de validade deontológica. A criança tem de extrair os pontos de vista que possuem força socialmente vinculante de um inventário a partir do qual seja possível interpretar as perspectivas de ação reciprocamente delimitadas no sentido de relações de autoridade ou de influências externas. As *representações* pré-convencionais de *vínculo* e de lealdades apoiam-se assim ou na complementaridade de mando e obediência ou na simetria de compensações. Essas duas formas de reciprocidade formam o germe naturalista das representações de justiça, o qual é imanente à própria estrutura da ação. Mas só no estágio convencional elas são concebidas *como* representações de justiça. E só no estágio pós-convencional vem à tona a verdade, por assim dizer, do mundo pré-convencional de representação: a ideia de justiça pode ser extraída unicamente da forma idealizada de uma reciprocidade suposta no discurso.

Essa referência basta por enquanto para tornar plausível que entre estágios morais e perspectivas sociais, de um lado, e estágios de interação, de outro, existem relações estruturais que justificam as classificações apresentadas na Tabela 7. Contudo, essas classificações só podem carregar o ônus de uma fundamentação baseada na lógica de desenvolvimento se for possível demonstrar para os próprios estágios de interação o que até agora mantive implícito com o termo "estágios", a saber, que a proposta de *hierarquização dos tipos de ação* expressa uma conexão em termos de *lógica de desenvolvimento*. No entanto, eu quis tornar evidente essa caracterização teórica antecipada mediante a introdução de estágios de interação, em especial pela reconstrução das passagens de um estágio ao outro. Em primeiro lugar, foi possível mostrar que, a partir dos elementos das perspectivas Eu-Tu e da perspectiva do observador, se formam estruturas de perspectivas cada vez mais complexas, as quais têm em mira a compreensão descentrada de mundo de sujeitos que agem orientados ao entendimento. Do ponto de vista de um *descentramento progressivo da compreensão de mundo*, os estágios de interação dão expressão a um desenvolvimento orientado e cumulativo.

Consciência moral e ação comunicativa

Em segundo lugar, discriminamos uns em relação aos outros os estágios de interação com base em determinadas operações de coordenação. No estágio pré-convencional, a perspectiva do observador se liga a essas perspectivas de participante. Finalmente, os sistemas formados nessa base de perspectivas do falante e de perspectivas de mundo integram-se uns com os outros. Os *cortes* falam em favor de que as estruturas de perspectivas que se seguem umas às outras formam *totalidades discretas*. Em terceiro lugar, vimos que, na ação regulada por normas, a oposição expressa nos tipos de ação pré-convencionais entre complementaridade regulada por autoridade e simetria regulada por normas é superada, bem como no jogo de argumentação supera-se a oposição, que irrompe na relação da ação regulada por normas e da ação estratégica, entre orientação ao consenso e orientação ao êxito. Essa circunstância parece confirmar que em cada estágio superior as estruturas cognitivas do estágio inferior são substituídas, mas também esclarecidas de forma reorganizada. Contudo, essa relação difícil de analisar de *"superação" de estruturas suplantadas* deveria ser demonstrada em detalhes a partir da transformação do aparato sociocognitivo.

Ainda assim, podemos constatar certas tendências no interior das dimensões individuais. Por exemplo, das estruturas mais simples de *expectativa de comportamento* é possível obter as estruturas mais complexas mediante autoaplicação e generalização: a expectativa socialmente generalizada de expectativas de comportamento reciprocamente vinculadas gera normas; a autoaplicação generalizada de normas gera princípios, com os quais outras normas podem ser normatizadas. De modo semelhante, os conceitos mais complexos de *validade de normas* e de *autonomia* derivam de conceitos mais simples de arbítrio impe-

Jürgen Habermas

rativo e de lealdade pessoal ou da orientação prazer/desprazer. O componente semântico central do conceito a cada vez mais elementar é descontextualizado e intensificado de tal modo que, da perspectiva conceitual do estágio de nível superior, o conceito suplantado seja estilizado a título de *contraconceito*. Por exemplo, o exercício de autoridade da pessoa de referência se converte no estágio seguinte em *mero* arbítrio, contrastando com a manifestação legítima da vontade; as lealdades pessoais e orientações prazer/desprazer se tornam *meras* inclinações que contrastam com as obrigações. De forma correspondente, a legitimidade das normas de ação é concebida no estágio seguinte como uma *mera* validade factual e social que se contrapõe à validade ideal, enquanto a ação baseada em obrigações concretas é considerada heterônoma, à qual se contrapõe a autonomia.

Semelhante dicotomização e desvalorização se produz na passagem do conceito de punição imposta externamente para os conceitos de vergonha ou de culpa, ou na passagem do conceito de identidade natural para o de identidade baseada em papéis ou de identidade do Eu.[43] Essas referências são de natureza programática. É preciso um conceito mais preciso de lógica de desenvolvimento para poder efetuar mais seriamente essa espécie de análise e mostrar de que maneira o aparato sociocognitivo dos estágios elementares está submetido às operações reconstrutivas de autoaplicação (reflexividade), de universalização e de abstração idealizadora.

Em retrospectiva à marcha das reflexões propostas até aqui, mostram-se as vantagens interpretativas que se oferecem quan-

---

43 Habermas, Moralentwicklung und Ich-Identität, em *Zur Rekonstruktion des Historischen Materialismus*, p.74 *ss.*

Consciência moral e ação comunicativa

do o desenvolvimento moral é formulado no quadro de uma teoria da ação comunicativa — vantagens tanto para tornar mais precisas as conexões entre juízo moral e cognição social quanto para fundamentar os estágios morais nos termos de uma lógica de desenvolvimento.

De início, a amplitude de variação dos tipos de interação mostrou onde as mesmas estruturas de perspectivas foram incorporadas a cada vez. Uma compreensão de mundo plenamente descentrada só pode se desenvolver na linha de um domínio de comportamento que não é determinado pela concorrência. Ela se torna reflexiva na passagem da ação convencional para a fala discursiva. O prosseguimento da ação comunicativa com meios argumentativos caracteriza um estágio de interação que permite ir além dos estágios de assunção de perspectivas investigados por Selman. A integração efetuada na argumentação de perspectivas de mundo e perspectivas do falante forma o ponto de contato entre cognição social e moral pós-convencional.

Esses esclarecimentos foram vantajosos na tentativa de fundamentar os estágios morais a partir da lógica de desenvolvimento. Como vimos, as perspectivas sociais de Kohlberg, que foram obrigadas a carregar o ônus da prova, permitem criar correlações entre estágios de interação que são organizados de maneira hierárquica segundo estruturas de perspectivas e conceitos fundamentais. Nisso, fica claro, sobretudo, como as representações de justiça são tributárias das formas de reciprocidade dos respectivos estágios de interação. Com a passagem da ação regulada por normas para o discurso prático, os conceitos fundamentais de uma moral regulada por princípios resultam imediatamente da reorganização necessária em termos de lógica de desenvolvimento do aparato sociocognitivo disponível. Com esse passo, o mundo social é moralizado, já que as formas de reciprocidade que se encontram inseridas nas interações sociais e são elaboradas de maneira sempre mais abstrata formam o cerne natural, por assim dizer, da consciência moral.

É preciso passar para outro âmbito se quisermos saber se os ganhos interpretativos que aqui se fizeram valer também contam em termos de estratégia de pesquisa. Por enquanto, eu gostaria apenas de aproveitar as reconstruções propostas para esclarecer algumas dificuldades com as quais a teoria de Kohlberg teve de se deparar nos últimos anos.[43a]

V. Anomalias e problemas – uma contribuição para uma construção teórica

A discussão em torno da abordagem de Kohlberg se concentra hoje sobretudo em *quatro problemas*. Uma vez que até hoje não se conseguiu comprovar o sexto estágio hipoteticamente introduzido de juízo moral, questiona-se se e, dado o caso, em que sentido pode-se falar a partir do nível pós-convencional de estágios *naturais*. Além disso, os casos de regressão que aparecem na pós-adolescência, isto é, na terceira década de vida, levantam dúvidas se o *ponto de referência normativo do desenvolvimento moral* foi

---

43a Neste ponto, não discutirei a crítica ao procedimento metodológico: Kurtines; Greif, The Development of Moral Thought, em *Psychological Bulletin*, v.81, p.453 *ss.*, 1974; cf. Oser, Die Theorie von L. Kohlberg im Kreuzfeuer der Kritik Eine Verteidigung, em *Bildungsforschung und Bildungspraxis*, v.3, p.51 *ss.*, 1981. Tampouco posso tratar aqui da importante questão da validez transcultural do modelo de estágios: Gibbs, Kohlberg's Stages of Moral Judgement, *Harvard Educational Review*, v.47, p.5 *ss.*, 1977.

Consciência moral e ação comunicativa

corretamente escolhido, ou seja, principalmente se a capacidade de julgar e de agir de adultos moralmente maduros se deixa determinar de maneira adequada à luz de teorias cognitivistas e formalistas. Ademais, continua o problema de saber como o grupo de *relativistas* ou de *céticos com respeito a valores* pode ser acomodado no modelo de estágios. E, por fim, está em aberto a questão de saber de que maneira a teoria estruturalista pode ser vinculada com os conhecimentos adquiridos por uma psicologia do Eu, já que os *aspectos psicodinâmicos da formação do juízo* também fazem valer o seu direito. A natureza desses problemas pode ser mais bem compreendida se esclarecermos: quais graus de liberdade o adolescente obtém com a passagem da ação regulada por normas para o discurso e com o distanciamento em relação a um mundo social no qual ele se encontra inserido de forma naturalizada (I); quais problemas de mediação entre moralidade e eticidade surgem tão logo o mundo social é moralizado e separado da corrente de certezas do mundo da vida (2); que saídas o adolescente busca quando mantém distância do mundo tradicional desvalorizado das normas sem dar o próximo passo, que consiste em reorganizar o aparato sociocognitivo dos estágios convencionais em seu todo (3); e quais discrepâncias entre juízos morais e ações têm de ocorrer quando malogra a separação entre atitudes orientadas ao êxito e atitudes orientadas ao entendimento.

(I) Nas últimas décadas, Kohlberg reviu repetidamente seu esquema de avaliação. Saber se o mais recente método de avaliação, que se baseia no Standard Form Scoring Manual,[44] apre-

---

44 Colby, Evolution of a Moral-Developmental Theory, em Damon (org.), *Moral Development*, p.89 *ss*.

Jürgen Habermas

senta uma melhora em todos os aspectos é uma questão para a qual eu não responderia afirmativamente sem mais; as teorias desenvolvidas na tradição de Piaget exigem, na codificação das respostas, uma interpretação hermenêutica teoricamente conduzida que precisamente não pode ser operacionalizada de forma absolutamente segura, ou seja, com o objetivo de neutralizar uma pré-compreensão altamente complexa. De todo modo, a nova avaliação do material de entrevista obrigou Kohlberg a abandonar o estágio 6 porque não foi mais possível encontrar evidências para tanto nas investigações de longo prazo (feitas nos Estados Unidos, Israel e Turquia). Hoje, ele hesita em decidir se o estágio 6 é um estágio natural psicologicamente identificável ou uma "construção filosófica".[45] No entanto, uma revisão que não se fundamentasse apenas em problemas de medida deveria afetar também o *status* do estágio 5. Pois, tão logo desistimos de ainda tentar diferenciar estágios no nível pós-convencional em geral, impõe-se a questão de saber se juízos morais regulados por princípios representam um estágio natural *no mesmo sentido* que os juízos classificados como pré-convencionais e convencionais.

À luz da ética do discurso, já antecipei implicitamente uma *outra* interpretação dos dois últimos estágios morais e distingui entre a orientação por princípios universais, de um lado,

---

45 Kohlberg reforça que a construção de um estágio 6 se apoiou sobre o material de uma pequena amostra formada por uma elite, por exemplo, em manifestações de Martin Luther King: "Tais figuras da elite não configuram o estágio 6 como um estágio natural de desenvolvimento" (*Philosophical Issues in the Study of Moral Development*). [Em inglês, no original: "Such elite figures do not establish stage 6 as a natural stage of development". (N. T.)]

Consciência moral e ação comunicativa

e a orientação por procedimentos de fundamentação de possíveis princípios, de outro (Tabela 7). Desse modo, o tipo de princípios, que pode ser atribuído às éticas utilitaristas, jusnaturalistas ou kantianas, não fundamenta mais uma diferença entre estágios. De acordo com essa proposta, uma distinção relevante resulta unicamente entre dois *estágios reflexivos*. No estágio 5, os princípios valem como algo último, que não precisa de nenhuma fundamentação adicional, ao passo que, no estágio 6, esses princípios não apenas são manejados de modo flexível, mas expressamente relativizados pelos procedimentos de justificação. Todavia, essa diferença nos estágios reflexivos tem de se fazer valer no quadro de uma determinada teoria normativa. É preciso mostrar que uma pessoa que confia na força legitimadora do procedimento de fundamentação, e não apenas na evidência de princípios universais, pode responder melhor a objeções céticas — e, nessa medida, também é capaz de julgar de forma mais consequente. Por outro lado, existem éticas filosóficas que contestam esse procedimentalismo e insistem que um procedimento de fundamentação moral não possui um outro *status* nem desempenha algo diferente em comparação com um princípio ético universal. Uma vez que esse conflito entre filósofos não tem solução, as suposições fundamentais da ética do discurso seriam defendidas ao entrar em concorrência com outras concepções filosóficas, sem que fossem compreendidas de maneira naturalizada na qualidade de enunciados sobre estágios naturais de consciência moral. Em todo caso, da ética do discurso não derivam razões quaisquer para uma interpretação (reificada?) que reivindique para os *estágios reflexivos* o *status* de *estágios de desenvolvimento* representado de forma natural, intrapsíquica.

Mas se faltam evidências empíricas para a suposição de outros estágios pós-convencionais, também a descrição que Kohlberg oferece do estágio 5 se torna problemática. Há ao menos a desconfiança de que as ideias de contrato social e de maior utilidade para o maior número estão presas a tradições específicas, sobretudo em países anglo-saxões, e representam uma determinada expressão substancial culturalmente específica do juízo moral regulado por princípios.

Apoiando-se nas objeções de John C. Gibbs, Thomas A. McCarthy notou ainda que a relação do psicólogo informado pela teoria moral com suas pessoas testadas se altera de um modo metodicamente relevante assim que estas alcançam o nível pós-convencional e assumem uma atitude hipotética em face do mundo social:

> A sugestão que eu gostaria de apresentar é que a interpretação de Kohlberg localiza o sujeito moral do estágio superior, ao menos no que diz respeito à competência, no mesmo nível reflexivo ou discursivo que o psicólogo moral. O pensamento do sujeito é marcado agora por descentramento, diferenciação e reflexividade, que são as condições de entrada na esfera de argumentação do teórico moral. Assim, a assimetria entre o âmbito pré-reflexivo e o reflexivo, entre teorias-em-ação e explicações, que é subjacente ao modelo de reconstrução, começa a desmoronar. O sujeito agora está em posição de argumentar com o teórico sobre questões de moralidade.[46]

---

46 McCarthy, Rationality and Relativism, em Thompson; Held, *Jürgen Habermas: Critical Debates*, p.74. [Em inglês, no original: "The suggestion I should like to advance is that Kohlberg's account places the higher-

Consciência moral e ação comunicativa

No mesmo contexto, McCarthy traça um paralelo entre desenvolvimento sociomoral e cognitivo:

Piaget vê o funcionamento subjacente da inteligência como algo desconhecido ao indivíduo nos estágios inferiores da cognição. Nos estágios superiores, contudo, o sujeito pode refletir sobre operações de pensamento que antes eram tácitas e sobre aquisições cognitivas implícitas de estágios anteriores, ou seja, ele ou ela pode se engajar em uma reflexão epistemológica. E isso localiza o sujeito, ao menos no que diz respeito à competência, no mesmo nível discursivo que o psicólogo cognitivista. Aqui, também, a assimetria entre o saber-como pré-reflexivo do sujeito e o saber-que reflexivo do investigador começa a desmoronar. O sujeito agora está em posição de argumentar com o teórico sobre a estrutura e as condições do conhecimento.[47]

---

stage moral subject, at least in point of competence, at the same reflective or discursive level as the moral psychologist. The subject's thought is now marked by decentration, differentiation and reflexivity which are the conditions of entrance into the moral theorist's sphere of argumentation. Thus the asymmetry between the pre-reflective and the reflective, between theories-in-action and explications, which underlies the model of reconstruction, begins to break down. The subject is now in a position to argue with the theorist about questions of morality". (N. T.)]

47 Ibid. [Em inglês, no original: "Piaget views the underlying functioning of intelligence as unknown to the individual at lower stages of cognition. At superior levels, however, the subject may reflect on previously tacit thought operations and the implicit cognitive achievements of earlier stages, that is, that he or she may engage in epistemological reflection. And this places the subject, at least in point of competence, at the same discursive level as the cognitive psychologist. Here, too, asymmetry between the subject's

Jürgen Habermas

No plano das operações formais, o adulto apropria-se reflexivamente do saber intuitivo com o qual havia levado a cabo suas tarefas de maneira exitosa. Com isso, ele adquiriu a capacidade de dar prosseguimento a processos de aprendizagem construtivos com os meios da reconstrução. Em princípio, também as ciências reconstrutivas caem em seu domínio de competência.

Disso resulta para a metodologia dessas ciências que o psicólogo que quer demonstrar suas hipóteses sobre o estágio formal-operacional depende das pessoas pesquisadas que ele, em princípio, tem de tratar como participantes *à altura* na atividade dessa reconstrução científica. A própria teoria o instrui que, nesse estágio, desaparece a assimetria que existia nos estágios precedentes entre as operações pré-reflexivas e a tentativa de sua apreensão reflexiva. Tão logo o psicólogo que procede reconstrutivamente vê a si mesmo no horizonte aberto de um processo de pesquisa cujos resultados não podem ser antecipados, ele é obrigado a conceder *o mesmo ponto de vista* às pessoas testadas nos estágios de competência mais elevados.

O mesmo vale para aqueles interrogados que respondem aos dilemas morais que lhes são apresentados a partir da atitude de um participante do discurso que julga de maneira pós-convencional. Na medida em que eles, em princípio, partilham da perspectiva do psicólogo moral interrogador, seus juízos

---

pre-reflective know-how and the investigator's reflective know-that begins to break down. The subject is now in a position to argue with the theorist about the structure and conditions of knowledge". (N. T.)]

Consciência moral e ação comunicativa

morais perdem o caráter de proferimentos que são gerados de maneira ingênua com a ajuda de uma compreensão intuitiva a respeito das regras. As pessoas pós-convencionais testadas são incluídas na atividade da filosofia moral, a saber, na reconstrução de intuições cotidianas morais subjacentes, uma vez que seus juízos morais não *refletem* mais apenas um saber pré-teórico, isto é, não o expressam de modo pré-reflexivo, mas o *explicitam* como um saber teórico de início. Juízos morais regulados por princípios não são possíveis sem os passos de reconstrução das intuições morais subjacentes e, por isso, já possuem *in nuce* o sentido de juízos morais. Assim que o pensamento pós-convencional sai do mundo tradicional das normas, ele passa a mover-se na mesma arena em que se efetua o conflito da teoria moral; esse conflito é instigado por experiências históricas e – *for the time being* [por enquanto] – decidido por argumentos morais, não por caminhos de desenvolvimento identificados em termos psicológicos.

(2) O segundo complexo de problemas que desencadeou uma discussão abrangente nos últimos anos não é fácil de destrinçar. A discussão foi desencadeada pelas contribuições de N. Haan[48] e C. Gilligan.[49] As dúvidas levantadas deram oportunidade imediata para questionar se em certos casos críticos a classificação de juízos morais segundo o esquema de Kohlberg não desvia em demasiado da compreensão intuitiva de um avaliador moralmente sensível. Nesses casos, trata-se, por um

---

48 Haan, Two Moralities in Action Context, *Journal of Personality and Social Psychology*, v.36, n.3, p.286 *ss.*, 1978.

49 Gilligan, In a Different Voice: Women's Conceptions of Self and Morality, *Harvard Educational Review*, v.47, p.481 *ss.*, 1977.

lado, de mulheres cujos proferimentos têm de ser classificados no estágio 3, embora elas demonstrem uma grande maturidade moral, e, por outro lado, das pessoas testadas que são classificadas como céticos relativistas com respeito a valores (sobre o estágio 4½, ver adiante), embora seus proferimentos pareçam mais maduros do que os juízos pós-convencionais usuais. Gilligan e Murphy lembram que, de acordo com os critérios de corte estabelecidos por Kohlberg, mais da metade da população norte-americana permaneceria abaixo do nível pós-convencional de consciência moral. Porém, eles apontam, sobretudo, para o dado de que a maioria de uma amostra de 26 pessoas testadas, que, segundo o procedimento de avaliação revisto, foram de início classificadas no nível pós-convencional, posteriormente voltaram a ocupar posições relativistas (4½).[50] Mesmo que Kohlberg conteste os fatos sobre os quais seus críticos se apoiam em primeiro lugar[51] — a sobrerrepresentação de pessoas testadas do sexo feminino nos níveis mais baixos e os casos de regressões teoricamente não explicadas —, a discussão chama atenção para problemas que, na linguagem da tradição filosófica, dizem respeito à relação entre moralidade e eticidade.

Gilligan e Murphy afirmam (seguindo uma monografia de Perry sobre a superação do pensamento absolutista na adolescência tardia[52] e com base nas hipóteses de Riegel sobre

---

50 Gilligan; Murphy, The Philosopher and the Dilemma of the Fact, em Kuhn (org.), *Intellectual Development beyond Childhood*. Depois da conclusão do meu manuscrito, foi publicada a versão monográfica em Gilligan, *In a Different Voice*.

51 Kohlberg, A Reply to Owen Flanagan, op. cit.

52 Perry, *Forms of Intellectual and Ethical Development in the College Years*.

Consciência moral e ação comunicativa

operações pós-formais)[53] um caminho de desenvolvimento pós-convencional dos estágios 5 e 6 de Kohlberg (*postconventional formal* [pós-convencional formal] – PCF) para um estágio que eles chamam de "relativismo contextual (*postconventional contextual* [pós-convencional contextual] – PCC). Nesse estágio, o adulto que já amadureceu moralmente ao viver certos conflitos e experiências aprende como pode suplantar as abstrações em que a moral da justiça de cunho kantiano, a qual é estritamente deontológica e absolutiza o ponto de vista da correção normativa, permanece presa. Essa *ética da responsabilidade relativista* se adapta a dilemas reais, não apenas àqueles hipoteticamente considerados; considera as complexidades de situações vividas; vincula o aspecto da justiça com aspectos do cuidado e da responsabilidade pelas pessoas confiadas a outras; e exige, para além do conceito abstrato de autonomia, um conceito mais abrangente de personalidade madura:

> Enquanto os conceitos lógicos de igualdade e reciprocidade podem sustentar uma moralidade baseada em princípios de direitos e respeito universais, experiências de conflitos e escolhas morais parecem apontar para obrigações e responsabilidades especiais pelas consequências que só podem ser antecipadas e compreendidas dentro de um quadro de referência mais contextual. O equilíbrio desses dois pontos de vista para nós parece ser a chave para compreender o desenvolvimento moral adulto. Em nossa visão, isso exigiria uma reestruturação do pensamento moral que

---

53 Riegel, Dialectical Operations, em *Human Development*, v.16, p.345 ss., 1973; id., *Zur Ontogenese dialektischer Operationen*.

incluiria, mas suplantaria, a compreensão baseada em princípios acerca dos estágios superiores de Kohlberg.[54]

Com isso, a posição do ético da responsabilidade se distingue da posição do cético com respeito a valores (no estágio transitório $4\frac{1}{2}$); ambos certamente são relativistas, mas apenas o relativismo contextual se sustenta no e suplanta o formalismo ético, simultaneamente.

As coisas se apresentam de forma um tanto diferente da perspectiva da ética do discurso. Gilligan e Murphy de fato tratam das consequências problemáticas de uma passagem bem-sucedida para a moral regulada por princípios. Como vimos, tais consequências decorrem da operação de abstração peculiar que rouba a estabilidade naturalizada do mundo social enquanto totalidade de relações interpessoais legitimamente ordenadas e a coloca sob a coerção da justificação. A facticidade inabalável do mundo social é tributária, antes de tudo, de sua inserção nas formas de vida concretas, as quais se tornaram

---

54 Gilligan; Murphy, Moral Development in Late Adolescence and Adulthood: a Critique and Reconstruction of Kohlberg's Theory, *Human Development*, v.23, n.2, p.77 *ss.*, 1980. [Em inglês, no original: "While the logical concepts of equality and reciprocity can support a principled morality of universal rights and respect, experiences of moral conflict and choice seem to point rather to special obligations and responsibility for consequences that can be anticipated and understood only within a more contextual frame of reference. The balancing of these two points of view appeared to us to be the key to understanding adult moral development. In our view, this would require a restructuring of moral thought which would include but supersede the principled understanding of Kohlberg's highest stages". (N. T.)]

Consciência moral e ação comunicativa

ingenuamente habituais e permanecem às costas dos sujeitos agentes na qualidade de pano de fundo inquestionável e pré-reflexivamente presente. Aqueles que agem comunicativamente possuem um saber explícito acerca das ordens institucionais existentes às quais eles se referem com seus atos de fala; mas, no estágio convencional, esse saber está tão entretecido com os saberes de fundo das formas de vida particulares que a existência de normas intersubjetivamente reconhecidas passa a ter validez absoluta. Mas se o mundo social é moralizado a partir da atitude hipotética do participante do discurso e, com isso, afasta-se da totalidade do mundo da vida, dissolve-se aquela fusão entre validez e validade social. Ao mesmo tempo, a unidade da práxis comunicativa cotidiana decompõe-se em normas e valores, ou seja, naquela parte do domínio prático que pode ser submetida ao ponto de vista da validade deontológica da exigência de justificação moral e em uma outra parte do domínio prático não passível de moralização, que abrange as configurações particulares de mundo integradas a modos de vida tanto coletivos quanto individuais.

Os valores culturais fundidos e incorporados às totalidades de formas de vida e de histórias de vida atravessam a rede de uma práxis comunicativa cotidiana responsável por assegurar identidades e deixar marcas existenciais. Por essa razão, os sujeitos agentes não conseguem se distanciar de tais valores do mesmo modo que fariam em relação às ordens institucionais de seu mundo social. Valores culturais também transcendem processos factuais de ação; eles se cristalizam em síndromes históricas e biográficas que geram orientações axiológicas sob cuja luz os sujeitos podem distinguir a "vida boa" da reprodução de sua "vida nua e crua". Mas as ideias de vida boa não são representações que simplesmente desaparecem como um dever-ser abstrato; elas marcam a identidade de grupos e indivíduos de modo a formar um componente integrado tanto da cultura quanto da personalidade. Aquele que coloca em questão as formas de vida nas quais formou sua própria identidade se vê obrigado a questionar sua própria existência. A distância que se produz em tais crises vividas é de uma espécie diferente daquele distanciamento do participante do discurso que examina normas em relação à facticidade das instituições existentes.

Portanto, a formação do ponto de vista moral é acompanhada de uma diferenciação no interior do domínio prático: as *questões morais*, que em princípio podem ser racionalmente decididas sob o aspecto da universalização de interesses ou da *justiça*, diferenciam-se das *questões valorativas* que são apresentadas sob o aspecto geral da *vida boa* e só são acessíveis a uma discussão racional *no interior do* horizonte de uma forma de vida historicamente concreta ou de uma conduta de vida individual. A eticidade concreta de um mundo da vida que se tornou ingenuamente habitual pode ser caracterizada pelo fato de questões morais ainda formarem uma síndrome insolúvel com questões valorativas, enquanto em um mundo da vida racionalizado as questões morais se autonomizam diante de problemas da vida boa — elas devem de início ser respondidas de forma autônoma, ou seja, *como* questões de justiça. Nesse "de início" vem ao primeiro plano o problema que é tratado sob o título de "ética da responsabilidade".

Pois o ganho de racionalidade obtido pelo isolamento das questões de justiça também tem um preço. Questões de vida boa têm a vantagem de poder ser respondidas a partir do horizonte de certezas do mundo da vida. Elas se apresentam de

Consciência moral e ação comunicativa

saída como questões ligadas a contextos e, por isso, como questões *concretas*. As respostas correspondentes mantêm a força *motivadora da ação* de uma forma de vida sempre pressuposta nesses contextos. No quadro da eticidade concreta em que se move a moral convencional, os juízos morais tomam emprestadas tanto a concretude quanto a força motivadora da ação de sua vinculação intrínseca com as ideias de vida boa e de eticidade institucionalizada. Logo, a problematização nesse estágio não precisa ser aprofundada, uma vez que ela poderia se limitar a refletir a primazia de uma eticidade existente. Aquela operação de abstração, que moraliza o mundo social e, com isso, o separa de seu pano de fundo ligado ao mundo da vida, tem duas consequências: a partir de pontos de vista estritamente deontológicos, as questões morais são retiradas de seus contextos de modo que as respostas morais retenham somente a força racionalmente motivadora dos discernimentos.

Mas as questões morais não são postas em virtude de si mesmas; elas aparecem com o interesse de obter direções para a ação. *Por isso, respostas desmotivadas a questões descontextualizadas são remetidas à práxis.* A moralidade precisa compensar a perda de eticidade concreta que de início ela paga em virtude do benefício cognitivo para se tornar eficaz em termos práticos. As respostas desmotivadas a questões descontextualizadas só podem conseguir eficácia prática se *duas consequências problemáticas* forem resolvidas: a abstração de contextos de ação tem de ser retroativamente efetuada da mesma maneira que a separação dos discernimentos racionalmente motivados em relação às atitudes empíricas. Toda moral cognitiva confrontará os sujeitos agentes com as questões de *aplicação situada* e de *ancoramento motivacional* de discernimentos morais.[55] E ambos os problemas só podem ser resolvidos se se *adicione* algo mais ao juízo moral: o esforço hermenêutico e a internalização da autoridade.

A construção de "estágios" do relativismo contextual se deve a uma má compreensão do problema fundamental: a maneira com que eticidade e moral são mediadas. Não é suficiente a separação que C. Gilligan faz inicialmente entre o *problema cognitivo* da aplicação e o *problema motivacional* do ancoramento de discernimentos morais. Por isso, ela tende a diferenciar o formalismo pós-convencional (PCF) do contextualismo pós--convencional (PCC) segundo referências ligadas a situações de ação hipoteticamente consideradas *versus* situações de ação reais. Porém, a questão de saber se devo fazer o que eu faria diz respeito apenas ao lado motivacional do problema de mediação. O outro lado desse problema é de natureza cognitiva: como tenho de entender o mandamento universal que apenas diz o que devo fazer em uma dada situação para em seguida poder agir.

Em segundo lugar, C. Gilligan desconhece que ambos os problemas só surgem depois que a moral foi abstraída da eticidade e a questão moral fundamental acerca da fundamentalidade de normas no sentido de uma ética cognitivista foi

---

55 O problema geral acerca da aplicação de normas a situações de ação já se põe no estágio convencional do juízo moral e da interação; aqui, trata-se da intensificação específica que esse problema experimenta quando se cortam as conexões pelas quais as normas e situações de ação *remetem umas às outras* como componentes da *mesma* forma de vida não problemática, isto é, quando são previamente coordenadas. Cf. Gadamer, *Wahrheit und Methode*.

Consciência moral e ação comunicativa

respondida. Não é permitido juntar a questão da aplicação contextualizada de normas universais à questão de fundamentação. Uma vez que normas morais não contêm já as regras de sua aplicação, uma ação efetuada a partir do discernimento moral exige ainda a faculdade da prudência hermenêutica ou, nas palavras de Kant, a faculdade de julgar reflexionante. Mas disso não resultam consequências que colocariam em questão a decisão tomada previamente em prol de uma posição universalista.[56]

Em terceiro lugar, o relativismo contextual deve compensar carências que surgem no nível pós-convencional do juízo moral quando as duas consequências problemáticas mencionadas não são resolvidas. Podemos então falar de *rigorismo moral* quando falta sensibilidade para o problema da aplicação e discernimentos morais abstratos são sobrepostos sem mediação a situações concretas — *fiat justitia, pereat mundus* [faça-se justiça, mesmo que o mundo pereça]. O contraste feito por Max Weber entre ética da convicção [*Gesinnungsethik*] e ética da responsabilidade [*Verantwortungsethik*] vive em grande parte dessa crítica popular a Kant. Falamos então de *intelectualização* se as abstrações morais satisfazem funções de defesa. C. Gilligan tende a estilizar erroneamente essas *deficiências* como características de um estágio *normal* do pensamento pós-convencional (PCF).

Por fim, ela vincula a distinção entre PCF e PCC à oposição entre uma orientação à justiça, por um lado, e uma orientação ao

---

56 Kuhlmann, *Reflexion und kommunikative Erfahrung*; Böhler, Philosophische Hermeneutik und hermeneutische Methode, em Fuhrmann; Jauss; Pannenberg (orgs.), *Text und Applikation*, p.483 *ss.*; Habermas, *Theorie des kommunikativen Handeln*, op. cit., v.I, p.193 *ss.*

cuidado com um determinado círculo de pessoas e à responsabilidade por elas, por outro lado, defendendo a hipótese de que as duas orientações são desigualmente distribuídas entre os gêneros.

Se, em contrapartida, esclarecermos que

- o "ponto de vista moral" em sentido estrito só é constituído com a passagem do segundo para o terceiro estágio de interação;
- a partir da atitude hipotética de um participante da argumentação, o mundo social é moralizado e desassociado do mundo da vida;
- a abstração deontológica separa questões de justiça das questões de vida boa;
- com isso, questões morais são desacopladas de seus contextos assim como respostas morais são separadas dos motivos empíricos; e
- desse desacoplamento resulta a necessidade de aplicar discernimentos morais de maneira contextualizada e ancorá-los de modo especial aos pressupostos motivacionais,

então a solução desse problema exige uma mediação entre moralidade e eticidade que vai além do que um juízo moral no sentido de uma ética deontológica é capaz de fazer. Por essa razão, não tem sentido querer completar ou rever os estágios do juízo moral. Esses dois problemas se encontram em um nível diferente daquele da capacidade de julgar moral; eles exigem uma outra categoria de operações, a saber, a sensibilidade ao contexto e a prudência, de um lado, e o autocontrole autônomo, de outro lado. As contribuições críticas à discussão

Consciência moral e ação comunicativa

desencadeada por C. Gilligan podem ser resumidas desde os seguintes pontos de vista.[57]

O problema cognitivo da aplicação

(a) Aqueles que gostariam de completar os estágios morais de Kohlberg, seja com um outro estágio pós-convencional (C. Gilligan) ou com uma hierarquia de estágios introduzida em paralelo (N. Haan), não diferenciam suficientemente questões morais de questões valorativas, questões de justiça e questões de vida boa. Considerando a conduta de vida individual, isso corresponde à diferença entre aspectos da autodeterminação e da autorrealização.[58] Com frequência, questões sobre a preferência de formas de vida ou de objetivos de vida (ideal do Eu), inclusive questões de avaliação de caracteres e modos de ação, só se colocam depois que questões morais em sentido estrito são respondidas.[59] Aliás, a determinação do ponto de vista moral

---

57 Sobretudo: Kohlberg; Candee, The Relationship between Moral Judgement and Moral Action (manusc.); Habermas, Responsibility and its Role in the Relationship between Moral Judgement and Action (manusc.); Nunner-Winkler, Two Moralities? A Critical Discussion of an Ethic of Care and Responsibility versus an Ethic of Rights and Justice, em Gewirtz; Kurtines (orgs.), *Morality, Moral Behavior and Moral Development: Basic Issues in Theory and Research*.

58 Habermas, *Theorie des kommunikativen Handeln*, op. cit., v.2, p.147 ss.

59 É o que acontece, por exemplo, nas decisões acerca do aborto investigadas por C. Gilligan: consequências que resultam de uma tal decisão para a relação com o namorado ou marido, para a carreira profissional da mulher/do homem, para a transformação da vida da família etc. só são levadas em consideração se o próprio aborto se mostrar moralmente admissível. Algo semelhante ocorre com pro-

formulada pela ética do discurso não permite que outros pontos de vista concorram *no mesmo nível* com a justiça ou com a correção normativa. Se normas válidas são obrigadas a incorporar interesses passíveis de universalização, então no significado da validade normativa já se considerou o princípio do bem-estar geral (o *principle of beneficence* de Frankena)[60] ou o princípio do cuidado sem distinção ou da responsabilidade pelos outros (*care and responsibility* — na medida em que essas expressões designam princípios *morais*).

(b) A concepção ético-discursiva do princípio moral também exclui um estreitamento do juízo moral operado pela ética da convicção. A consideração das consequências e efeitos colaterais, que resultam previsivelmente da aplicação universal de uma norma controversa a contextos existentes, não carece de nenhum ponto de vista *adicionado* pela ética da responsabilidade. Certamente, a razão prática exposta pela ética do discurso também exige prudência prática na aplicação de regras. Mas o recurso a essa faculdade não condena a razão prática ao horizonte de uma época determinada ou de uma cultura particular. Mesmo na dimensão da aplicação são possíveis processos de aprendizagem que se guiam pelo teor universalista de normas aplicáveis.

---

blemas relacionados a divórcio ou infidelidade sexual. Os dois casos relatados por Gilligan e Murphy ("In a Different Voice: Women's Conceptions of Self and Morality", op. cit.) confirmam isso: só quando a própria infidelidade sexual se mostra impensável pode ser relevante a questão de saber sob quais circunstâncias a *ocultação* do fato diante daquele imediata ou indiretamente afetado é menos danosa ou mais atenciosa do que o esclarecimento imediato.

60 Frankena, *Ethics*, p.45-6.

Consciência moral e ação comunicativa

(c) A assunção ideal de papéis serve como rubrica para um tipo de fundamentação procedimental. Ela exige operações cognitivas pretensiosas. Estas, por sua vez, estão internamente relacionadas a motivos e atitudes emotivas, como a empatia. O envolvimento no destino do "próximo", que frequentemente é aquele que se encontra mais longe de nós em casos de distância sociocultural, constitui uma condição emocional necessária para as operações cognitivas esperadas pelo participante do discurso. Vinculações semelhantes entre cognição, faculdade de empatia e *ágape* [amor] podem se fazer valer para a operação hermenêutica de aplicação de normas universais sensível a contextos. Essa integração de operações cognitivas e atitudes emotivas na fundamentação e na aplicação de normas marca toda a capacidade de julgar moral *amadurecida*. Somente esse conceito de maturidade faz que vejamos os fenômenos do rigorismo moral como estorvos provocados pela faculdade de julgar; mas ele não deveria ser exposto ao pensamento pós-convencional *a partir de fora* no sentido de uma oposição entre ética do amor e ética das leis, mas resultar de uma descrição adequada do próprio estágio moral mais avançado.[61]

O problema motivacional do ancoramento

(a) Aqueles que gostariam de completar os estágios morais de Kohlberg no sentido mencionado não diferenciam suficientemente entre desenvolvimento moral e desenvolvimento do Eu.

---

61 O jovem Hegel, aliás, ainda era kantiano em termos de teoria moral quando elaborou a oposição histórica entre ética cristã do amor e ética judaica das leis. Cf. Hegel, Frühschriften, em *Theorie-Werkausgabe*, v.1.

À capacidade de julgar moral correspondem, no sistema de personalidade, controles de comportamento ou estruturas do Supereu. Estes se formam nos estágios superiores unicamente pelo distanciamento do mundo social e pelo confronto com este, portanto com a estrutura normativamente integrada de relações com o respectivo ambiente social; as estruturas do Supereu deixam-se analisar nos conceitos sociocognitivos fundamentais da ação regulada por normas. A identidade do Eu, por sua vez, forma-se nos contextos complexos da ação comunicativa, a saber, na interação com as estruturas do mundo objetivo, social e subjetivo, que se diferencia progressivamente dos contextos do mundo da vida.[62]

(b) A dissociação pós-convencional entre moral e eticidade significa a perda de segurança de concepções morais fundamentais respaldadas pelas autoevidências culturais e pelas certezas do mundo da vida em geral. Com isso, os discernimentos também se separam dos motivos empíricos culturalmente habituais. Para que os desníveis daí surgidos entre juízos morais e ações morais sejam compensados, é preciso um sistema de controles internos de comportamento que sobrevenha dos juízos morais regulados por princípios, ou seja, das convicções motivadoras, possibilitando assim o *autocontrole*; tal sistema precisa funcionar de maneira autônoma, a saber, independentemente de pressão branda, mas externa, de ordens legítimas e factualmente reconhecidas. Essas condições são satisfeitas

---

62 Sobre o conceito de identidade e de desenvolvimento do Eu, cf. Habermas, Moralentwicklung und Ich-Identität, op. cit., p.67 *ss.*; Döbert; Habermas; Nunner-Winkler (orgs.), *Entwicklung des Ichs*, op. cit., p.9 *ss.*; Noam; Kegan, Soziale Kognition und Psychodynamik, em Edelstein; Keller (orgs.), *Perspektivität und Interpretation*, op. cit., p.422 *ss.*

Consciência moral e ação comunicativa

apenas pela internalização completa de uns poucos princípios altamente abstratos e universais que se dão a conhecer, como explica a ética do discurso, a título de implicações de um procedimento de fundamentação de normas. Pois bem, essas estruturas pós-convencionais do Supereu podem, entre outras coisas, ser *testadas* na medida em que respostas a perguntas do tipo "O que eu devo fazer?" são controladas por respostas a perguntas do tipo "O que eu faria?". Mesmo tais "juízos de responsabilidade", com os quais o interrogado profere a *intenção* ou *otimismo* de agir em acordo com seus juízos morais, situam-se ainda no mesmo nível cognitivo que os juízos morais. Mesmo que seja permitido interpretá-los como expressão de uma convicção, de modo algum eles podem, *a título de* juízos, garantir a correspondência entre juízos e ações. Na verdade, a *espécie* de ancoramento motivacional sem o qual uma moral pós-convencional não pode ser transformada em ação, deixa-se derivar da estrutura da capacidade de ação, ou seja, do aparato sociocognitivo reconfigurado em termos pós-convencionais. Saber se os processos psicodinâmicos de fato satisfazem as exigências dessa estrutura não é algo que se possa concluir de *respostas* a questões do tipo "Por que justamente eu?", mas apenas do interior da própria práxis.[63]

(c) Mesmo se a passagem para o estágio pós-convencional for bem-sucedida, um ancoramento motivacional deficiente pode restringir a capacidade para a ação autônoma. *Uma* forma fenomênica particularmente marcante dessa discrepância entre

---

63 Nessa medida, Kohlberg e Candee (*The Relationship between Moral Judgement and Moral Action*, op. cit.) imputam aos *responsibility judgements* [juízos de responsabilidade] um ônus de prova muito grande.

juízo e ação é a intelectualização que põe um julgamento moral elaborado de conflitos de ação a serviço da defesa de conflitos pulsionais mantidos em estado latente.

(3) Uma terceira dificuldade é formada por aquele grupo de juízos morais que obrigou Kohlberg a introduzir o tipo intermediário "4½". Trata-se de proferimentos relativistas que foram feitos mais de um ponto de vista estratégico do que moral. De início, Kohlberg e seus colaboradores tentaram acentuar a semelhança com o hedonismo instrumental do segundo estágio. De outro lado, não puderam classificar esses juízos como pré-convencionais porque os interrogados desse tipo moviam-se em um nível de argumentação elevado; a atitude hipotética com base na qual eles avaliam o mundo social sem moralizá-lo falava em favor de uma afinidade de seus proferimentos com juízos do estágio pós-convencional. Por isso, Kohlberg localiza esses juízos entre os níveis convencionais e pós-convencionais; ele os hospedou em um estágio transitório que tem de ser menos descrito em termos estruturais e mais explicado do ponto de vista psicodinâmico, mais precisamente como expressão de uma crise adolescente ainda não superada.[64] Essa interpretação é insatisfatória, uma vez que não pode explicar a possibilidade de estabilização desse nível de juízo. Fala em prol dessa estabilização, entre outras coisas, o fato de que o ceticismo axiológico do "estágio 4½" também foi filosoficamente elaborado e defendido como uma posição a ser levada a sério na linha Weber-Popper.

O ceticismo axiológico empiricamente fundamentado, que vincula as abordagens subjetivistas à ética, coloca em dúvida as

---

64 Döbert; Nunner-Winkler, *Adoleszenzkrise und Identitätsbildung*.

Consciência moral e ação comunicativa

suposições racionalistas fundamentais sobre as quais também repousa a teoria do desenvolvimento moral de Kohlberg. O moderno cético com respeito a valores contesta que questões morais possam ser decididas com boas razões, portanto, que sejam intersubjetivamente vinculantes; ele conduz investigações metaéticas que devem explicar de que maneira a ilusão racionalista de nossas intuições morais cotidianas se enraízam em nossa linguagem. Ora, a psicologia certamente ofereceu o fórum errado para dirimir o conflito entre o cético e o cognitivista.[65] Esse conflito precisa ser realizado com argumentos filosóficos – em todo caso é daí que parte a teoria do desenvolvimento da consciência moral. Mas a psicologia precisa poder explicar por que o ceticismo axiológico, que parece até saltar para fora da lógica de desenvolvimento da consciência moral, surge como um estágio natural no interior desse desenvolvimento. Não é lícito que Kohlberg se dê por satisfeito em apenas inserir nos estágios morais um estágio transitório a ser explicado em termos psicodinâmicos; essa solução classificatória o obriga a indicar também o *lugar do estágio transitório na lógica de desenvolvimento*, portanto a descrever estruturalmente o estágio 4½ como os outros estágios. A descrição oferecida por ele não satisfaz essa exigência.[66]

Gostaria de explicar o fenômeno (tão desconfortável para a teoria) de um estágio transitório na medida em que esse grupo de interrogados efetua apenas parcialmente a passagem para o nível pós-convencional. Se a integração das perspectivas do falante com as perspectivas de mundo não consegue se completar

---

65 Ver, neste volume, p.57 *ss.*
66 Kohlberg, *Essays on Moral Development*, op. cit., v.I, p.411.

Jürgen Habermas

Tabela 8 – O estágio transitório 4½

Nível B/C. Nível transitório
Esse nível é pós-convencional, mas ainda não regulado por princípios

Conteúdo da transição
No estágio 4½, a escolha é pessoal e subjetiva. Ela se baseia nas emoções e a consciência é vista como arbitrária e relativa, bem como as ideias de "dever" e de "moralmente correto".

Perspectiva social transitória
Nesse estágio, a perspectiva é aquela de um indivíduo colocado fora de sua própria sociedade e que se considera um indivíduo que toma decisões sem um compromisso generalizado ou contrato com a sociedade. Podem-se pegar e escolher as obrigações que são definidas por sociedades particulares, mas não existem princípios para tal escolha.

---

nem inclui o mundo social com a correspondente atitude conforme a normas, também malogra a coordenação pressuposta no discurso da atitude orientada ao êxito com a atitude orientada ao entendimento daqueles que querem prosseguir à ação comunicativa com outros meios argumentativos, exatamente nos casos em que são tematizadas *pretensões de validade normativas* tornadas problemáticas. O aparato sociocognitivo do estágio convencional de interação é então reorganizado de modo que o adolescente, embora tenha aprendido até argumentações teóricas, detenha-se, por assim dizer, perante a entrada em argumentações morais. Em outro lugar, descrevi essa hipóteses da seguinte maneira:[67]

Com a capacidade de pensar hipoteticamente em questões prático-morais, o jovem satisfaz a condição necessária e sufi-

---

67 Habermas, Reply to my Critics, em Thompson; Held, *Jürgen Habermas: Critical Debates,* p.260 *ss.*

Consciência moral e ação comunicativa

ciente para a *separação do modo de pensar convencional*; mas esse passo ainda não prejudica a decisão entre dois caminhos de desenvolvimento alternativos. O jovem pode se beneficiar de diferentes modos do distanciamento obtido em relação a um mundo de convenções que, mediante atribuição hipotética em um horizonte de possibilidades, perdem a força ingênua de validade social e, com isto, são reflexivamente desvalorizadas. Ou ele, a partir do mundo derrocado das convenções factualmente vigentes, tentará proteger o *sentido da validade* de normas e proposições de dever mesmo no novo nível reflexivo. Ele se vê obrigado a relativizar a validade social de normas factualmente existentes com base em uma validade normativa que satisfaz os critérios de fundamentação racional. Essa preocupação em reter o sentido reconstrutivo da validade normativa é uma condição necessária para a *passagem em direção a um modo de pensar pós-convencional*. Ou o jovem superará o modo de pensar convencional sem exatamente passar para o pós-convencional. Nesse caso, ele compreende o rompimento com o mundo das convenções como discernimento de uma pretensão cognitiva equivocada, à qual até agora as normas convencionais e as proposições de dever estiveram vinculadas. Pois os conceitos morais fundamentais carecem retrospectivamente de uma explicação em sua forma convencional cognitivamente desvalorizada. O jovem precisa resolver a dissonância entre as intuições morais, que *tanto agora como antes* determinam seu saber e sua ação cotidianos irrefletidos, e o (suposto) discernimento acerca do caráter ilusório dessa consciência moral convencional (que, embora seja desvalorizada na reflexão, certamente não deixa de ter função no cotidiano). No lugar de uma consciência ética renovada de maneira pós-convencional entra uma explicação metaética das ilusões morais. Essa explicação pode dar conta daquela dissonância com mais facilidade quanto melhor conseguir conciliar o ceticismo teórico com as intuições que irrompem diretamente na práxis. Nesse aspecto, o ceticismo ético de Max Weber, por exemplo, que também deixa teoricamente intacto o caráter existencial dos compromissos valorativos, logra mais que o emotivismo de Stevenson, que explica as intuições morais como atitudes emotivas. Da perspectiva da teoria de Kohlberg, essas versões metaéticas precisam lidar com uma classificação a partir de pontos de vista da lógica de desenvolvimento e com a *subordinação* a éticas cognitivas.

(4) A teoria de Kohlberg partilha o último problema com todas as abordagens que fazem uma distinção entre competência e performance. Uma vez que competências sempre podem ser retidas em suas formas apreensíveis de manifestação, essas abordagens teóricas se encontram diante de problemas de medição particulares. Apenas na medida em que esses problemas são resolvidos, os fatores que determinam a performance podem ser isolados das capacidades postuladas em termos teóricos. Recomenda-se distinguir fatores determinantes da performance, que têm de ser somados de maneira *complementar* a uma competência adquirida ou que *podem* a ela se somar de maneira *estimulante* e acelerada, dos fatores *inibidores* e *refreadores* que se tornam eficazes no modo de um filtro.

Sem dúvida, é uma simplificação grosseira considerar juízos morais como medida para competência e ações morais como medida para performance. Por outro lado, o ancoramento motivacional de capacidades de juízo pós-convencionais em estruturas do Supereu estruturalmente análogas oferece um exemplo para fatores *complementares* de determinação da performance sem que os juízos morais desse estágio deixem de

Consciência moral e ação comunicativa

ser eficazes em termos práticos.[68] Normalmente, contudo, discrepâncias entre juízo e ação podem ser reconduzidas ao efeito seletivo de fatores *inibidores*. Há sobre isso uma série de investigações interessantes.[69] Dentre os fatores negativamente eficazes que determinam a performance, existem alguns que explicam os déficits motivacionais e entre estes, por seu turno, os mecanismos de defesa investigados sistematicamente por Anna Freud são de especial interesse, porque eles intervêm de maneira perturbadora na formação estruturalmente necessária da motivação e, por isso, também podem ser analisados de *pontos de vista estruturais*.

Identificação e projeção são os dois mecanismos fundamentais de defesa de conflitos adquiridos durante a primeira infância. A partir dessa raiz se forma, aparentemente só no estágio convencional de interação, o conhecido sistema de mecanismos de defesa.[70] Estes se distinguem pelo modo como *contornam* a diferenciação ocorrida nesse estágio entre ações orientadas ao entendimento e ações orientadas ao êxito. A defesa opera em geral quando bloqueios da comunicação erigidos de forma intrapsíquica separam o aspecto estratégico (ainda inconsciente) da ação (e que serve para a satisfação de desejos inconscientes) das intenções manifestas da ação que visam ao entendi-

---

68 Döbert; Nunner-Winkler, Performanzbestimmende Aspekte des moralischen Bewußtseins, em Portele (org.), *Sozialisation und Moral*.

69 Edelstein; Keller, Perspektivität und Interpretation, em Edelstein; Keller (orgs.), *Perspektivität und Interpretation*, principalmente p.22 ss.; Döbert; Nunner-Winkler, Abwehr- und Bewältigungsprozesse in normalen und kritischen Lebenssituationen (manusc.).

70 Haan, A Tripartite Model of Ego Functioning, em *Journal of Neurological and Mental Disease*, v.148, n.1, p.14-29, 1969.

mento. Assim, o sujeito pode enganar a si mesmo ao infringir objetivamente as pressuposições comuns da ação orientada ao entendimento. Ações motivadas de forma inconsciente podem ser explicadas como uma desdiferenciação latente, isto é, inconfessada para si mesmo e para os outros, entre ação estratégica e ação comunicativa, segundo a qual o efeito de autoilusão da operação de defesa pode ser interpretado no sentido de um distúrbio intrapsíquico na comunicação. Essa interpretação se serve do conceito de uma comunicação distorcida de modo sistemático que pode ocorrer de forma espelhada tanto no nível interpessoal quanto intrapsíquico. Porém, esse conceito carece de uma discussão apropriada em termos de teoria da comunicação.[71]

---

71 Um modelo interessante de "autocompreensão falsa" foi proposto por Löw-Beer, *Selbsttäuschung*.

Referências bibliográficas

ALBERT, H. *Fehlbare Vernunft*. Tübingen, 1980.

_____. *Traktat über kritische Vernunft*. Tübingen, 1975.

ALEXY, R. Eine Theorie des praktischen Diskurses. In: OELMÜLLER, W. (org.). *Transzendentalphilosophische Normenbegründungen*. Paderborn, 1978.

APEL, K. O. Läßt sich etische Vernunft von strategischer Rationalität unterscheiden? Frankfurt am Main, 1983. (manusc.)

_____. Intentions, Conventions, and Reference to Things. In: PARRET, H.; BOUVERESSE, J. (orgs.). *Meaning and Understanding*. Berlin, 1981.

_____. Das Problem der philosophischen Letztbegründung im Lichte einer transzendentalen Sprachpragmatik. In: KANITSCHEIDER, B. (org.). *Sprache und Erkenntnis*. Innsbruck, 1976.

_____. Das Apriori der Kommunikationsgemeinschaft. In: *Transformation der Philosophie*. v.2. Frankfurt am Main, 1973. [Ed. bras.: *Transformação da filosofia*. 2v. São Paulo: Loyola, 2000.]

AUWÄRTER, M.; KIRSCH, E. Zur Ontogenese der sozialen Interaktion. Munique, 1983. (manusc.)

_____. Katja, spielst Du mal die Andrea? In: MACKENSEN, R.; SAGEBIEL, F. (orgs.). *Soziologische Analysen*. Berlim, 1979.

Jürgen Habermas

_____. Zur Interdependenz von kommunikativen und interaktiven Fähigkeiten in der Ontogenese. In: MARTENS, K. (org.). _Kindliche Kommunikation_. Frankfurt am Main, 1979.

AYER, A. J. On the Analysis of Moral Judgements. In: MUNITZ, M. (org.). _A Modern Introduction to Ethics_. Nova York, 1958.

BAIER, K. _The Moral Point of View_. Londres, 1958.

BENHABIB, S. The Methodological Illusions of Modern Political Theory: The Case of Rawls and Habermas. _Neue Hefte für Philosophie_, v.21, p.47-74, 1982.

BERNSTEIN, R. _Restructuring of Social and Political Theory_. Nova York, 1976.

BIERI, P.; HORSTMANN, R.; KRÜGER, L. (orgs.). _Transcendental Arguments and Science_. Dordrecht, 1979.

BITTNER, A. Transzendental. In: _Handbuch philosophischer Grundbegriffe_. v.5. Munique, 1974.

BÖHLER, D. Philosophische Hermeneutik und hermeneutische Methode. In: FUHRMANN, M.; JAUSS, H. R.; PANNENBERG, W. (orgs.). _Text und Applikation_. Munique, 1981.

BÖHME, K. _Children's Understanding and Awareness of German Possessive Pronouns_. Nijmegen, 1983.

BUBNER, R. Selbstbezüglichkeit als Struktur transzendentaler Argumente. In: KUHLMANN, W.; BÖHLER, D. (orgs.). _Kommunikation und Reflexion_. Frankfurt am Main, 1982.

BURLESON, B. R. On the Foundation of Rationality: Toulmin, Habermas, and the _a priori_ of Reason. _Journal of the American Forensic Association_, v.16, n.2, p.112-127, 1979.

CICOUREL, A. _Method and Measurement in Sociology_. Glencoe, 1964.

COLBY, A. Evolution of a Moral-Developmental Theory. In: DAMON, W. (org.). _Moral Development_. São Francisco, 1978.

DAMON, W. Zur Entwicklung der sozialen Kognition des Kindes. In: EDELSTEIN, W.; KELLER, M. (orgs.). _Perspektivität und Interpretation_. Frankfurt am Main, 1982.

_____. _The Social World of the Child_. São Francisco, 1977.

DÖBERT, R.; NUNNER-WINKLER, G. Abwehr- und Bewältigungsprozesse in normalen und kritischen Lebenssituationen. Munique, 1983. (manusc.)

Consciência moral e ação comunicativa

_____; _____. Performanzbestimmende Aspekte des moralischen Bewußtseins. In: PORTELE, G. (org.). *Sozialisation und Moral*. Weinheim, 1978.

_____; _____. *Adolezenzkrise und Identitätsbildung*. Frankfurt am Main, 1975.

DÖBERT, R.; HABERMAS, J.; NUNNER-WINKLER, G. (orgs.). *Entwicklung des Ichs*. Colônia, 1977.

DUMMETT, M. What Is a Theory of Meaning? In: EVANS, G.; MCDOWELL, J. (orgs.). *Truth and Meaning*. Oxford, 1976.

ECKENSBERGER, L. H. (org.). *Entwicklung des moralischen Urteilens*. Staarbrücken, 1978.

EDELSTEIN, W.; KELLER, M. Perspektivität und Interpretation. In: _____; _____. (orgs.). *Perspektivität und Interpretation*. Frankfurt am Main, 1982.

FICHTE, J. G. *Werke*. v.IV. Leipzig, 1910.

FLAVELL, J. H. et al. *The Development of Role-Taking and Communication Skills in Children*. Nova York, 1968.

FRANKENA, W. K. *Ethics*. Englewood Cliffs, 1973.

_____. *Analytische Ethik*. Munique, 1972.

FRANKENBERG, G.; RÖDEL, U. *Von der Volkssouveränität zum Minderheitenschutz*. Frankfurt am Main, 1981.

GADAMER, H. G. Rhetorik, Hermeneutik und Ideologiekritik: Metakritische Erörterung zu "Wahrheit und Methode". In: APEL, K.-O. et al. *Hermeneutik und Ideologiekritik*. Frankfurt am Main, 1971.

_____. *Wahrheit und Methode*. Tübingen, 1960. [Ed. bras.: *Verdade e método*. Petrópolis: Vozes, 1999.]

GARZ, D. *Zur Bedeutung rekonstruktiver Sozialisationstheorien in der Erziehungswissenschaft*: unter besonderer Berücksichtigung der Arbeiten von L. Kohlberg. Hamburgo, 1982. Tese (Doutorado).

GERT, B. *The Moral Rules*. Nova York, 1976.

GETHMANN, C. F.; HEGSELMANN, R. Das Problem der Begründung zwischen Dezisionismus und Fundamentalismus. *Zeitschrift für Allgemeine Wissenschaftstheorie*, v.VIII, p.342-8, 1977.

GEULEN, D. *Perspektivenübernahme und soziales Handeln*. Frankfurt am Main, 1982.

Jürgen Habermas

GEWIRTH, A. *Reason and Morality*. Chicago, 1978.

GIBBS, J. C. Kohlberg's Stages of Moral Judgement. *Harvard Educational Review*, v.47, p.43-61, 1977.

GIDDENS, A. *New Rules of Sociological Method*. Londres, 1976.

GILLIGAN, C. *In a Different Voice*. Cambridge, 1982.

_____. In a Different Voice: Women's Conceptions of Self and Morality. *Harvard Educational Review*, v.47, n.4, p.481-517, 1977.

_____; MURPHY, J. M. Moral Development in Late Adolescence and Adulthood: A Critique and Reconstruction of Kohlberg's Theory. *Human Development*, v.23, n.2, p.77-104, 1980.

_____; _____. The Philosopher and the Dilemma of the Fact. In: KUHN, D. (org.). *Intellectual Development beyond Childhood*. São Francisco, 1980.

HAAN, N. Two Moralities in Action Context. *Journal of Personality and Social Psychology*, v.36, n.3, p.286-305, 1978.

_____. A Tripartite Model of Ego Functioning. *Journal of Neurological and Mental Disease*, v.148, n.1, p.14-29, 1969.

_____; BELLAH, R. N.; RABINOW, P.; SULLIVAN, W. M. (orgs.). *Social Science as Moral Inquiry*. Nova York, 1983.

HABERMAS, J. Erläuterungen zum Begriff des kommunikativen Handelns. In: *Vorstudien und Ergänzungen zur Theorie des kommunikativen Handelns*. Frankfurt am Main: Suhrkamp, 1984.

_____. Die Verschlingung von Mythos und Aufklärung. In: BOHRER, K. H. (org.). *Mythos und Moderne*. Frankfurt am Main, 1983.

_____. Reply to my Critics. In: THOMPSON, J. B.; HELD, D. *Jürgen Habermas*: Critical Debates. Londres, 1982.

_____. *Zur Logik der Sozialwissenschaften*. Frankfurt am Main: Suhrkamp, 1982.

_____. Die Moderne – ein unvollendetes Projekt. In: *Kleine Politische Schriften I-IV*. Frankfurt am Main, 1981.

_____. Die Utopie des guten Herrschers. In: *Kleine Politische Schriften I-IV*. Frankfurt am Main, 1981.

_____. Responsibility and its Role in the Relationship between Moral Judgement and Action. Cambridge, 1981. (manusc.)

Consciência moral e ação comunicativa

_____. *Theorie des kommunikativen Handelns.* 2v. Frankfurt am Main: Suhrkamp, 1981. [Ed. bras.: *Teoria da ação comunicativa.* 2v. São Paulo: Editora Unesp, 2022.]

_____. Legitimationsprobleme im modernen Staat. In: *Zur Rekonstruktion des Historischen Materialismus.* Frankfurt am Main: Suhrkamp, 1976. [Ed. bras.: Problema de legitimação no Estado moderno. In: *Para a reconstrução do materialismo histórico.* Trad. Rúrion Melo. São Paulo: Editora Unesp, 2016.]

_____. Moralentwicklung und Ich-Identität. In: *Zur Rekonstruktion des Historischen Materialismus.* Frankfurt am Main: Suhrkamp, 1974. [Ed. bras.: Desenvolvimento moral e identidade do Eu. In: *Para a reconstrução do materialismo histórico.* Trad. Rúrion Melo. São Paulo: Editora Unesp, 2016.]

_____. Wahrheitstheorien. In: FAHRENBACH, H. (org.). *Festschrift für W. Schulz.* Pfullingen, 1973.

_____; LUHMANN, N. *Theorie der Gesellschaft oder Sozialtechnologie.* Frankfurt am Main: Suhrkamp, 1971.

HAMLYN, D. W. Epistemology and Conceptual Development. In: MISCHEL, T. (org.). *Cognitive Development and Epistemology.* Cambridge, 1971.

HARE, R. M. *The Language of Morals.* Oxford, 1952.

HARMANN, G. *Das Wesen der Moral.* Frankfurt am Main, 1981.

HEGEL, G. W. F. Frühschriften. In: *Theorie-Werkausgabe.* v.I. Frankfurt am Main, 1970.

HESSE, M. In Defense of Objectivity. *Proceedings of the British Academy,* Londres, v.58, 1972.

HORKHEIMER, M. *Zur Kritik der instrumentellen Vernunft.* Frankfurt am Main, 1967.

JOAS, H. *Praktische Intersubjektivität.* Frankfurt am Main, 1980.

KAMBARTEL, F. Moralisches Argumentieren. In: *Praktische Philosophie und konstruktive Wissenschaftstheorie.* Frankfurt am Main, 1974.

KAMBARTEL, F. Wie ist praktische Philosophie konstruktiv möglich? In: *Praktische Philosophie und konstruktive Wissenschaftstheorie.* Frankfurt am Main, 1974.

Jürgen Habermas

KANT, I. Kritik der reinen Vernunft. In: *Kants Gesammelte Schriften*. Berlim, 1904. [Ed. bras.: *Crítica da razão pura*. Petrópolis: Vozes, 2015.]

KELLER, M. *Kognitive Entwicklung und soziale Kompetenz*. Stuttgart, 1976.

_____; REUSS, S. Der Prozess der moralischen Entscheidungsfindung. In: *International Symposium on Moral Education*. Friburgo, set. 1982. (manusc.)

KESSELRING, Th. *Entwicklung und Widerspruch*: Ein Vergleich zwischen Piagets genetischer Erkenntnistheorie und Hegels Dialektik. Frankfurt am Main, 1981.

KOHLBERG, L. A Reply to Owen Flanagan. *Ethics*, v.92, n.3, p.513-28, 1982.

_____. *Essays on Moral Development*. v.I. São Francisco, 1981.

_____. Justice as Reversibility. In: *Essays on Moral Development*. v.I. São Francisco, 1981.

_____. Philosophical Issues in the Study of Moral Development. Cambridge, jun. 1980. (manusc.)

_____. The Claim to Moral Adequacy of a Highest Stage of Moral Judgment. *Journal of Philosophy*, v.70, n.18, p.630-46, 1973.

_____. From Is to Ought. In: MISCHEL, T. (org.). *Cognitive Development and Epistemology*. Cambridge, 1971.

_____; CANDEE, D. The Relationship between Moral Judgement and Moral Action. Cambridge, 1980. (manusc.)

KRÜGER, L. Über das Verhältnis von Wissenschaftlichkeit und Rationalität. In: DUERR, H. P. (org.). *Der Wissenschaftler und das Irrationale*. v.II. Frankfurt am Main, 1981.

KUHLMANN, W. Ist eine philosophische Letztbegründung von Normen möglich? *Funkkolleg Ethik*, Weinheim, apost.8, 1981.

_____. *Reflexion und kommunikative Erfahrung*. Frankfurt am Main, 1975.

KURTINES, W.; GREIF, E. The Development of Moral Thought. *Psychological Bulletin*, v.81, n.8, p.453-70, 1974.

LENK, H. Philosophische Logikbegründung und rationaler Kritizismus. *Zeitschrift für Philosophische Forschung*, v.24, p.183-205, 1970.

LIND, G.; HARTMANN, R.; WAKENHUT, R. (orgs.). *Moralisches Urteilen und soziale Umwelt*. Weinheim, 1983.

Consciência moral e ação comunicativa

LORENZEN, P.; SCHWEMMER, O. *Konstruktive Logik, Ethik und Wissenschaftstheorie*. Mannheim, 1973.

LÖW-BEER, M. *Selbsttäuschung*. Frankfurt, 1982. Tese (Doutorado em Filosofia), Universidade de Frankfurt.

MACINTYRE, A. *After Virtue*. Londres, 1981.

MCCARTHY, T. Rationality and Relativism. In: THOMPSON, J. B.; HELD, D. *Jürgen Habermas*: Critical Debates. Londres, 1982.

_____. *Kritik der Verständigungsverhältnisse*. Frankfurt am Main, 1980.

MEAD, G. H. Fragments on Ethics. In: *Mind, Self, Society*. Chicago, 1934. [Ed. bras.: *Mente, self e sociedade*. Petrópolis: Vozes, 2022.]

MILLER, M. Argumentationen als moralische Lernprozesse. *Zeitschrift für Pädagogik*, v.28, n.2, p.299-314, 1982.

_____; KLEIN, W. Moral Argumentations among Children. *Linguistische Berichte*, cad.74/81, p.1-19, 1981.

MOORE, G. E. *Principia Ethica* (1903). Sttutgart, 1970.

_____. A Reply to my Critics. In: SCHILPP, P. A. (org.). *The Philosophy of G. E. Moore*. Evaston, 1942.

NIELSEN, K. On Moral Truth. In: RESCHER, N. (org.). *Studies in Moral Philosophy*. v.I. Oxford, 1968. [American Philosophical Quarterly Monograph Series.]

NOAM, G.; KEGAN, R. Soziale Kognition und Psychodynamik. In: EDELSTEIN, W.; KELLER, M. (orgs.). *Perspektivität und Interpretation*. Frankfurt am Main, 1982.

NUNNER-WINKLER, G. Two Moralities? A Critical Discussion of an Ethic of Care and Responsibility versus an Ethic of Rights and Justice. In: GEWIRTZ, J.; KURTINES, W. (orgs.). *Morality, Moral Behavior and Moral Development*: Basic Issues in Theory and Research. Nova York, 1984.

OELMÜLLER, W. (org.). *Transzendentalphilosophische Normenbegründungen*. Paderborn, 1978.

OSER, F. Die Theorie von L. Kohlberg im Kreuzfeuer der Kritik – Eine Verteidigung. *Bildungsforschung und Bildungspraxis*, v.3, n.1, p.51-64, 1981.

PATZIG, G. *Tatsachen, Normen, Sätze*. Stuttgart, 1980.

PERRY, W. G. Forms of Intellectual and Ethical Development in the College Years. Nova York, 1968.

PETERS, R. S. *Education and the Education of Teachers*. Londres, 1977.

_____. *Ethics and Education* (1966). Londres, 1974.

PIAGET, J. *Biologie et connaissance*. Paris, 1967. [Ed. bras.: *Biologia e conhecimento*. 4.ed. Petrópolis: Vozes, 2000.]

RABINOW, P.; SULLIVAN, W. M. (orgs.). *Interpretative Social Science*. Berkeley, 1979.

RAWLS, J. *Eine Theorie der Gerechtigkeit*. Frankfurt am Main, 1975. [Ed. bras.: *Uma teoria da justiça*. 4.ed. São Paulo: Martins Fontes, 2016.]

RIEGEL, K. *Zur Ontogenese dialektischer Operationen*. Frankfurt am Main, 1978.

_____. Dialectical Operations. *Human Development*, v.16, n.5, p.346-70, 1973.

RORTY, R. *Der Spiegel der Natur*: Eine Kritik der Philosophie. Frankfurt am Main, 1981. [Ed. bras.: *A filosofia e o espelho da natureza*. Rio de Janeiro: Relume-Dumará, 1995.]

_____. Philosophy and the Mirror of Nature. Princeton, 1979. [Ed. bras.: *A filosofia e o espelho da natureza*. Rio de Janeiro: Relume-Dumará, 1995.]

SCHAFFER, H. R. Acquiring the Concept of the Dialogue. In: BORNSTEIN, M. H.; KESSEN, W. (orgs.). *Psychological Development from Infancy*. Hillsdale, 1979.

SCHNÄDELBACH, H. *Philosophie in Deutschland 1831-1933*. Frankfurt am Main, 1983.

SCHÖNRICH, G. *Kategorien und Transzendentale Argumentation*. Frankfurt am Main, 1981.

SELMAN, R. L. *The Growth of Interpersonal Understanding*. Nova York, 1981.

_____; BYRNE, D. F. Stufen der Rollenübernahme in der mittleren Kindheit. In: DÖBERT, R.; HABERMAS, J.; NUNNER-WINKLER, G. (orgs.). *Entwicklung des Ichs*. Köln, 1977.

SINGER, M. *Generalization in Ethics*. Nova York, 1961.

Consciência moral e ação comunicativa

SPAEMANN, R. Der Streit der Philosophen. In: LÜBBE, H. (org.). *Wozu Philosophie?* Berlim, 1978.

STEVENSON, C. L. *Ethics and Language.* Londres, 1945.

STRAWSON, P. F. *Freedom and Resentment.* Londres, 1974.

SYLVESTER-BRADLEY, B. Negativity in Early Infant-Adult Exchanges. In: ROBINSON, W. P. (orgs.). *Communication in Development.* Nova York, 1981.

TAYLOR, C. *Erklärung und Interpretation in den Wissenschaften von Menschen.* Frankfurt am Main, 1975.

_____. Interpretation and the Science of Man. *Review of Methaphysics,* v.25, p.3-51, 1971.

_____. The Ethnocentric Fallacy. *The Monist,* v.47, n.4, p.563-84, 1963.

TOULMIN, S. An Examination of the Place of Reason in Ethics. Cambridge, 1970.

_____. *The Uses of Argument.* Cambridge, 1958. [Ed. bras.: *Os usos do argumento.* São Paulo: WMF Martins Fontes, 2006.]

TREVARTHEN, C. The Foundations of Intersubjectivity. In: OLSON, D. R. (org.). *The Social Foundations of Language and Thought.* Nova York, 1980.

TUGENDHAT, E. Morality and Communication. *Christian Gauss Lectures,* Univ. Princeton, 1981. (manusc.)

_____. Einführung in die sprachanalytische Philosophie. Frankfurt am Main, 1976.

WATT, A. J. Transcendental Arguments and Moral Principles. *Philosophical Quarterly,* v.25, n.98, p.40-57, 1975.

WELLMER, A. *Praktische Philosophie und Theorie der Gesellschaft.* Konstanz, 1979.

WHITE, A. R. *Truth.* Nova York, 1971.

WHITE, S. K. On the Normative Structure of Action. *The Review of Politics,* v.44, n.2, p.282-301, abr. 1982.

WIMMER, R. *Universalisierung in der Ethik.* Frankfurt am Main, 1980.

YOUNISS, J. Die Entwicklung von Freundschaftsbeziehungen. In: EDELSTEIN, W.; KELLER, M. (orgs.). *Perspektivität und Interpretation.* Frankfurt am Main, 1982.

Índice onomástico

A

Adorno, Theodor W., 38, 40
Albert, Hans, 108-9n.25, 145
Alexy, Robert, 159-61, 165-6, 201n.12
Apel, Karl-Otto, 27, 88, 90, 141-2, 146-50, 155, 157, 161, 171-3, 199
Austin, John, 42
Auwärter, Manfred, 246n.36

B

Baier, Kurt, 88, 122, 143
Bataille, Georges, 44
Bellah, Robert Neelly, 55n
Böhler, Dietrich, 197n.6
Böhme, Kurt, 233n.27
Bohrer, Karl Heinz, 91n.6
Bornstein, 246n.36
Bubner, Rüdiger, 197n.6

C

Candee, D., 287n.57, 291n.63

Cassirer, Ernst, 66n.8
Chomsky, Noam, 48
Cicourel, Aaron, 65
Collingwood, Robin George, 150-1

D

Damon, William, 234n.29, 246-7
Dilthey, Wilhelm, 41, 68
Döbert, Rainer, 290n.62
Duerr, Hans Peter, 98-9n.11
Durkheim, Émile, 48, 136, 264

E

Eckensberger, Lutz H., 198n.9
Edelstein, Wolfgang, 234n.29, 290n.62

F

Feyerabend, Paul, 40
Fichte, Johann Gottlieb, 172-3
Flavell, John Hurley, 216, 239-41, 244

Foucault, Michel, 40, 177
Frankena, William Klaas, 288
Frankenberg, Günter, 187n.87
Frege, Gottlob, 129
Freud, Anna, 297
Freud, Sigmund, 48, 249
Freyer, Hans, 38

G
Gadamer, Hans-Georg, 55-6, 61, 66-8, 284n.55
Garz, Detlef, 194n.2
Gert, Bernard, 122, 124n.41
Gethmann, C. F., 169
Gewirth, 179-180, 287n.57
Gibbs, John C., 270n.43a, 274
Giddens, Anthony, 66n.8
Gilligan, Carol, 277-8, 280, 284-5, 287-8
Gouldner, Alvin, 65
Greif, E., 270n.43a

H
Haan, Norma, 55n, 277, 287
Hamlyn, David W., 75
Hare, Richard Mervyn, 108-9, 122, 159
Harman, Gilbert, 200n.11
Hartmann, Hans, 198n.9
Hartmann, Nicolai, 110
Hegel, Georg Wilhelm Friedrich, 29, 33-6, 38, 40, 42-3, 50, 90, 141, 183, 289
Heidegger, Martin, 44, 56
Held, David, 274n.46, 294n.67

Hesse, Mary, 66n.8
Hintikka, Jaakko, 146
Hölderlin, Friedrich, 44
Horkheimer, Max, 40, 88
Husserl, Edmund, 50

J
Jaspers, Karl, 45, 47
Joas, Hans, 124n.40

K
Kambartel, Friedrich, 167n.73, 169
Kant, Immanuel, 29-36, 38, 40, 45, 50, 77, 88, 120-1, 125, 141-2, 144, 153, 171, 183, 194, 197-8, 213, 285
Kegan, Robert, 290n.62
Keller, Monika, 198n.8, 234n.29, 290n.62, 297n.69
Kessen, William, 246n.36
Kirsch, Edit, 246n.36
Kohlberg, Lawrence, 27, 73-81, 83-5, 192, 194-5, 198-9, 201, 203, 206, 209-12, 214-7, 228, 234, 239, 253, 261, 269-72, 274, 277-8, 280, 287, 289, 291n.63, 292-3, 296
Kolakowski, Leszek, 45
Korsch, Karl, 38
Krüger, Lorenz, 97n.11
Kuhlmann, W., 119n.31, 170, 197n.6
Kuhn, Deanna, 278n.50
Kuhn, Thomas, 57

Consciência moral e ação comunicativa

Kurtines, William, 270n.43a, 287n.57

L

Lakatos, Imre, 40, 73
Lask, Emil, 50
Lenk, Hans, 170
Lind, Georg, 198n.9
Lorenzen, Paul, 36, 88
Löw-Beer, Martin, 298
Luhmann, Niklas, 157n.64
Lukács, György, 38

M

McCarthy, Thomas A., 120n.34, 181n.84, 274-5
MacIntyre, Alasdair, 88, 90, 107n.22, 179n.81
Marx, Karl, 29, 43, 66, 188
Matthiesen, U., 224n.22
Mead, George Herbert, 48, 61, 78, 124, 137n.48, 161, 198, 201, 232, 249
Miller, Max, 193n
Mischel, Theodore, 75n.10
Moore, George Edward, 104, 106, 110n.26
Murphy, John Michael, 278, 280, 287-8n.60

N

Newton, Isaac, 30
Nielsen, Kai, 102n.16
Nietzsche, Friedrich, 29, 91, 177
Noam, Gil, 290n.62

Nunner-Winkler, Gertrud, 124n.41, 193n, 287n.57, 290n.62

O

Oelmüller, Willi, 181n.84, 201n.12
Olson, David R., 246n.36
Oser, Friedrich, 270n.43a

P

Parsons, Talcott, 57
Peirce, Charles S., 41, 78, 161
Perry, William G., 278
Peters, Richard Stanley, 150, 152-5, 157, 180
Piaget, Jean, 27, 39, 48, 74-7, 79, 85, 196, 199, 206, 209-10, 225, 272, 275
Popper, Karl, 29, 36, 40, 57, 108-9n.25, 145, 158, 292

Q

Quine, Willard van Orman, 66

R

Rabinow, Paul, 55n, 57
Rawls, John, 77-8, 88, 125, 144, 169, 193, 195, 198, 202
Rescher, Nicholas, 102n.16
Reuss, Siegfried, 198n.8
Rickert, Heinrich, 66n.8
Riegel, Klaus, 278
Robinson, William Peter, 249n.36
Rödel, Ulrich, 187n.87
Rorty, Richard, 32-3, 35, 42-3, 45-7, 59, 66n.8, 67-8

S

Sartre, Jean-Paul, 45

Schaffer, Heinz Rudolf, 246n.36

Scheler, Max, 110

Schnädelbach, Herbert, 110n.16

Schönrich, Gerhard, 172

Selman, Robert L., 212, 214, 216, 229-30, 232-4, 236-8, 240-1, 244, 246, 252-3, 269

Singer, Marcus George, 88, 123

Spaemann, Robert, 50

Stevenson, Charles Leslie, 107-8n.22, 296

Strawson, Peter Frederick, 36, 90-5, 98-100, 107, 112, 171, 197

Sullivan, William, 55n, 57

Sylvester-Bradley, Ben, 246n.36

T

Taylor, Charles, 65, 143

Thompson, John Brookshire, 274n.46

Tucídides, 43

Toulmin, Stephen, 75n.10, 100, 102, 105-6, 111, 119, 131

Trevarthen, Colwyn, 246n.36

Tugendhat, Ernst, 88, 112, 128-32, 134-9, 187

W

Wakenhut, Roland, 198n.9

Watt, A. J, 150, 151n.8

Weber, Max, 31, 45, 48, 50, 108-9n.25, 189, 285, 292, 296

Wellmer, Albrecht, 183, 187

White, Alan R., 102, 103n.17, 180n.82

Windelband, Wilhelm, 66n.8

Wittgenstein, Ludwig, 42-4, 57, 66, 175

Y

Youniss, James, 237

Z

Zeller, Eduard, 35n.3

SOBRE O LIVRO

Formato: 13,7 x 21 cm
Mancha: 23 x 44 paicas
Tipologia: Venetian 301 12,5/16
Papel: Off-white 80 g/m² (miolo)
Cartão Supremo 250 g/m² (capa)
1ª *edição Editora Unesp*: 2023

EQUIPE DE REALIZAÇÃO

Capa
Vicente Pimenta

Edição de texto
Tulio Kawata (Copidesque)
Giuliana Gramani (Revisão)

Editoração eletrônica
Eduardo Seiji Seki (Diagramação)

Assistência editorial
Alberto Bononi
Gabriel Joppert

Coleção Habermas

A inclusão do outro: Estudos de teoria política

A nova obscuridade: Pequenos escritos políticos V

A revolução recuperadora: Pequenos escritos políticos VII

Conhecimento e interesse

Facticidade e validade: Contribuições para uma teoria discursiva do direito e da democracia (2ª edição)

Fé e saber

Mudança estrutural da esfera pública: Investigações sobre uma categoria da sociedade burguesa

Na esteira da tecnocracia: Pequenos escritos políticos XII

O Ocidente dividido: Pequenos escritos políticos X

Para a reconstrução do materialismo histórico

Sobre a constituição da Europa: Um ensaio

Teoria da ação comunicativa (2 volumes)

Técnica e ciência como "ideologia"

Teoria e práxis: Estudos de filosofia social

Textos e contextos